古楼河上的星光

# 拿督许廷炎
## 回忆录

菲尔　著

暨南大學出版社
JINAN UNIVERSITY PRESS

中国·广州

图书在版编目（CIP）数据

古楼河上的星光：拿督许廷炎回忆录/菲尔著．—广州：暨南大学出版社，2016. 9
ISBN 978－7－5668－1833－1

Ⅰ. ①古…　Ⅱ. ①菲…　Ⅲ. ①许廷炎—回忆录
Ⅳ. ①K833. 385. 38

中国版本图书馆 CIP 数据核字（2016）第 091290 号

**古楼河上的星光：拿督许廷炎回忆录**
GULOUHE SHANG DE XINGGUANG：NADU XUTINGYAN HUIYILU
**著　者：菲　尔**

…………………………………………………………………………

**出 版 人：**徐义雄
**策划编辑：**杜小陆　刘　晶
**责任编辑：**刘　晶　杨雪瑾
**责任校对：**林冬丽　高　婷
**责任印制：**汤慧君　王雅琪

**出版发行：**暨南大学出版社（510630）
**电　　话：**总编室（8620）85221601
营销部（8620）85225284　85228291　85228292（邮购）
**传　　真：**（8620）85221583（办公室）　85223774（营销部）
**网　　址：**http：//www. jnupress. com　http：//press. jnu. edu. cn
**排　　版：**广州良弓广告有限公司
**印　　刷：**深圳市新联美术印刷有限公司
**开　　本：**787mm×960mm　1/16
**印　　张：**16. 875
**字　　数：**251 千
**版　　次：**2016 年 9 月第 1 版
**印　　次：**2016 年 9 月第 1 次
**定　　价：**90. 00 元

# 序　一

陶　然

如果记忆没有迷路，印象最深的一次见到拿督许廷炎，应该是在2013年8月槟城的一次他做东的午宴上。最后一道甜品，只见侍者端出火山似的东西，并且引火一点，切开，里面是雪糕和各种水果。但握手道别后，也就没有什么往来，恰像一般的情况，即使偶尔会想起，但现代人太忙，没有特别要紧的事情，也就大多相忘于江湖。后来竟又接到他的邀请函，邀我与袁勇麟教授于2014年8月前往槟城，参加菲尔的散文新书《抛闲情》发布会。这时，他已成为槟城华人最高机构“槟州华人大会堂”的主席了。

2015年，菲尔出了一本颇有分量的书——《古楼河上的星光——拿督许廷炎回忆录》，开心之余，认真拜读，对于他的传奇生涯有了一定的了解。传记要写得精彩，首先是必须真实，坊间有些传记太过夸张以致让人不能相信，尽量渲染自己的成就，拒绝承认有错失，把传主塑造成神一般的人物，有见识的读者自然读起来味同嚼蜡。菲尔这本传记之所以能够引人入胜，是因为真实。为了真实，作者不但反复访谈了传主数十次之多，还采访了他的兄长以及他周围相熟的人，实地探访了与传主关系密切的古楼、角头等地，搜集了大量的写作素材，并经过慎重地考虑与筛选，再重新编排组织传主的真实人生历程。

其次是故事性。因为传记不像小说创作，小说容许虚构，传记则必须绝对真实，这就要求作者下笔必须有根有据，也就是说，在某种意义上，有点像戴着脚镣跳舞，菲尔的笔受到真人实事的限制，不可以随心所欲地跳灵魂舞，所以，笔下的人、事必须实有其人，真有其事，在这样的先决条件下，菲尔经过精心裁剪，把故事讲述得波澜起伏，不仅绝非平铺直叙，而且把许多细节细腻生动地呈现出来，让读者如同身临其境，这就全靠她的文笔功夫了。当然这也得益于传主本身故事的精彩吸引力，两相结合，相得益彰。

真实性给作品以生命力，增添传记的活泼性、生动性，但这并不够，好的传记还必须具励志作用，给人以启迪。拿督许廷炎从渔村小孩逐渐成长为成功的企业家和华人社会领袖，他在回顾他的成功史时认为："如果我没有经历过那些苦日子，我不会成功。时间会证明一切。我从来不放弃。我觉得积极、乐观，是成功最大的因素。"可见，"从不放弃"是他的座右铭。认准目标，就会有打死不回头的坚韧精神，这大约是他之所以成功的要素，也是无论从事什么工作，都必须坚持的精神。

当我们阅读这本书时，佩服传主的毅力和魄力之外，也会明白，除了在商界，对于从事其他行业的人士，传主的精神也极有激励的积极意义。

现听闻此书将在中国出版，我遥致最深的祝福。

2015 年 9 月 13 日

## [作者简介]

陶然，本名涂乃贤，原籍广东蕉岭，1943 年 9 月 27 日出生于印尼万隆，毕业于北京师范大学中国语言文学系，1973 年秋天移居香港。

主要作品有长篇小说《与你同行》《一样的天空》；中短篇小说自选集《没有帆的船》，中短篇小说选《天外歌声哼出的泪滴》《陶然中短篇小说选》；小说集《岁月如歌》《连环套》；微型小说集《密码 168》《美人关》；散文集《回音壁》《十四朵玫瑰》《街角咖啡馆》《风中下午茶》；散文诗集《生命流程》；文艺随笔集《留下岁月风尘的记忆》等四十多部作品，分别在中国大陆、香港、台湾出版。主编"香港文学选集系列"四辑共十六卷，主编香港三联版《香港散文选（2000—2001）》、主编《香港作家作品合集：散文卷》

上下两册，由香港《明报月刊》出版社和新加坡青年书屋联合出版。有关其作品的评论选集《阅读陶然——陶然创作研究论集》（曹惠民主编）由北京师范大学出版社出版，《陶然作品评论集》（蔡益怀主编）由香港文学评论出版社出版，《陶然研究资料》（袁勇麟主编）由福建人民出版社出版。

曾任青年文学奖、香港"大学文学奖"、香港"中文文学创作奖"、香港"中文文学双年奖"等小说、散文评审委员，澳门文学奖、马来西亚冰心儿童文学奖、加拿大"第一届加华文学奖"小说组评审委员。

现为《香港文学》总编辑、香港作家联会执行会长、香港康乐及文化事务署文学艺术专业顾问、香港艺术发展局文学艺术顾问、香港艺术发展局文学组审批员、中国作家协会会员、北京师范大学客座教授、苏州大学客座教授、广东社会科学院哲学与文化研究所客座研究员、世界华文文学联会副会长、世界华文微型小说学会副秘书长。

# 序　二

袁勇麟

马来西亚与中国有很深的渊源，自古以来就不断有中国人迁徙至此。历代华人勇于开拓和艰苦奋斗，不仅在这片陌生土地上扎根发展，还取得了令人叹服的成就，在马来西亚的社会进步中立下汗马功劳。“宝剑锋从磨砺出，梅花香自苦寒来”，这两句诗在马来西亚华人身上得到绝佳的体现。更难能可贵的是，他们在获得成功的同时，不忘热心公益事业，回馈桑梓，造福社会。令人感触最深的则是他们身上拥有一个共同的特点——热心华文教育，捐资助学，并已经成为一种光荣的传统。我想，马来西亚之所以能成为中国大陆和港澳台地区以外全世界华文教育最为发达之地，也正是得益于一代代华人默默无闻的付出和孜孜不倦的坚持。

本书的传主马来西亚成功闻商①、拿督许廷炎，就是其中典型的华人代表之一。许廷炎祖籍中国广东普宁市北山村东坡寨，出身贫寒，却凭借智慧、勇气和踏实肯干的精神，涉足商场，发展事业，取得不凡成就。他担任槟州华人大会堂主席，热衷华教、关心华社，为保留古老的中华文化遗产，让海外中华文化得以世代相传，不遗余力。古代圣贤追求的“立德、立功、立言”的远大理想，应该也是许廷炎追求的人生目标。

本书执笔者菲尔乃青年才俊，是马来西亚华人著名作家小黑、朵拉的长女，目前跟我攻读博士学位。我读过菲尔的几本书，她观察生活的视角非常开阔，文笔细腻优美，看似稀松平常的生活内容，也能娓娓道来，吸引读者。这是写人物传记很需要的功力。当然，写人物传记不同于文学创作。文学创作可以运用抽象思维主观虚构

---

① 闻商，即知名的商人。

人物的故事与命运，而人物传记则必须是客观写实的，要求作者在写作时深入采访，查阅史料，在综合分析第一手资料的基础之上完成写作。菲尔之前写了十多年的访问稿，积累了丰富的人物专访写作经验。她在写作本书时付出了相当的热情和精力，深入采访、实地考察和阅读马来西亚政经文史书籍。菲尔的才思和用心，加上许廷炎风趣幽默、充满睿智的口述，两人珠联璧合诞生的这本回忆录令人期待。这本书有三个特点：

第一是可读性强。初读本书，便被它严密的思绪和传神写真的情节所吸引。比如写到许廷炎爸爸对他疼爱的细节，在那只有新郎新娘才能穿上生平第一双鞋的年代，许廷炎爸爸却在二哥结婚那天也给他买了鞋子穿。很多人在新婚之夜都面临双脚破皮的难堪，而许廷炎因为鞋太大，穿起来宽宽松松而免受磨皮之苦。穿着鞋子时，还期望每个人都能看他的脚一下，因为非常值得炫耀。这些情节读来真实、有趣。书中还有很感人的细节，比如，“妈妈小产的半夜里，下着倾盆大雨，16 岁的三哥曾拼命踩着脚车，要去我家附近的角头买洋参给妈妈吃。由于没有路灯，路面黑暗，他看不清方向，踩着脚车好几次跌进路旁的大水沟，他擦着眼泪爬起来，扶起脚车继续踩，不久又跌进大水沟，他又赶紧爬起来继续踩……买到洋参之后，在黑夜里，心急如焚的三哥继续踩着脚车，匆忙间又数次跌进大水沟”。许多类似这样的小细节，大大增加了本书的可读性和感染力。

第二是励志。回忆录真实地记录了许廷炎在长达七十年的岁月中，如何从一个贫穷的渔村孩子，渐渐成长为一个成功的企业家和社会领袖。作者总结了许廷炎眼光独到、思想细腻、性格温和、乐观宽容、超强的耐力和毅力等成功的因素。用许廷炎的话说，“如果我没有经历过那些苦日子，我不会成功。时间会证明一切。我从来不放弃。我觉得积极、乐观，是成功最大的因素”。书中正面的观点，潜移默化、积极引导读者向上的精神，能够带给正在向成功迈进的奋斗者有益的启迪。

第三是历史价值。好的个人传记，不仅能给予人成功的经验和生活的启迪，而且具有很大的历史价值。这本回忆录也反映出马来西亚特定时期的社会风貌、华人的生活状况和人们的思想感情。正如作者在后记中所提到的，“那个年代值得记载，因为它就是马来西亚历史的一部分”。若干年后，人们回顾既往马来西亚华人这个群体，或许可以从《古楼河上的星光——拿督许廷炎回忆录》这类传记中了解往事，从而获取研究马来西亚华人社会变迁的宝贵资料。

法国学者菲利浦·勒热纳认为，自传具有三大基本品质：真实性、故事性和思想性，即自传要具有史料价值、文学价值和思想价值。有文字的美又有历史的眼光，从这个立点上说，菲尔对传记作家责任的理解和把握是透彻的。

2014 年 12 月 28 日于中国福州

## [作者简介]

袁勇麟，苏州大学文学博士，复旦大学中文系博士后、新闻传播学博士后。现为福建师范大学教授，博士生导师，协和学院院长。兼任中国世界华文文学学会教学委员会主任、福建省台港澳暨海外华文文学研究会副会长等。曾获教育部第二届“高校青年教师奖”、霍英东教育基金会第八届“青年教师奖”、福建省第五届“高等学校教学名师”、“福建省优秀教师”、福建省首批特支人才“双百计划”哲学与社会科学领军人才等。

# 序 三

许廷炎

这本书最初在马来西亚出版的时候，我的内心非常激动，没想到自己实现了人生中最大的一个愿望——出版我的个人回忆录。

让我更加高兴的是，这本书一出版就获得非常良好的反应。也许我交游比较广阔，基于友情、好奇心等因素，在短短几个月内，此书的销量超过了我的预料。让我感动的是，无论认识或不认识的读者们，都非常热情地通过各种渠道，向我或作者提供了意见和读后感，我要借这个机会向他们表示谢意。

在这里，我也要感谢为这本书写评论的每一位教授、作家，他们的鼓励将会是我们撰写第二本回忆录的动力。

我还要感谢我的作者，菲尔（陈焕仪）小姐。作为一名律师，写作只是她的业余爱好，但她依然认真对待这本书，尽心尽力搜集资料和写作，付出非一般的努力，我非常感激她的用心。

最后，当作者告诉我，我们将有机会在中国出版这本书，面对14亿的读者时，对于当初只想出一本回忆录作为人生纪念的我来说，是不曾想过的事情，我感到万分兴奋。在中国出书并不容易，我要感谢暨南大学出版社给我们这个机会，到了这个年龄，我已深深明白，我虽有永不放弃的性格，但也要加上适当的机缘，一切才能水到渠成。

谢谢。

2015 年 9 月 15 日

## [作者简介]

许廷炎，马来西亚槟城州拿督，学名许慈色，马来西亚霹雳州瓜拉古楼人，生于1944年，祖籍中国广东省普宁市北山村东坡寨。马来西亚成功闻商，尤其在槟城，他热衷华教、关心华社。现为金锋公共股份有限公司总裁，槟州华人大会堂主席。

曾任职务(部分)：

霹雳吉辇县篮球总会副会长（1970）
霹雳排球公会副主席
威南吉辇小园主公会主席（1981—1984）
霹雳吉辇中学建校委员会主席（1974）
霹雳峇眼色海东华小学家教协会主席（1976—1987）
霹雳峇眼色海青团运支会团长（1977—1981）
霹雳马华公会峇眼色海区会主席（1981—1987）
霹雳吉辇县县议员（1981—1987）
霹雳吉辇县医院巡察员（1981—1991）
霹雳吉辇县房屋仲裁庭长（1983—1991）
霹雳吉辇中学校友会第一及第二任会长（1981—1984）
霹雳吉辇中学董事长（1981—1991）
槟城北海韩江校友会会长（1977—1978）
槟城韩江校友会名誉会长（1998—2004）
槟城韩江三校副董事长（1998—2004）
槟城韩江学院发起人之一
槟城槟华女中家教协会副主席
槟城双溪里蒙光华学校建校委员会主席（2002—2004）
槟威华校董事联合会副会长（1997—2000）
槟城三国演义研究会署理主席
马来西亚瓦楞纸商制造商协会主席
槟城潮州会馆署理主席（1997—2001）

槟城潮州会馆主席（2001—2005）
槟城韩江家庙修复及文化资产委员会主席（2002—2005）
槟城广汀会馆署理主席（1998—2000）
槟州华人大会堂副主席（2004—2010）
槟州华人大会堂署理主席（2010—2014）

现任职位（部分）：

霹雳瓜拉古楼育才校友会名誉主席
霹雳瓜拉古楼德教会振义阁永远名誉阁长
霹雳瓜拉古楼德教会振恩阁永远名誉阁长
霹雳瓜拉古楼德教会振德阁永远名誉阁长
霹雳瓜拉古楼苏许连宗祠名誉主席
霹雳峇眼色海明月善社名誉社长
霹雳峇眼色海德教会振善阁永远名誉阁长
霹雳峇眼色海东华小学校友会名誉主席
霹雳吉辇中学校友会永远名誉会长
霹雳吉辇中学永远名誉董事长
槟城德教会紫云阁会务顾问
槟城北海韩江校友会名誉会长
槟城双溪里蒙光华小学名誉董事
槟城许氏高阳堂名誉主席
槟城苏许连宗祠名誉主席
“拿督许廷炎杯”全国华教常识比赛赞助人
金锋奖创作歌曲比赛赞助人
马中总商会槟州分会名誉主席
槟城潮商公会永远名誉主席
马来西亚中华大会堂总会中央委员
马来西亚中华大会堂全国文化咨询委员会主任
槟州华人大会堂主席

勋衔：

AMP 准拿督：1984 年（霹雳州）

DSPN 拿督：1995 年（槟城州）

霹雳州苏丹阿兹兰沙颁发准拿督（AMP）勋衔。摄于 1985 年

个人照。摄于 20 世纪 90 年代

个人照。摄于 1995 年

# 序　四

菲　尔

中国和马来西亚是两个距离不算太远、在各方面有异同的国家，这是因为马来西亚有约七百万的华人同胞，他们的祖辈都来自中国，也将文化、习俗等通过文字和口耳相传的方式带到马来西亚，在这蕉风椰雨的环境里扎根、成长。

这一本书，虽然背景是马来西亚，但处处可见中国的影子。书中的主角拿督许廷炎成长的年代，正是马来西亚独立前后。他的父母亲、叔伯辈以及好几名兄长都从中国南来，并在马来西亚落地生根。虽然他算是马来西亚华人的第二代，但是他们的家庭跟当时马来西亚千千万万个华人家庭一样——第一代来自中国，对他们来说，中国才是祖国，马来西亚只是寄居地，因此，肯定无法避免来自中国的影响。现在马来西亚的华裔已发展到了第三、第四代，在我们的心目中，马来西亚就是我们的国家，可是基于历史的因素，我们，尤其是受华文教育的一群华人，对祖籍国——中国，仍有一种不可言喻的亲近感。

在中国出版这本书的最大意义，就是带来了文化交流的机会。因此，我恳切希望本书能够成为文化交流大路上的一颗小石头，让中国的读者了解当年我们祖先南来的艰辛以及在这片土地上的生活和奋斗。我们的祖辈们当时心向祖国，却因现实环境所逼，最后选择在东南亚扎根。他们当时的心理挣扎，后来的各种不适应和难题，还有至今已过三四代仍要时时面对当政者的怀疑和喊话，被作为政治人物的选票筹码，政策上的各种不公的处境，这一切，是中国国内的读者们很难设身处地去想象的，但散居东南亚的华人都以坚韧不拔的精神承受下来，以非凡的毅力去面对。拿督许廷炎的这一本回忆录，是他个人的历史，放在一个时代来看，也许只是其个人的

“微历史”；但对于“中国人下南洋”这段历史来说，他们如何在这里落地生根、其后代又有什么样的经历……这一切也构成了马来西亚历史的一部分。国家历史不都是由许许多多的“微历史”构成的吗?

“因为懂得，所以慈悲”，在两国人民的交往方面，若能先有一些认知，事情必定会被处理得更圆融。

谢谢陶然总编辑百忙中为本书的中国版作序。

最后，感谢暨南大学出版社给我们一个机会，将马来西亚华人的故事带进中国。

这本书的中国版，对我们来说，是一个完满的旅程。

2015 年 9 月 15 日

# 目　录

# 第一章：心念少年时

## 我的爸爸

父亲遗照

我的爸爸去世已 41 年了，我还是时常想念着他。

爸爸出生于 1901 年，是中国广东省普宁市北山村东坡寨人。父亲这一代人的经历非常坎坷。他们出生在清末，当时社会动乱，各种生活问题和压力不言而喻。孙中山先生的革命思潮更影响着许多中国人。广东省作为孙先生的革命基地，我们乡下也直接受到影响。这导致爸爸从小就有革命情怀，可是因为生活所迫，他唯有艰辛工作，没机会投身革命。据我了解，他的思想仍倾向于革命。

爸爸在中国读过三四年书，他识字，能看懂报纸。

爸爸在 20 世纪 30 年代初来马来亚。此前大伯早在 1910 年左右就已到此工作和定居。爸爸直接来到瓜拉古楼①新港②一带投靠当时住在古楼的大伯。

年轻时，爸爸在中国磨米为生。来到马来亚，他仍做回老本行。听他说刚刚到马来亚的第一年就赚到了钱，过了一两年便回中国修建房子。当时人们往返马来亚和中国依靠引擎船，一来一往，要一个月之久。

除了磨米，爸爸后来也开始做咸鱼来卖，还买卖鱼虾。

---

① KUALA KURAU。

② SUNGAI BARU。

爸爸妈妈是经由媒妁之言结合的。妈妈在我 3 岁时就去世了，我对她的长相已不复记忆。我从亲戚口中听说，妈妈是个很贤淑的美人，爸爸很爱她。

左起：普宁许阿梅文化研究会会长、北山村管委会秘书许武雄；右起：许氏祖祠办事处主任许木雄、普宁许氏宗亲会会长许义忠教授。摄于 2014 年

清朝咸丰年间，普宁爆发了惊天动地的许阿梅铁山农民起义。自此，许阿梅便被誉为民族英雄，并深受潮汕尤其是北山地区人民的爱戴。我和许义忠教授在纪念许阿梅的铁峰园前合影。摄于 2014 年

我在父亲曾经念过书的北山学校前留影。摄于 2014 年

我和许义忠教授在父亲老家前合影。摄于 2014 年

我的父母亲在中国结婚，爸爸到马来亚几年后，便将我的祖母和妈妈带到马来亚。来到这里之后，祖母不习惯南洋的生活，又想念当时身在中国的小儿子①，几乎天天哭。1937 年，爸爸决定把妈妈和我的兄姐们留在马来亚，独自带祖母回中国乡下。

他们坐了快一个月的船，才抵达汕头，可能因为长途跋涉，祖母也上了年纪，下船后不久，祖母就去世了。孤身一人的爸爸唯有从汕头背着祖母走回我们乡下——北山。这一走，就从早上走到晚上才抵达。

埋葬我祖母之后，刚好发生了 1937 年的卢沟桥事变。不久后，爸爸自己一个人从中国回到马来亚，他决定永久留在这里。从那以后就一直住在角头②古楼的半路这个叫作新港的小乡村。

印象中，爸爸喜欢潮州音乐，他会拉二胡、吹笛子。我们住家的两三公里之内，有约十家华人，其中一些是姓许的同乡。爸爸有一个好朋友，名叫詹春贵，外号叫作“PANJANG”③，他虽是福建人，却会讲潮语，也会玩潮州音乐。

他们几个朋友每到晚间，就聚在一起玩音乐、唱潮剧。有些歌词我还记得。比如其中一个剧目《胡维乾》，说的是一个名叫胡维乾的人去少林寺出家，目的是要报父仇。其中几句歌词是：“为父报仇是孝子，恶人不除，陷害生灵……”

还有一个剧目《双玉鱼》，讲一员外娶了二太太，他出门经商时，二太太生了个儿子。大太太出于妒忌，就叫自己的弟弟把这个婴孩杀掉。大太太的弟弟却不忍心，唯有带着婴儿去投靠另一个员外。婴儿长大后，要去考状元。大太太的弟弟在这个孩子上京赶考的路上唱二十四孝的故事给他听，我记得其中唱道：“将人比鸟鸟比人，离父离母惨难当。先人自有二十四孝，二十四孝人传扬。”

他们常常在晚上唱潮剧，这是我印象中爸爸最爱的娱乐。我每次都在大人旁边听，然后很有兴趣地表示：“我也要唱!”只可惜我这个人五音不全，唱得实在不好。不比我的哥哥们，有些会拉拉二

---

① 我的小叔很会读书，书法很好，是个才子。

② TANJUNG PIANDANG。

③ 中文“长”的意思，大概是因为他身高很高。

胡，有些会吹吹笛子。

偶尔会有潮剧团来我们乡下搭棚演戏，他们每次一演就是十天八天，我天天都随爸爸到那里听戏。直到他们“班师回朝”的时候，我的耳边还会缭绕着那些鼓乐喧天的声响，原来世界上真的有“绕梁三日”这回事啊。

爸爸跟许多老式父亲一样，心里疼爱孩子，外表却相当严肃。有时我们几个兄弟姐妹聚在家学大人打牌，玩起赌博的游戏，总有一个哥哥把风，远远看到爸爸踩脚车回来，我们一定瞬间把所有用具收完。

我心中其实不惧怕爸爸，因为我知道他很疼我，从我有记忆以来，他不曾打骂我。偶尔做生意赚到钱，爸爸还会买榴莲、山竹回来给我们吃。今日回想，我常常觉得自己的童年很幸福。这些年的经验让我领悟到，幸福并非来自金钱，而是来自内心的想法。只有自己的想法才能决定自己是否有资格快乐。

从生活中的各种细节，都可以感受到爸爸对我的爱。

我二哥在 19 岁时结婚，当天是他生平第一次穿鞋。那是一双今人不能想象有多珍贵的鞋。结婚的人是二哥，但当时爸爸在镇上看到有人卖鞋，就顺便买给我。其实那双鞋对我来说很大，买回来之后，穿得最合脚的是六哥，但是爸爸坚持要给我穿，因为他最疼我。当时我们所有的兄弟姐妹都没人穿过鞋，我和二哥都是第一次。

二哥的婚礼是我们家里的盛事，我们在婚礼上拍照，照片里有四十人左右，只有不到一半的人穿着鞋。

在当时的社会环境里，有鞋穿代表生活条件比较好。许多人都是在结婚当天才第一次穿鞋。因此，很多新郎新娘结婚的第一个晚上都经受过双脚破皮的痛楚。第一次穿，又因为是结婚大事，肯定都穿硬邦邦的皮鞋，破皮在所难免。我则得以幸免，因为我的鞋对我而言太大了，穿起来宽宽松松，所以我的脚没有被磨破皮。

穿着鞋子时，我真期望每个人都能看我的脚一下，因为我有鞋，非常值得炫耀。这么一双了不起的鞋子，时值几角钱。

那是 1947 年。

在我四哥和五哥还在读书、大姐十一二岁时，家里的经济状况不好，虽然有米有盐，不过除了米饭，我们也没钱买菜。我大姐常常去河边采蕹菜回来炒给我们吃。“蕹菜炒盐”的味道，到今天我也不能忘记。记得当时我一看到蕹菜就哭：“我不要吃蕹菜！我不要吃蕹菜！”

为了糊口，爸爸必须到外面工作，他常常把我们几个兄弟姐妹留在家里，没时间陪伴我们。通常他会给我们 5 分钱，然后交代兄姐们，如果有人来卖糕，务必买给我吃。有时大姐买了两三块糕，她也坚持全都要给我吃。大我两岁的七哥见到，就会吵。我从小还算乖巧，就会让他吃。

我四五岁时，爸爸有时带我去屋外的大水沟旁冲凉。我站在桥上，爸爸在一旁帮我冲凉，我手里一直玩水，其实心里有个愿望是想要跳下水沟。小男孩就是喜欢做不被允许的事情，而且这种欲望越来越强，直到有一次我跟哥哥们一起玩，爸爸不在身边，我终于得偿所愿跳下去游泳！幸好爸爸没看到，若不然，我一定被打。

我上小学时，学校在路边。假如爸爸踩脚车去市区，我一定会看到。我知道如果在中午时分看到他的话，他会到一家赌馆去消磨时间。每次在这种时间看到他，我放学后就会自动过去找爸爸。他总会叫一碗现煮粿条汤给我吃。这一碗粿条汤对那时的我们而言，是非常美味的大餐。我相信我其他哥哥不可能吃过。所以我基本上每天都在期盼爸爸经过我们课室的窗外，因为我很想再吃那碗粿条汤。至今我仍认为这是一碗代表着幸福的粿条汤。有一次，我照旧去偷看爸爸有没有经过，结果太专注，被老师看见我不专心听课，用藤条打了我背上一下。这个老师名叫刘玉庭，我很讨厌他。

20 世纪 60 年代开始，爸爸的健康每况愈下。我看了很心痛，尽量抽出时间陪伴他，这段时间里，我才逐渐了解他内心的真实感受。他身体大不如前时，常对我讲他心中最大的愿望。

祖母去世后，爸爸把祖母的葬礼处理完，就去潮尾一个叫“揭石”的地方拜拜。爸爸告诉我，他有一个心愿是再回去那里拜拜。可惜当时我们家里的经济、他自己的身体状况、国家的政治等因素，都不允许爸爸这么做。所以爸爸很遗憾，他认为这个愿望也许到他去世都不能实现。

爸爸也常会提起我的大哥。由于参加革命党，大哥在 1941 年离家，一去十多年，除了偶尔半夜回来探望母亲之外，鲜少露面。母亲去世之后便几乎没有音讯。爸爸到了晚年，内心觉得大哥已经牺牲，虽说过对此事不感遗憾，但天下怎有不爱自己孩子的父亲？我想，爸爸心里一定很心疼和想念大哥，虽然他口中说得好像很看得开。

爸爸觉得我从小聪明乖巧，应该把我送到中国读书，在当时的政治环境里，他所受的教育和所有知识来源，都让他认为共产党是珍惜人才的。他的想法是，假如他把我送回去，共产党会栽培我。当然，爸爸的想法都是出于爱。

我小学毕业时，我们住在比较偏远的地方。我幼年多病，入学迟。才开始读书不久又生大病，半年多没上学，所以重读了三年级。小学毕业时，我已 14 岁，之后便到吉辇中学继续念书。

不巧的是，吉辇中学刚好在那一年接受改制成为国民型中学。有些超龄生，为了得到上学机会，做了假宣誓书说遗失了出生证明，谎报年龄去吉辇中学读初一。我和其他没有这么做的同学，就成了名副其实的超龄生。所有超龄生被集中在一个班，此班被叫作“吉辇中学深造班”，这是当时的社会环境和政府政策造成的特殊情况。严格来说，我们不属于吉辇中学的学生，所以我们暂时被安顿在学校附近的戏台上面上课。我们的级任是刘锦德老师。刘老师多才多艺，他一人就能教导我们几乎所有科目，同时，他又偷偷要求国民型中学的老师来帮忙教学，就在这么曲折的过程中，我们读完初一。

翌年是 1960 年，开学时，吉辇中学正式成为国民型中学，也换了校长。有些同学已转到槟州韩江中学，只剩下我和十多位同学还不知此事。初二开学，我照旧去学校，赫然发现布告板上的入学同学名单上没有我和其他十多位超龄同学的名字。我们很疑惑，等了两天，还是没进展，我就不管三七二十一带着十多位同学去问新来的倪枝瑞校长。他向我们解释：“你们是超龄生，不能够录取，我们会想办法问董事部。”他要我们暂时坐在课室，“假如督学来，你们去对面喝咖啡。”

我从小就自尊心很强，在家里人人疼爱，虽然穷，却是大家哄着、爱着长大的，这样鬼鬼祟祟的行为，叫我情何以堪！我很伤心又很委屈地回家告诉爸爸，跟他撒娇，说我很喜欢读书，如果这样下去，我担心自己没得读书。爸爸听了马上暴跳如雷，答应让我去韩江中学读书。我真的很喜欢读书，很怕没有机会进修。

家里当时的经济不算好，不过全家只有我一人上学，哥哥们都工作了，他们都很疼我，还给我零用钱。我本人没有经济问题，甚至有时还可以请同学们吃面。

爸爸后来告诉我，作为潮州人，他的心愿是要有孩子在韩江中学读书，我可算是圆了他的一个梦想。

当时在韩江中学读书，每个月的花费大约如下：寄宿60零吉左右、学费15零吉，加上零用钱，每个学生大约需要100零吉。我们的家庭收入，在那个年代，每个月才500~600零吉。我一个人去韩江中学读书，事实上就是全家在供我。所以今天我有所成就，也想回报他们，我觉得自己有责任尽我所能提高他们的生活水准。

还记得第一次跟爸爸拿100零吉，我心里很不舒服。我可以感觉到，爸爸心情很矛盾，一方面，他对自己的经济能力是否能让我读到毕业感到负担；另一方面，我肯定他也有点兴奋，毕竟他终于有一个孩子能够到槟城读韩江中学，他为此感到骄傲。

那时代最大面额的钞票是10零吉。爸爸捏着薄薄的几张钞票算了8张10零吉；不够，又算了20张1零吉给我，才凑成100零吉，看着爸爸算钱的样子，我眼泪冲到眼眶，这一幕到现在还历历在目。另外，哥哥们都很支持我去读书，他们还私下给我零用钱，所以，算起来我还多带了十零吉八零吉到槟城去念书。

我自己一个人搭着载鱼虾的罗里①来到槟城。第一个晚上，我住在香港巷②。罗里司机告诉我，在上了某号码的巴士之后，说要去韩江中学，到了下车，就可以去报到了。

就这样我成了韩江中学的学生。

1966年，我决定回家乡去发展爸爸的事业。那时我中学毕业已

---

① 罗里，英语Lorry的音译，意为卡车。

② HONG KONG LANE，也就是今天的JALAN CHEONG FATT TZE。

快一年，我想先读大学预备班，然后去读大学。不过我不好意思再拿家里的钱去读书。其实在1965年过后，我几乎算是经济独立，靠着教补习、兼职派报来赚钱。我也从一开始住的青草巷搬到姓郭桥寄宿，房租从60零吉下降到45零吉，姓郭桥的房东还包我吃。每个月为了省下这一点钱，我甘愿天天从海边的姓郭桥踩一段路的脚车到韩江中学去上课。

回家乡之后，七哥提议，如果我要去台湾读大学，他会供我继续深造。当时七哥的生意做得不错，已有经济能力。但我在中学时代被革命思想影响，对我们来说，台湾是蒋介石的地方，国民党代表“腐败”，我极端排斥资本主义，所以拒绝了七哥的好意。加上那时家里的小型家庭工业已开始在做冷冻海鲜加工，养着好几个工人，我回去便可当小老板管人。可是，七哥并不十分同意我回来做生意，他认为我应该去念大学。

如果在马来亚读大学，我需要有英文资格证，不过我们这一群人自1963年开始故意忽略英文。当时我们认为马来亚是假独立，第一，国家虽然独立了，可是英军、澳洲空军仍然继续驻留在马来亚。现在我当然明白那是误导。事实上，国家独立之后的一段时间，肯定需要各方协助和扶持。如果军队突然都退出，恐怕会产生内部治安的问题。第二，独立时，所有西方国家都支持马来亚加入联合国，共产国家却一概不支持。我们受到左派思想的影响，认为马来亚一旦加入联合国，就会成为当时资本主义国家的傀儡。在我们眼中，国父东姑阿都拉曼、敦陈修信等人都是英国留学生，他们采纳的几乎都是英国的宪法、法律等，他们删除英国宪法的部分内容，增加了一部分自由度不高的法律，我们觉得不合理，而且他们不承认华文为官方语言。当年受英文教育的人，自觉高人一等。我们对这种现象感到反感，极力推广讲华语，认为讲华语不应该受到歧视，而应感到光彩。至今我到多数地方，只要见到华人，我都要跟他们讲华语，大概也是那时留下的习惯。

我们排斥一切跟英国有关的事物，包括语言，这导致我的英文水平一落千丈。

20世纪60年代中期，马来亚刚独立不久，马来西亚也尚未成立，全国上下基本上还保留着强大的殖民地时代经济结构。经济状况在很大程度上仍依赖原产品，比如橡胶、油棕、锡矿等，工业不发达。要创立事业，不容易。我跟许多人一样，一离开学校，就得面对现实社会，出国深造或到本地大专院校就读并不如今日普遍，工作机会也不比今日有那么多选择。在那段时期，我又刚好对向来追求的社会主义理想感到迷茫。这一切让我变得消极，失去了方向。在感觉前途渺茫之际，我申请了市议会的工作，被录取成为健康检查员①。但这不是我的兴趣，寻思再三，决定放弃这个“铁饭碗”。之后，我深感若是靠着在槟城继续收补习生维生，也不是长远的生活依赖；加上1966年8月底，我生了一场病，更消极、更想家。所以在1966年8月31号，我经过一番思想挣扎之后，决定向现实低头，回家发展家族生意。我回古楼跟爸爸宣布说我不回槟城了，他很高兴。

1969年的“五一三事件”② 之后，我们各兄弟的生意都有了初步基础。到了1970年，生意初步上了轨道，我们先成立顺成公司，也在当年正式注册，并在1972年改为顺成冷藏食品有限公司。

爸爸在1972年之后，身体非常不好。他患上肺痨，又有肾脏问题，不能排尿。从那时开始，我内心便时常经历痛苦和挣扎。

爸爸病发时很辛苦，一直气喘，又不能小便，那时的医疗水平还很低，每次去医院，都让他异常痛苦，所以他常在医院里发脾气。很多次我们都觉得爸爸的病情危在旦夕，他却都撑过来了。看到爸爸被病魔折磨，我心里也很痛苦、很悲伤。我们时常载他出入各医院，可是不管哪个医院也医不好他的病。除了西医，我们也找一位名叫苏济春的中医师帮爸爸看病。看西医，打针吃药没有效果；看中医，每次都觉得还可以挨过去。

---

① HEALTH INSPECTOR。

② “五一三事件”爆发于1969年5月13日的马来西亚，官方解释此事件主要是马来人与华人之间的种族冲突。官方声称是因为各族间政治及经济能力的差异。这次血腥的种族冲突导致了多人死亡和负伤，在华人占多数的地区，华人死伤人数远高于马来人。事后，马来西亚政府开始执行新经济政策以消灭种族及经济差异，同时降低贫民率，主要内容为给马来人特权。新经济政策在马来人中培养了一批中产阶级。（http：//zh. wikipedia. org/wiki/五一三事件）

我的心中在当时可说充满挣扎。每天晚上睡觉时，我都有很多感慨。看到爸爸生病的情况，我下意识感觉到，存活在这世上，对他而言实在痛苦。如果离开这个世界，对他来讲也不是坏事。但是想到他要永远地离开我的时候，我就一个人坐在客厅里难过得流眼泪。即便如此，我觉得自己已经有了思想准备。

爸爸的身体越来越虚弱。从 1972 年初开始，为了做生意，我几乎在全世界到处奔走，澳洲、日本、欧洲，每个地方每年都要去三五次。到了 1975 年，生意迅速拓展，我需要更加频繁地到世界各地去谈生意、见客户。

1975 年 8 月底，我到德国的法兰克福、汉堡，继而到荷兰的阿姆斯特丹，之后到英国。中间我有跟家里电报往来，知道爸爸身体状况时好时坏，我的心情很忐忑。

我到英国时是 9 月上旬。在 9 月 7 日，突然收到一个电报，秘书告诉我："你父亲病重。"他们没有叫我回国，但我本来也已定了 9 月 8 日回马来西亚。

我到普宁许氏大宗祠参观。摄于 2014 年

飞机抵达槟城机场时，我情绪十分低落。六哥的妻舅来槟城机场接我，我一上车，就觉得不对劲。他跟我说："亲家很辛苦了，我们快回去。"虽然我刚下飞机，没吃没喝也没休息，但还是不管三七二十一，马上随他赶回峇眼色海[①]六哥的家——爸爸生病之后，一直跟六哥六嫂住。

到家时，我看到爸爸跟 20 多年前妈妈去世时一样，已睡在客厅中间。我印象中，他那时还有一点生命迹象。我悲恸地拉着他的手，哭着跟他说："爸，我回到家了，我回来看你了，你知道吗？"他有一点点反应，我觉得他知道我已回来。我到家不到半小时，爸爸就去世了。

① BAGAN SERAI。

“爸爸死了”，我脑海里除了这句话以外就是空白一片。那时是傍晚五六点，我一直在想，他是不是拖着最后一口气在等我？到今天为止，每当想起这事，我的内心无比难过，一直想哭。当时看到哥哥们已哭得不能自已，我也很伤心，不能接受爸爸已离我远去这个事实。

从六哥家回我家途中，心中一直在回想我的一生。当我想到从今以后不会再见到最敬爱的爸爸，也不会再听到他叫我一声“阿炎啊”时，心里充满酸楚，并逐渐清楚地意识到从此我已失去了爸爸，这种感觉随着过去的每一分钟越来越真实，尽管我已很累，却整个晚上不能睡觉。到了半夜 1 点多，我忍不住驾车再去六哥那里看爸爸，跪在他身旁号啕大哭一场。

爸爸的丧事办得排场很大，但是，一切都挽不回我亲爱的爸爸。可怜我的爸爸，47 岁就丧妻，为了抚养我们，牺牲自己，不再续弦。

葬礼过后那段日子，我不时地哭泣，也时常梦到爸爸。每一次都梦到他很疼我，我们如往常一样聊天。

爸爸死了以后，我最怀念的就是他对我的疼爱。每次想到这些，我就要哭。爸爸有多疼我，从一个生活小片段，就能感受到。有一次我去照顾爸爸，他看到我睡着，叫别人不可吵醒我。通常老人病了都喜欢不停向儿孙撒娇，提出诸多要求；可是因为他疼我，反而每次我去照顾他时，半夜都自己悄悄去上厕所，生怕吵醒我。

现在我还能想起一些很小的事情，比如爸爸在家境那么穷的时候，仍焖盐鸡给我吃，因为我从小多病，他很疼我，怕我营养不足。回忆这些生活琐事，让我感觉无限温馨又酸楚。

爸爸死的那年，我 30 岁，他 74 岁。

## 我的妈妈

妈妈死时，我 3 岁。

我对妈妈的记忆不深刻，严格来说只有少许模糊印象。

妈妈是中国普宁马栅人。当年我爸爸先来马来亚，之后妈妈跟 4 个哥哥才从中国来这里跟爸爸会合。

小时候，妈妈在家里磨米，她怕家里养的鸡鸭会来偷吃谷米，就叫我拿着椰叶做成的扇子，赶走靠过来的鸡鸭。记得妈妈常对我说：“我不久后可能就要死了，你也许小小年纪就会没有母亲。”不知妈妈为何有这种预感？可是我当时年纪太小，还不懂得伤心，竟然问她：“妈妈你说你快要死了，为什么到现在都还没死？”妈妈很伤心地哭起来。现在回想，这可能是我小时候比较悲伤的回忆。可恨我那时年纪太小，不懂什么叫伤心，也不知我这么问会伤妈妈的心。

妈妈的长相，我现在却怎么也想不起来了。

但跟妈妈有关的一个晚上，我却难以忘怀。

在我有限的记忆片段里，妈妈因小产失血过多去世的那个晚上，半夜，外面下着滂沱大雨，我睡得很熟。突然间，大人们把我和哥哥们从睡梦中唤醒：“ 赶紧小便。”原来是要用童子尿灌给妈妈喝。乡下人缺乏知识，认为童子尿可以帮助将死之人回魂。他们拿罐子给我，要我赶紧小便。夜半睡眠被切断，我一直抗议，只想回去睡觉。好不容易小便后，我昏沉沉地又睡去了。

隔天，天还未亮，我听到家里有人哭。睡眼惺忪地走出房门，看到家人已把家里供奉的神明，用纸或布盖起来。妈妈睡在客厅里，头向内，脚朝门，身上盖着红色的被单。虽然我只有三岁，但也知道，妈妈死了。

那是 1947 年 9 月 18 日，阴历八月初四。

这是我对妈妈最深刻的印象，它永远存在我记忆深处。

当时我并不知道，在妈妈小产的半夜里，下着倾盆大雨，16 岁的三哥曾拼命踩着脚车，要去我家附近的角头买洋参给妈妈吃。由于没有路灯，路面黑暗，他看不清方向，踩着脚车好几次跌进路旁的大水沟，他擦着眼泪爬起来，扶起脚车继续踩，不久又跌进大水沟，他又赶紧爬起来继续踩……买到洋参之后，在黑夜里，心急如焚的三哥继续踩着脚车，匆忙间又数次跌进大水沟。待他回到家，妈妈早已咽下最后一口气，没有生命迹象了。

这是三哥在我 10 岁左右才告诉我的事。我听了，很伤心。

可是 3 岁时我还不太懂事，至今就算努力回想，我仍然记不起妈妈的棺材，对当时的许多情况也没有太多的记忆。

大姐告诉我，妈妈在去世当天的黄昏时分就出殡了。印象中，爸爸很疼妈妈。可是看到一大群围着妈妈在哭泣的孩子，爸爸忍着心痛果断地决定当天下葬。大姐说，她从不曾看到大哥哭。妈妈去世那一天，大哥回来奔丧，他一踏进门，便号啕大哭，压根儿没有什么革命军的英姿了。作为革命分子，大哥是冒着生命危险来奔丧的，因为他们都是英军通缉的对象。所以大哥哭了一场之后就回基地了。

作为儿子，大哥又怎能说走就走。大姐的印象中，妈妈棺材送到坟山时，大哥就在那里等着，又哭了一场。之后头七，大哥也出现在坟山上，祭拜妈妈。但从那天起，他便跟我们整个家庭永别了。之后我再也没有看到过他。

我个人的记忆里，只记得妈妈要出殡时，我们做子女的被安排跪在门外附近一条石子路上。地上铺着草席，但是地面的石子又大又粗糙。兄姐们在妈妈的葬礼上跪着哭，非常伤心。我却因为地面上的石子太大太粗，跪下后膝盖很痛，所以吵闹起来，说："我不跪，我膝盖很疼啊。"然后就自顾自地站起来。那是因为我当时还太小，小得并不知道，我从今以后不会再有妈妈疼爱、照顾，成了一个没妈的孩子。

妈妈出殡以后，我永远地失去了妈妈。

我成了一个没有母爱的孩子。也许因为这样，大家都可怜我，特别疼爱我。印象中我不曾因为没有母爱而受到委屈。

妈妈死后不久的一个晚上，又下起大雨，堤岸裂了，淹起水来。隔天是妈妈的头七。

头七当天，我们醒来后发现家门外的水淹到近乎第三级梯阶。爸爸损失几千粒椰子，鸡鸭死了不少，要用来做咸鱼的盐也都溶掉了。那一天几乎亏了几百或上千零吉。在 1947 年，这是很大一笔钱。妈妈去世前，爸爸的生意不错。可是妈妈的去世，以及这次亏损，使爸爸受到很大的打击，我们家的家境也一落千丈。

妈妈一生非常坎坷，唯一的幸福是我爸爸很疼她。她去世时，只有 39 岁，爸爸当时 47 岁。之后，爸爸也不续弦。在妈妈 20 年的婚姻生活内，共怀孕 13 次，其中两个孩子夭折；我们一共 11 个兄弟姐妹。家人告诉我，妈妈一生最疼爱我的大哥。但大哥从事革命，十多岁时就离家加入抗日军，为了不连累家人，他从小跟我们聚少离多。大哥在 1941 年左右离家，之后就再没有回来过，只在 1947 年妈妈去世时来奔丧，据说当时他已是抗日联盟一个小队伍的领袖。

根据华人传统，在妈妈去世 100 天内，我二哥通过媒妁之言，正式结婚，又花了一笔钱。

对于二哥的婚礼，我的印象却比妈妈的葬礼更深刻。

婚礼当天，家里来了几十个亲戚，他们帮忙杀鸡杀鸭。我还记得一只只猪腿放在盘里，每只都那么大。过了大半天，我才明白，原来晚上家里要宴客。人们把四方的八仙桌排在家门口，一张桌子可坐八个人。我很高兴、很期待。

习俗上，请客时，作为主人家，我们暂时没得吃，要等客人们酒足饭饱，才轮到我们。所以在二哥婚礼上，我突然发现自己没得吃，失望又不开心，就哭了起来。因为以前的人穷，很少看到这么丰盛的食物。我有个亲戚，看到我哭了，就把我抱去跟他坐在一起。我高兴得很，在婚礼上大吃一顿。

我常说自己的童年很幸福，就如这件事，其他兄姐没得吃，我却可以跟客人一起吃。

童年不知愁滋味。我不知道从这时开始，家庭经济其实已走下坡路。没几个月，我二嫂又患上重病，看了很多医生都医不好，唯有把她送去槟州的医院。我爸爸很疼二嫂，当时爸爸已有两间房子，他把其中一间卖掉，给二嫂医病。

后来二嫂告诉我，她进门之后，只有 3 岁的我，竟然摆出大人的架子去问她："二嫂，你会煮饭吗？你会洗衣吗？你会做潮州粿吗？你如何煮菜给我们吃？"大概是因为我排行最小，家里每个人都让我，所以我有一点特权，在家里相当受宠。不过我觉得自己也很乖，从来不跟家人吵架。

二嫂嫁来以后，我就一直依赖她，二嫂非常疼我，她归宁也带着我。虽然只比我大 15 岁，她却一直照顾我，就好像我的妈妈。她曾说过她一生中最骄傲的是我的成就。

二嫂今年 86 岁。

## 我的大哥

我对大哥所有的印象，都是听说的。

大哥名叫许廷城，又名许慈金，也叫许立铭。

大哥出生于1927年的中国。

孙中山先生领导的起义在1911年成功推翻清政府，并建立中华民国，他在1925年去世。虽然清政府已被推翻，可是在1926年前后，中国仍然四分五裂、动荡不安，充斥着各种内忧外患。各系军阀、清朝残余分子、各派政客为了各自的利益割据混战，局势极其混乱。

大哥在中国长大，参加过少年先锋队，即少年儿童学习共产主义的地方。他到了10岁左右，就跟着爸爸来到马来亚。爸爸后来告诉我，大哥在中国已接受了基础教育，当他来马来亚时，已读到五六年级，爸爸常常感叹说大哥是所有孩子里最聪明伶俐的。

大哥来到马来亚之后，跟随爸爸住在古楼、角头这一带，并在此地完成小学教育。由于这个地区在当时多数是亲共人士，他的亲共思想在此得以持续。

在日本占领马来亚时期①，马来亚华人中的抗日分子比比皆是。有的华人加入游击队，有的则加入马共组成的马来亚人民抗日军②，跟日军对抗。马来亚不幸沦陷之后，日军在马来亚迫害人民、抢夺财物、奸杀女人，人民活在残酷和暴戾的淫威之下；那时中国和全世界的华人都积极抗日，马来亚的华人也对日本的法西斯侵略进行积极的抵抗。

在中国大陆，各种抵抗日本的行动时有出现，比如1915年的抵制日本货运动、1919年的“抗议将德国在山东权利割让给日本”、1928年的“九一八事变”、1937—1945年的全面抗日救国运动，都激起了海外华侨抗日救国的情怀，他们以华侨的身份积极投入中国的抗日运动，个中的悲欢离合、让人声泪俱下的大小事件，可说写

① 1942年2月15日至1945年8月15日。

② MALAYAN PEOPLES'ANTI－JAPANESE ARMY，简称MPAJA。

下了一段轰轰烈烈的华侨历史。

马来半岛沦陷之后，日军开始对付抗日分子，尤其是积极反抗他们的华人，比如共产党员、抗日分子、捐助中国政府分子、资助抗日的人们等，一旦被抓都被日军施以惨绝人寰的酷刑。抗日军也与日军进行了300多次大小战斗；在这段时间内，马来亚的华人普遍上可说是活在一种没有安全感也没有保障的恐惧中。

日军在1945年8月15日全面投降后，英军也于同年9月左右重回马来亚，人民才重新恢复平静的生活。

马来亚沦陷的3年6个月内，曾协助英军抵抗日本侵略的马共和在森林及落后的乡区开展抗日游击战的马来亚抗日军，在重获和平后，积极配合英军重返，与英军合作，同意放下武器，成为合法政党，进行合法的政治斗争。不久后，由于马共的一连串活动具有抵抗英殖民政治的意向，再加上日军占领的时期，已激发马来亚人的反殖民思想，严重威胁到了英国殖民政府的地位，英国政府最终制定法律并大量逮捕马共和亲马共分子，并宣布马共为非法组织，这之后，马共和英军走向了武力对抗。

在这动荡的岁月，大哥刚好处于最热血的年龄，自然不可能置身事外。日治时期，大哥只有16岁左右，可能是当时的人比较早熟，或者他本身也是一位思想成熟的孩子，眼见马来亚人民在日治时期过得水深火热，他毅然跟随许多角头的朋友加入抗日军。日军投降之后，由于事出突然，英军未能及时重返马来亚，使得马来亚暂时处于无政府状态，那时马共和马来亚抗日军力量雄厚，已在多个地区建立地方政权，以人民委员会的名义控制当地局势。大哥在当时也俨然成了马来亚抗日军的地方负责人。听说那时他已是个小队长，身上带着枪，出入也有随从跟在身旁。

在英军重返马来亚之后，大约1948年初，马共终于重新拿起武器，进入森林，开展武装斗争。由于他们意欲通过武力夺取政权，就常攻击森林边沿的园丘及矿场，希望能争取到一部分工人的支持。这一切斗争，导致英殖民政府在1948年6月宣布实施紧急法令，该法令旨在杜绝乡区华人与马共分子的联系。自从紧急法令实行之后，大哥基本上失去了自由，每天只能在躲避中过生活，进行地下活动。

一踏上这条不归路，大哥就只能脱离家庭，保持非常疏远的联系。听大姐说，他曾有几次半夜偷偷回家探望妈妈，之后就到一位马来友人家里住。每一次他匆匆来去，妈妈都会痛哭。处于爱国的理想和家人感情冲突中，我相信大哥是在非常纠结的状态下生活的。

我只在妈妈的葬礼上见过大哥——1947 年妈妈去世那天他回家奔丧。我所记得的大哥，没有革命分子的英气，在妈妈的棺材前，他就是一个伤心欲绝的孩子。在妈妈灵前痛哭一场之后，大哥便匆匆离开。之后我们把妈妈的灵柩送上坟山，他早已在山头上等待，又哭了一次；妈妈头七的时候，我们到坟山祭拜，他也已等在那里，头七祭拜过后，他就失踪了，没有跟我们联络。至于大哥是如何得知妈妈去世的消息，我并不清楚。现在回想，我猜他们也应该有人脉网络，游走民间。

大哥奔丧之后，跟整个家庭完全失去联络。1948 年初，二哥偶然在槟城的槟榔律①遇见大哥。二哥告诉他二嫂生了重病，现在住在医院。大哥就马上跟二哥去看二嫂，并交代二嫂要好好照顾爸爸和弟妹，这是他一生中与我们家人的最后一次会面。从那以后，大哥音讯全无，甚至没有下落。爸爸对大哥的交代："去了不要再回来。"爸爸狠心这么要求，是因为政府一直把马共抗日军视为眼中钉，一看到就是枪毙。我猜测当时大哥已参加马来亚民主同盟会，这个同盟会属于共产党。爸爸忍痛叫他不要再回来，是不要他的抗战活动连累弟妹。

在偶然的时候，爸爸也会听到一些跟大哥有关但没有被证实的讯息。我对大哥的记忆不深刻，这些事件大部分是来自爸爸和哥哥们的只言片语，由我自己拼凑成"大哥印象"。

二嫂的确见过大哥，她对大哥的印象很深刻。她说，如果在街上遇到大哥，一定会认得他。她常说大哥长得很英俊，是个知识分子。

但我不记得大哥长得怎样。

① PENANG ROAD。

1989 年底，基于人民和部队的愿望，在泰国友人的协调下，陈平[①]终于跟马来西亚政府签署《合艾和平协议》，结束马共近 50 年的武装斗争。马共的同志们纷纷下山跟隔离多年的家人相聚，那种恍如隔世的新闻在报上时有所闻。之后我们通过很多朋友，包括下山的一些马共同志，向他们查询名单。可惜完全没有大哥的消息，年龄、名字接近的都没有。我甚至通过一些人直接询问过陈平，他说大哥可能并没有上山，要不然名单里面一定有。若是如此，我怀疑大哥在还没上山之前，已为理想牺牲生命。这样的故事，在那个年代太多，太多。

每次想起大哥和那一段轰轰烈烈的岁月，我总是暗地为历史的灾难和人民的牺牲流泪。

大哥如果还在，今年 87 岁，有些人在这个岁数还很健康呢。

我真的很希望再见到大哥一面，但我猜他已不在人世了。

---

① 陈平（1924—2013），本名王文华，马来西亚共产党与马来西亚政府签署停火协议前的最后一任总书记。他出生于马来西亚霹雳州实兆远，祖籍中国福建省福清市。1939 年他加入马共，后加入当地抗日游击队。日本占领马来亚后，他作为马来亚抗日领导人之一与英国皇家陆军并肩作战，后因抗日有功，获大英帝国员佐勋章，1989 年 12 月 8 日，经过多番谈判，马共、泰王国政府与马来西亚政府签署《合艾和平协议》，马共自愿解除武装，解散全部游击队，宣誓效忠马来西亚政府。但陈平本人仍受到马来西亚当局猜疑，始终未能获准返回马来西亚。陈平从 20 世纪 60 年代开始流亡泰国，此后再也没返回马来西亚；2000 年起，陈平多次申请回国祭祖探亲，但遭马来西亚高等法庭驳回，此后至死不曾回国。陈平在马来西亚至今仍充满争议。

## 我的兄弟姐妹

大哥之外，我还有 6 个哥哥，2 个姐姐，1 个妹妹。

穷人的孩子早当家，穷是前进的动力，这个道理在我的家庭里获得证实。因为家境清贫，我的兄弟姐妹从小就勤奋工作，为生活奔波。兄姐们所受的教育有限，但教育程度高低并不影响兄弟姐妹之间感情的深厚，在我人生中，一直感激他们对我的疼爱。

由于家庭贫困，所有哥哥都在十多岁就投入社会，为生活奔波。“二战”之后，英军回马，社会、经济、基础设施等都因战争受到不同程度的破坏。在较大的城市，英殖民政府回马不久就开始建设；由于交通不便利、资金不充足等因素，乡下的一切在战前、战后都比较落后，并以渔农为主。

哥哥们大多在十三四岁就投入捕鱼这一行，从挖“土鬼”① 开始，到帮人抓鱼虾来养家。捕鱼行业内习惯把工人们分为头手、二手、学徒等等级。做渔夫的好处是，就算没有工钱，也可以带鱼回家吃。这么一来，哥哥们当了渔夫之后，家里就不愁吃了。有时我们晚上还去钓鲤鱼。钓到的每一条鲤鱼，都是一个挑战——心里很想吃，但得忍住吃的欲望，因每条鲤鱼可卖 2 角钱左右，而在那个时代，白糖一公斤要 15 分钱，但 100 斤蛤只能卖三五角钱——依此类推，一条鲤鱼的价钱，对我们来说，简直是笔巨款！

我小时听哥哥们说，他们没有能力买渔船，只能跟其他渔夫打工赚钱。为了糊口，他们经历了很多困难。哥哥们一有时间就去挖“薄壳”，它们通常生活在海底，退潮之后便可抓到。这是一种人家拿来养鸭的贝类，属于非常低贱的食物。穷困时代的人们，哪有资格挑选食物的上乘和低下？“薄壳”煮熟之后，我们有时也吃它。说实话，我觉得新鲜的“薄壳”其实还蛮好吃，大概我也不算挑嘴吧。

现代的年轻人可能不了解，从事渔农行业的人们的日子通常过

① 潮州话，是一种群居贝类，生活在盐度较高的外海湾或岛屿的滩涂中。

得极为艰辛。那时的渔船很小，不能随便出海，看天行事，收入少又不稳定。此外，所有事物都靠人工，跟今日的渔业相比，设备非常落后。

有件事一直让我难以忘怀。在一个暴风雨的早晨，早上10点多，许多渔船都陆续归航靠岸，放弃当天的作业。我所有的哥哥都回来了，只有四哥不见人影。过了一两个钟头，风雨过去，我们全家非常焦急，大家心里都揣测不幸事可能已发生。我们虽然仍不放弃等待，但有些朋友开始做出结论，说在这种情况下，就算出海搜索也没有寻获的可能性。到下午三四点，开始有朋友来家里串门子。有些人告诉我们，说他收网时，看到四哥的船已开动回航。有的人说因为风向转得很快，风雨交加会影响视线，看不清楚。又有人说，按照那个风向，四哥的船应该会开到古楼的灯塔边。反正众说纷纭，毫无结论。就算要去找，也不知该往哪个方向，全家人只能在家里干着急。到了傍晚五六点，天开始黑了，突然，我们看到四哥从门外走路回来。

大家欣喜若狂，放下心里的石头，赶紧追问他，怎么会开船出去，走路回来呢？

原来暴风雨一来，顷刻间，渔船的引擎被风浪打坏，四哥唯有任由渔船随波逐流，直到它被风浪推到水面上一根“Y”形树枝那里，被卡在中间。当时又是涨潮，他想要拯救渔船，却无能为力；加上身体也被风浪打伤，只好弃船走路回来。

每次想起这件事情，我就心怀感伤。人的生命真的很脆弱。那个时代的小渔民，科技落伍、视野狭窄、知识层面低，各方面状况都只能凭着经验判断，生命没有保障，比较机警的人，看到风雨严重，赶紧收网回家。可能因为家里的情况，四哥却冒险出海。渔民为了三餐，冒着生命危险，风吹雨打，非常可怜。在这艰难的生活状况下，哥哥们对家庭还是很有责任感。

和四哥之间还有两件让我难忘的事。还在吉辇中学读初一时，英文老师一直鼓励我们要认真学习英语，他说，如果我们还不懂得讲完整的英文句子，那么在家可以多用单词，比如要去骑脚车，就说：“我踏 bicycle。”于是，我回家时，就尝试多用英文。看到鱼，我就说这是 fish；看到虾，我就说 prawn，把英文单词和潮州话混杂在一起讲，回想起来，效果还挺搞笑。“把那只 fish 拿来”“来台[①] fish 了啦”这种说话方式，如果现在让我的孙子孙女们听到，他们一定都会笑我。但这在当时确实很“潮”。四哥听到我说英文，他很高兴：“你读中学不到两天，就会讲英文了?”他觉得他的弟弟是神童，要奖励我。看到我穿的那双皮鞋有点破旧了，他二话不说就悄悄去大街上买了一双皮鞋送给我。看到那双新皮鞋，我真的超级高兴！我不舍得马上就穿，因为我觉得这双新鞋绝对不可以穿去打球！这次过后，我发现懂得英文很好，至少可以替我换来一双新鞋。老师说多懂一种语言对我们是好事，果然没有说错。

还有一次，我在槟城韩江中学读初三的时候，那年除夕，我回到古楼准备过农历新年。那时，四哥中了奖，奖金大概有几十零吉。他用了这笔“巨款”买了一个 TITONI，也就是俗称“梅花牌”的手表。我不知道在古楼这种小地方，他怎样买到这个牌子的表。最近我才从超级市场看到，这个表虽然不是世界顶尖牌子，但在 2014 年也要几千零吉一块。当然，在 20 世纪 60 年代，几十零吉一块吧。农历新年的假期后我要回槟城，四哥突然把他戴在手上的新手表脱下来给我，说：“我是在海上捕鱼的人，这个手表给我用的话，一下就坏了。还是你拿去读书比较合适。”我无意间得了一块新手表，非常高兴。在那个时候，并不是每个人都有手表。我把新手表戴到学校去，还怕别人没看到，常常有事没事就转转手腕，吸引别人的注意。现在想想，真是既幼稚又可笑。

很可惜的是，四哥在 2014 年 9 月去世了。

由于大哥十多岁就离家搞革命，二哥自然成了兄弟姐妹们的领头人。他出生于 1929 年，性格刚强，因为家贫又排行最大（除了大哥以外），没有机会受正规学校教育。当时，很多学生十一二岁才开始上学读书。日本侵马时，他正处于求学年龄，所以错过了读书的机会。日本人投降时，他 16 岁，个子高大，站起来比老师还高，因而常常被别人取笑，加上本身也不喜欢读书，所以放弃了读书，成

---

① 台，潮州话“杀”的意思。

了家里第一个在外工作的哥哥。

二哥脾气非常暴躁，但是很疼我。一生不曾严厉打骂过我，对我疼爱有加。

在妈妈过世后的一百天内，二嫂就凭媒妁之言嫁来我们家。她是沓眼色海的潮阳人，我们住在古楼，她可说是从市镇嫁来乡村。今天回想，她嫁来时，刚刚 18 岁，只有一个字可以形容：惨。试想想，一个 18 岁小女生嫁来婆家，小叔小姑共有 9 个人，家境又很清贫，古楼又没电没水，唯一像样的房间是自己的新房。清贫、忧虑、丧母的哀思，便是二嫂新婚以后马上面对的环境。

家里多了个女人，我带着些许新鲜感和高兴。二哥结婚的第二天早上，我就去问二嫂："你会煮饭吗？你会洗衣吗？你会做潮州粿吗？"后来，二嫂告诉我，她当时感觉非常有趣，一个 3 岁小孩，竟然这么会说话。接下来每天早上我都会去跟她打招呼，叫她一声："二嫂！早安！"她一直都很疼我，甚至连归宁也要带着我。

二哥之后，我的其他哥哥也陆续投身工作。由于居住环境的局限，他们都从事渔业。记忆中，三哥是一个抓"薄壳"的高手。三哥讲话直接，往往有什么话就会心直口快地告诉我们。他跟三嫂结婚之后，我们家迎来第一个福建人。

每当雨季，稻田里会有很多淡水鱼，哥哥们会抓来制成咸鱼卖。我记得三哥负责杀鱼，他把鱼头砍掉，把鱼身放旁边，由我把鱼内脏挖出来，然后另外一位哥哥就接手把鱼身涂上盐巴，继而晒干，制作成咸鱼。三哥杀鱼很快，每次他一刀一条，一下就杀了一大堆鱼；我负责挖内脏，程序比较麻烦，根本来不及应对他杀好的鱼。结果有几次我看到鱼身越堆越多，来不及挖，就急得哭起来，耍赖说："我不要挖了啦，我肚子痛，要大便！"爸爸很疼爱我，他看到的话，就会赦免我，让我去大便，然后叫其他哥哥来替代我的位置，我就有机会去玩。那时，我只有五六岁吧！

五哥很聪明、很勤劳，眼力又好。他很会抓鱼，每次在同一个地方，同时出海，同样的船，别人抓到 50 斤虾，他可以抓到 200 斤。每一次出海捕鱼，他都比人家多一两倍的收获。他常被我们称赞为古楼最特出的渔夫，他捕鱼的才能可谓全古楼最好。五哥是我们兄弟之间比较会读书的一位，只可惜家境不好，他只上过一两年学。由于家境贫苦，他养成节俭的习惯。结婚生子之后，五哥成了家里最快摆脱贫穷的哥哥。

哥哥们陆续当起渔夫，我的两个姐姐，则一直在家里做家务和照顾年龄较小的弟妹。大姐很疼爱我们，到现在也一样。她有时还会提起一些童年往事，比如她怎么帮六哥、七哥和我在水坑里冲凉的事。她说，我们小时没有穿衣服的习惯，也都剃光头。在旱季时，屋前的河流干了，她唯有带我们三个小男生到离家远些的稻田水坑冲凉。每次她用水勺将水淋在我们身上，我们就顽皮地玩水。现在回想起来，其实那些水一点也不卫生，只是小时我们对这事一点也不介意，对我们来说，最重要的是，天气热的时候有机会玩水，感觉世界真美好，身体很舒服。

在我十一二岁时，大姐已 19 岁。通过媒妁之言，家里为大姐找到婆家。当我知道大姐要结婚时，犹如受了当头一棒，痛苦、难受是我内心最直接的感受。可是家里每个人为此都好像很高兴，我搞不清楚他们高兴的原因！我一个好姐姐一嫁出去，就要住在别人的家，我将会从此少了一个姐姐呀！我为大姐出嫁这事难过了很久。

那个时代交通不便，社会风气也比较闭塞，嫁人之后要回娘家不是随时可以办到的事。我不知道大姐有没有偷哭，我猜她有，只是不给我看到，怕我跟着她哭。

为了让婚礼进行得更有气氛，家里还去跟人家借唱机。潮州方言里，把唱机播放的歌曲叫作“机器曲”。按照那时的地方习俗，在婚礼前一个晚上以及娶亲当天，家里必须播放喜庆的潮州歌。这些潮州歌曲我都很喜欢听，听歌能分散我的注意力，让我忘记伤心。这些歌曲许多都很有意思，比如《吕蒙正》。故事中，吕蒙正中状元之后又回家乡把他的太太带回京城共享荣华富贵，大团圆结局，非常好意头，潮州人每逢喜事，都一定会放这类型的曲子助兴。

我伤心了一段时间之后，大姐仍然结婚了。婚礼当天，我还没来得及心碎，就发现自己有新皮鞋、新衣、新裤穿。在喜气洋洋的气氛中，大姐夫到家里迎新娘。我作为小舅子，按照习俗，要负责开车门。车门打开，很惊喜地，姐夫伸手给我一个红包。之后家人又让我把鸡蛋茶捧给姐夫吃，我暗暗期待着，果然又得到一个红包。姐夫离开之前，我们每个兄弟姐妹也都各获一个见面红包。结果大姐出嫁当天，我一个人总共得到3个红包，其他人则只有1个而已。多日以来对大姐出嫁的郁闷感顿时烟消云散，她出嫁那天我反而感到很高兴。手中的每个红包都有一两块零吉，三个红包的钱加起来就是巨款，可在学校吃两到三个礼拜的咖喱面。我终于认同，姐姐结婚到底还是好事一桩。

二姐在18岁时也嫁人了，很快地就生了一群孩子。我最小的妹妹则因为我们家贫，从小就送给别人做童养媳。

二哥、三哥、大姐、二姐结婚之后，他们就陆续搬出去。家里没有女人，五哥负责煮饭，但没有哥哥为我洗衣服，我只好自己来。那时没有自来水，我只能用河水洗衣。有一次大姐归宁，发现我白色的校服因我不懂怎么洗而变黄，一时触景生情，竟哭了起来。我知道大姐很疼爱我这个小弟，这件小事我一直记得。

我10岁之后，哥哥们都开始工作来帮补家用，爸爸也开始买鱼回来制成咸鱼，并承包池塘的鱼来卖，家境变得比较好。从那时起，我不必再每天吃蕹菜，我们的饭桌终于可以告别蕹菜岁月。

20世纪50年代初，我们全家搬离新港，到古楼居住。爸爸盖了间有楼层的房子，共有6进，在当时算不错。基本上我们可说已脱离赤贫。爸爸在经济能力有点起色的情况下，毅然决定供我们去读书。因此，我和六哥、七哥三兄弟开始到正规小学上课。我们有机会读书，要感谢爸爸对教育的重视。

1952—1953年，我读一二年级时，家里基本上靠着二哥、三哥和四哥跟渔夫打工捕鱼养家。如果老板赚十零吉，哥哥们可能每人分到一零吉。

在当年的教育制度之下，我们都是读私立小学，要交学费。

马来西亚的华文教育，道路一直崎岖不平。19世纪初，先贤们大量从中国来马，找到立足点之后，祖辈们首建同乡会，次建学校。华裔向来对文化和教育传承抱着重视和积极的态度，这种精神也传到马来西亚。独立前，英殖民政府对华校采取不闻不问的态度；独立后，政府通过种种法令和措施，不时跟华文教育进行拉锯战，企图限制华文教育的发展。这样曲折的道路，却无阻华文教育的发展，在马来西亚华人的坚持下，华文教育仍然取得辉煌的成绩。从1819年在槟城成立五福书院以来，马来西亚华人自动自发，把华文教育当作己任，出钱出力，捐助华文教育更被戏称为大马华人的第二个所得税。办校的艰难和所需的坚韧精神，在华裔社会已是司空见惯。在我的童年时代，就连古楼这么一个贫穷的渔村，也有热爱华文教育的人在建校。

由于经费不足，学生需要交学费。三个孩子在读书，学费成了我家沉重的负担。哥哥们曾告诉我，他们读书时，因为家里太穷，有时早上喝一碗粥配开水，下午三点放学之后，桌上没有菜肴是司空见惯的事，他们几乎每天都只能吃开水泡饭充饥。

我读书的时候，每天早上家里也是煮粥，让我们吃了才去上课。下午三点才放学，其间也要有一两角钱让我们在学校内买一碗面充饥。大概是因为我年龄最小，所以我每次都会优先得到零用钱。记忆中，我从来不曾有过在求学时没有钱去吃东西的经历。另外，我还可以去二哥二嫂家吃点午餐。虽然他们也很穷，但二嫂每次见我来，还是会去买一两角钱的咸菜给我配粥吃。

虽然脱离赤贫，但我家的经济并非好得不愁钱。有时，老师仍需要跟六哥讨学费。奇怪的是，老师们都不敢跟我讨，大概是因为一跟我讨的话，我就会哭。结果，六哥到了三年级的时候，就决定辍学。当时他只是跟家里说，他不要读书了，他要去工作。于是，他也跟着渔夫出海捕鱼。跟其他哥哥一样，六哥也是从渔夫最低阶的助手做起，也就是俗称“站船头”。这个工作不容易，每当渔夫要撒网时，需要有一个人带着其中一边的网跳下海，舵手会把渔船转一圈，将网撒好；转了一圈后，回到原点，再把“站船头”的人拉上船。如果天气好，六哥一个月可以赚二三十零吉，有了钱之后，他还会给我零用钱，有这么好的哥哥，我真的很幸运。

我和六哥感情很好，我们成年后也常常一起玩麻将、打牌、下棋。六哥很喜欢抽雪茄。我后来因为生意的关系在世界各地跑业务，每到一个地方，都会去找最好的雪茄给六哥。他每次点起那些雪茄就得意扬扬向朋友们炫耀：“这是我弟弟买给我的，你要不要试试看？只可以给你抽一口。”

多年前有一次我问六哥，为什么当时只读到三年级就要去工作？他大笑回答说：“因为你害我。每次老师跟你讨学费，你就哭，他们只好跟我讨。我被讨到怕，唯有辍学让你去读书。”虽然他今日能够说得笑哈哈，但当时他的内心应该也曾苦过、伤过。

除了六哥，七哥也跟我一起上小学。他大我两岁，个性比较独立，自主性也较强。20 世纪 50 年代爸爸从角头的新港搬到古楼之后，开始做海产批发生意。七哥在 1957 年小学毕业之后，马上投入家族生意。之后，由于他非常专注投入，这门生意渐渐发展起来。在他的领导下，家族生意逐渐稳定。经济状况好起来之后，他也开始结交社会朋友，扩展事业范围，甚至有能力资助我到槟城读书。

在我年轻时，七哥很爱惜我、关心我。在槟城读书的时候，有一次我生病，他从古楼驾摩托来槟城探访我。其实他不知道我住在姓郭桥的哪一家，竟一家家去问：“许慈色是不是住在这里？”

七哥向来都鼓励我多读书，也非常支持我在学业上继续发奋图强，在我中学毕业之后，他有意送我去台湾深造。我的愿望其实是到西方国家深造，但是因为经济条件，家里的确也没有能力送我去欧美，我对台湾国民党又反感，所以决定放弃到台湾求学的机会。

20 世纪 50 年代中期，爸爸做海产批发生意。他把海产批发到槟城、太平、吉隆坡、新加坡。到了 20 世纪 60 年代，生意越做越大，最后终于实现我们的意愿，成了全马第 4 家批发冷冻食品的公司。

当我们成长的时候，树大分枝是正常的现象。到了 20 世纪 80 年代，家中因为意见分歧，我们唯有各奔前程，各自发展自己的事业，为此，我曾经非常苦闷地暗中流泪。无论如何，20 世纪 70 年代中期过后，每个兄弟都脱离贫穷，而且各有成就。

现在回想，薤菜岁月虽然苦，庆幸我们不因贫穷而放弃，勇气和拼劲，让我们全家都成功告别薤菜岁月，踏入人生另外的阶段。

## 我的家乡

瓜拉古楼，是马来西亚一个历史悠久的渔村。在19世纪，已有不少从中国来到马来西亚的华侨聚居在此。古楼是吉辇区——又称稻米之乡——的一个小渔村。这里的华人几乎都以捕鱼为生，马来人则大部分是种稻米的农民。

早在18世纪左右英殖民政府统治之下，古楼到角头之间就已建有长达7公里的堤岸以方便人们种稻。我觉得英殖民政府对马来亚的建设还是相对有贡献的。那时的稻米品种都是一年一季，不比今天，有些地区一年可以收成两三季。英政府当时建的堤岸让古楼到角头增加了耕种地。除了种稻，农民们也种椰树。当时古楼人民基本上以渔业为主，农业为辅。稻米产量有限，从事渔业的人生活条件普遍比从事农业的好。

角头/古楼渔村景色

角头/古楼街边

童年岁月里，迷人的稻田景色给我留下深刻的印象。稻米萌芽时，绿油油一片；有待收成时，成了金黄色的波浪；收割的旧仓，便成了棕褐色的海洋。大自然的颜色变化，在我们小时的生活里是那么自然的事。站在堤岸上，可看到高高的椰树在稻田中央，随风摇曳，婀娜多姿。麻雀、八哥停在枝头，风吹来时，椰叶随风摇摆，有时可看到候鸟以“人”字形飞过蔚蓝的天空；放风筝的季节，可以看到小孩们在田里快乐地抓着风筝线奔跑。

古楼周边也有不少红树林，红树林内有时会看到候鸟，可惜我小时候并不了解红树林的珍贵。古楼海边风景优美，海风凉爽，我很喜欢黄昏时坐在海边，什么也不做，只是看。满潮的时候（每月初十和廿五），潮流很慢，水面很洁净，许多小鱼成群地游来游去。有时在傍晚也会看到各种我不知道名字的鸟类在海上飞，很美。我还不止一次看过十到二十只海豚成群结队，跃出海面，跳入海里。现在的年轻人也许以为那是我的幻觉，在我小时候，这其实不过是普通的海边景色。虽然海边景色那么迷人，渔夫却更喜欢聚集在海边赌博、聊天。很幸运的是，我在那种环境之下，也不受恶风气影响，没有染上赌瘾。

20 世纪 30 年代爸爸从中国来到马来亚。初到这个地方，他依旧从事在中国时惯做的米粮生意。虽住在以渔业为主的古楼，爸爸却从没抓过鱼。他卖米、卖淡水鱼。每年雨季是让人雀跃的季节，在稻田和椰树之间的水塘里盛产淡水鱼。这时爸爸会去承包农夫们田里的坑塘，然后把塘里的淡水鱼抓去卖。雨季只有几个月，平时爸爸则做另外一种生意——卖椰子。他买来椰子，把椰皮剥开，敲开椰子，挖出椰肉，将椰肉在太阳下晒成椰干，卖给榨油厂榨油。买卖淡水鱼的生意，一年没有几个月；买卖椰子也不见得能赚很多钱，不过这些生意爸爸也做了十多年，养活了我们 11 个小孩。

日本侵马时期，我其实还没有出世。爸爸曾告诉我，那时古楼和角头的人民并不愁吃。因为我们有米（稻田种的）、有菜（大水沟旁一采就有）、有鱼（出海捕鱼本就是此地人维生之法）。这里只是小乡镇，没有经济利益，也不是兵家必争之地，日本人并没有给古楼和角头的人民带来多大灾难。

哥哥们曾转述，日本兵有时会来我们家。当他们看到家里这么多小孩，而且每个都剃光头，看起来很可爱，还会抱起来逗着玩。日本统治者最怕粮食控制，只要人们家里不收藏过多的粮食，他们也不会找麻烦。我妈妈有一位结拜妹妹，她的丈夫（ONG CHEW KOOI）会讲一点日文，他懂得跟日本人沟通，我们靠这么点关系也方便一些。有时家里有人会听到一些抗日军的故事，但作为抗日军的大哥已跟家里切断联系，所以我们家里并不曾面对什么麻烦。

古楼河的港口非常宽阔。这一条河发源自红泥山[①]，长达几十公里，古楼河在马来海产工业史上占重要地位。由于地理环境之便，这里的渔夫出海不到10分钟，就能到达渔产丰富的区域捕鱼。在其他水域，比如太平附近的十八丁，渔船出海要半小时才能到达适合捕鱼的海口。

由于古楼的地理条件适合捕鱼，这种天然优势吸引了许多外来居民。20世纪初，古楼的人口已大量增长；日本人走后，古楼的人口激增，当时还有很多人继续从中国移民到此地生活。古楼的天然环境，也适合小渔民出海。我小时候还看过人家划着小船去捕鱼。

20世纪20年代初期，古楼捕鱼的方法仍然以传统的奎笼[②]为主。后来古楼的渔夫研发了一种特殊的捕鱼方法，叫作“筐脚”。这是一种浅海捕鱼的方法。在渔船出海到捕鱼的区域之后，一个“站船头”的人会拉着渔网一头跳下海里。渔船在海面转一圈，同时将渔网围成一圈再回到原点把刚才那个浸在海里的“站船头”的人从水里捞出。渔网下方，有锡做的秤，让其沉下去。过一段时间之后便可以收成——其中一个渔夫在船上把网拖上来，另一个渔夫同时用脚把网口夹紧，鱼虾才不会跳出来。这种方法一直延续使用到七八十年代，直到发展出两只船同时围成一圈拖网的方法，才不需要“站船头”的人了，后来的方法在古楼叫作“双拖”。这几种方法，只有古楼渔夫才使用，别的地区的渔夫自有别的捕鱼法。我还记得，为了使用“筐脚”这种捕鱼法，古楼的渔夫还会穿一种特别制作的裤子，这种裤子能够帮助他们浮在水面上。这种裤子的制作方法是这样的：准备一种比较厚的布以及浸过红树林木树皮的水，将布浸在这种水里。这样一来，所缝制出来的裤子就不会透水。穿的时候，将腰和裤脚绑紧，让空气充满裤管，便能浮起来。

浸在海里，等待被捞回渔船的心情是怎样的，我不敢问曾经做过“站船头”的哥哥们。家贫，只能从事这种行业帮补家用，这是

---

① BUKIT MERAH。

② KELONG。

大家心头一个酸楚的往事。渔产旺盛的季节，几乎会有 100 到 200 只船用“筐脚”这种方法捕鱼。在二十世纪六七十年代，古楼的海产生意达到顶峰，那时，一天可以抓到几百吨的虾。古楼开始有人做海产出口生意和海产加工工业，各种跟海产有关的行业也如雨后春笋般蓬勃地发展起来。

渔民一般在早上 5 点出门，下午 2 点回航。远远看到渔船归港，也是我脑海里一个永远难忘的镜头。在一般的日子，渔船回航会有一两个小时的时间差异，而非同时归航；偶尔天气不好，渔船就几乎同时回航；如果遇到雨天，天空乌云密布，渔船归来那短短的时段里，鱼寮内场面热闹喧哗，我们收货的时候，要吊要秤又要发钱，非常忙。风大雨大，渔民们被雨淋得湿漉漉，只想赶快把工作做完，这是最考验我们耐心和工作效率的时刻。不同的鱼虾有不同的价钱，却都要在最短的时间内计算完毕。我从小在这种环境下成长，对于计算价钱这种事，驾轻就熟。每次在这种情况下，我的心算和数学能力就有很好的用武之地。很多人需要打算盘，但我只要用心算就可解决。后来我在欧美做生意，跟洋人开会的时候，他们对我的心算能力时常感到吃惊，也非常仰慕。我就卖关子，不告诉他们这是从哪里学来的，就让他们羡慕一下神秘的中华文化以及华裔神奇的数学能力吧。

如果天气好，渔民们在回航之后便会晒网、整修船只。除此之外，他们通常整个下午都有许多空闲时间。古楼的渔夫很多，下午大家没事做之际，一定会开展华人最擅长的休闲活动之一——赌博——这是古楼每个家庭都懂的事。无论大人还是小孩，对每一个古楼人来说，赌博是很普遍的事。比如我本人，在四五岁就开始懂得各种赌博的规则和技巧了。

渔民生活辛劳，在英殖民时代，他们就已有吸鸦片的习惯。由于教育水平低，很少有渔民知道鸦片对身体健康的不良影响。鸦片被当成一种药，无论伤风还是咳嗽，甚至体温太低，只要抽一口，就能暂时缓解病情，也能让人全身舒坦，面色变得红润，说话也仿佛比较有力气。在全盛时期，古楼街上的半公里内，就有 10 多间“鸦片间”——我们跟马来西亚很多地方一样，习惯把抽鸦片的烟馆叫作“鸦片间”。

虽然年纪还小，但大人们也不介意，我就时常有进出“鸦片间”的机会，看看人家抽鸦片，嗅嗅鸦片烟味，这都是小时候无聊才会去做的事情；有时候也会被大人们指派去“鸦片间”找人。昏暗的室内，眼睛要等一下才能适应。鸦片床上点着两盏小玻璃灯，人们拿着长长的烟管斜斜躺着，就着烟灯点着鸦片烟，很舒服的样子。鸦片床上的物件各式各样，烟枪、烟锅、烟灯、托盘……他们脸色痴迷，飘飘然地蜷缩在烟灯旁，烟雾缭绕中，仿佛进入另外一个世界。

用烤烟的方式来吸鸦片，是18世纪时中国人发明的方法，因为直接吃鸦片会产生很多副作用。中国人发明了烤烟法，使其各种副作用减轻许多；烤烟又能让鸦片释放大量吗啡，给人飘飘然的感觉。鸦片变成了一种消遣物，并且在很短的时间内就席卷中国，甚至东南亚、欧美国家，当然也包括马来西亚。

天气不好时，渔夫们从海面赶回码头，全身湿漉漉，风吹雨打让他们感觉湿冷，只要能吸一口鸦片烟，全身马上就暖和舒坦。我曾看过一个人，把渔船停泊好以后，将当天捕到的虾丢下给我就不睬了，他那时什么都不要，就只是向我讨10零吉，目的是去“鸦片间”吸一口鸦片烟。他把烟吸进肚子，做一次循环，吐一口烟出来，马上精神饱满、脸色红润，话也跟着多起来。由于鸦片烟有这种提神作用，很多受教育程度比较低的渔民，都会把它当作药物看待，而不懂它的副作用和坏处。

一旦沉迷，吸食鸦片的分量只能持续增加，不可能减少。由于缺乏知识，有的家庭，甚至所有成员都在抽鸦片。这么一来，就会需要更多钱去买鸦片。没有能力购买的时候，烟瘾一来，就会变得异常辛苦。鸦片逐渐成了古楼一般渔民难以缺少的毒药。

在渔村，水路便于走私鸦片。虽然英政府制定法律，将鸦片列为毒品，但古楼的海上交通如此方便，鸦片进入古楼轻而易举。我在那个时候，已经意识到鸦片是毒品，会毒害健康。这种走私生意虽然能带来丰厚的利润，却会毒害社会人群，至今我坚决不碰。

古楼这个小渔村，沿着古楼河两岸发展。一岸几乎清一色是渔民，有百多家，房屋错落，间距不一，一直连接到瓜拉牛拉[1]和太平的渔村。另一岸，大概长达2公里，住着很多人家。这2公里路旁，港脚一带，仍是以渔民为主；过了半港到市区左近，则是许多商家。这里最繁华的街叫作“瑞利街”，是20世纪初期由社会闻人连瑞利所建，共有十多间店屋。他建好之后，长期租给别人做生意，并形成一个小市镇。记得当时的街上有脚车店、咖啡店、杂货店、批发商等，是古楼群主要的购物区。

瑞利街上多数是小康之家，有些也是小园主。他们的经济状况比较好，教育程度也比较高。渔民的经济能力比较差，又比较不重视下一代的教育。到槟城读书的多数都是市区的孩子，只有我和另外一两个同学来自半港以北的地区。

说的是童年，想的是家乡，但实际上缅怀的是我逝去的青春。虽没有刻意去记忆，奇怪的是，这么多年后的今天，这一番番的景色仍鲜活地留在我的记忆中。

---

① KUALA GULA。

## 我的小学

1949年底，我突然生了一场大病，今天看来应是肠热病。那一年，我才5岁左右，家人将我送到爪夷[1]政府医院，离我家大约30公里。在当时交通不便的情况下，这算是相当长的一段距离。印象中，我在医院住了一两个月。1950年的农历新年，也是在医院度过的。

住医院又闷又无聊，我身体孱弱，多难挨！在医院里，我时常哭。那一段日子，过得非常机械化，每天早上男护士都来帮我把蚊帐拿掉，然后就将我转过身在我的屁股上扎一针！每天重复！偶尔爸爸或哥哥们轮流来看我，不过因为家里和医院的距离，我通常都是一个人孤零零、凄凄惨惨地过日子，所以印象中就是一直哭。

这种日子仿佛没有尽头，我日夜盼望回家，可是因为病情没有起色，所以都没有机会。在医院里，我每天喝牛奶，吃咸饼，病情时好时坏。拖了两三个月，我的病变得非常严重。直到有一天，爸爸认为我应该已没救了，要把我带回去度过“余生”——他来医院把我偷抱回家。回到家里时，我身体非常虚弱。二嫂告诉我，那时她甚至已为我做寿衣。大姐也曾告诉我，爸爸认为我就要离开人世，又知道我很喜欢穿鞋——当时大部分的人都没有鞋穿，所以有鞋穿是一件很威风的事情——还买了一双包头皮鞋给我，好让我穿着皮鞋“上路”。

为了给我钉棺材，爸爸踩脚车去古楼买木板。古楼镇的街头，有家拿督公庙。爸爸到那里去拜拜，求签问神。得来的指示是“会有贵人出现帮忙”，签文还说，如果这个孩子活得过这一关，是会出人头地的。

说也奇怪，求到这支好签之后，爸爸随即就在镇上遇到一些朋友，听闻我的状况，朋友们便给他推荐一位黄有捐医师——也就是我的贵人。黄医师死马当活马医，他一搭脉，就说我脉搏还很强，

---

① JAWI。

给我开了药方，让我定时吃药。接下来的日子里，我一吃东西就呕，每天都得吃药。在病情的反复下，将近一年我才逐渐康复。差不多快好起来时，我的身体虚弱得几乎不能走路。发病期间，我每天都喝红字牛奶、吃苏打饼，当时这是病人才有机会吃到的食品，非常珍贵，但当时我一看到这两种食物就怕！事过境迁，现在我已不再对它们感到恐惧，反而觉得相当好吃。

1950 年农历八月十五日，当时我刚病好，身体虚弱，不能走路。坐在门口的椅子上，看到很多人在放风筝，我很想加入，可是无能为力。三哥放了风筝，把风筝线交给我拉着玩，我很高兴。在黄昏五六点时，二哥突然回来，说二嫂生了一个女儿。我一听到，就非常伤心地哭了起来，心想："为什么生了一个女的而不是男的？"由此可见，我出生在一个封建的家庭，受封建社会思想影响，重男轻女，今日看起来，这种想法简直不可思议，我都取笑自己。这是我第一个侄女，许秋琴，她的名字是我爸爸取的，秋字取自八月十五日中秋节。

古楼育才小学

1952 年或 1953 年，爸爸决定离开新港，搬到古楼。这一次搬迁，直接改变了整个家族的命运。如果当时没有果断地搬离新港，我们将继续在有限的环境里做着小生意，家庭经济状况也不会有多大改变。爸爸的决定很明智，改变了整个家庭的生活。哥哥们——尤其二哥、三哥、四哥和五哥都纷纷在那几年正式赚钱帮衬家庭，所以到古楼定居之后，我们有能力在古楼盖起一间双层板屋。

我的病在1952年左右已算痊愈，但身体还很虚弱。那时我8岁，正是上学年龄，却没有去学校读书。1953年，我8岁多，才入学读一年级。我的身体不太健康，到了二三年级又病了五六个月没去上课。现在回想，我应当是再度患上了肠热病。

大病一场之后，我转学去角头，亲戚建议我重读三年级。转学最大的原因，是当时古楼常有私会党徒入屋抢劫，家里的大人们认为我还小，不应当在这种危险的环境中成长，所以毅然让小叔把我带去角头读书。小叔是角头南华小学的副校长。他在20世纪30年代，曾在中国受教育，印象中，他是个典型的才子，书法、中文都很好。小叔曾多次在报章上发表跟政治和时事有关的文章。在角头这个小渔村，识字者不多，会书法的人更少；到了农历新年，很多人都会来跟小叔讨春联。所以每到农历新年，角头大部分屋子外面都贴着小叔写的挥春①。另外，古楼拿督公庙的对联、题字都是他写的，至今还在。

在我读四年级时，身体逐渐恢复正常。我想，主要原因是家庭经济比以前好，爸爸可以炖补药、焖盐鸡给我进补。那时家里的鸡蛋和美禄②，只有我一个人可以吃。

身体恢复健康之后，我在求学方面，开始全面发展。在学校，几乎所有的科目我都获得很高的分数，除了音乐科，有一次唱歌考试，我只拿到50分。这种无颜见古楼父老的分数，让我很不甘。我很勇敢地去问教音乐的陈秀珍老师：“我唱得那么大声，为什么只得到那么少分？”老师回答我：“大声就好吗？问题是你唱歌走音知不知道！”陈老师很凶，打人又非常痛，我还敢去跟她讨分数，看来我的确从小就有种天不怕地不怕的性格。

一二年级的时候，我从来不知道有考试这回事。每次老师提到“考试”两个字，我的想法是：“考试就考试啦。”根本不觉得有什么大不了。由此可见，我们这种家庭，对于读书是完全不当一回事的。不过，几年之后，我已逐渐了解教育的重要性，越来越用功读书，从四年级起到高三为止，我每一年考试都在前五名之内。

---

① 挥春，即春联，粤语地区称为挥春。

② 美禄，MILO的音译，一种由雀巢公司出产的巧克力饮品，含有巧克力和麦芽成分。由于味道浓郁芳香，营养丰富，是马来西亚人广为喜爱的饮料，被戏称为“国饮”。

五年级时，学校来了一位叫王碧佳的老师教我们数学。有一位年轻又有理想的老师，往往是学生们的福气。王老师用实用的方式启发我们，比如，2×3为什么等于6？对于乘法表，我们向来死记硬背，不知所以然。但是王老师向我们解释数学的实际原理和效用，是她告诉我们2×3其实就是2+2+2或者3+3，明白这一点，就不必死背乘法表。对数学原理的理解，使我茅塞顿开，得到很深的启发。在她提醒后，我获得进一步的提升。

从小住在渔村，大部分家长没受过教育，甚至几乎没人关心孩子的教育，所有学生都“自生自灭”。爱读书的就继续读；不爱读书的拿最后一名也没有关系。但自从王老师来了之后，她不但为我们分析课业，还鼓励我们跳班——当时因为没有受到什么教育法令的限制，只要学校允许，就可以跳班。

这是我第一次体会到教育的重要性。同时，王老师的教学法也增强了我读中学的意愿。到我小学毕业时，我已决定无论如何一定要继续读中学。教育可以改变一个人的命运，对我来说，这极其重要。

学校在王老师的建议和影响下，有了分班制度。她当时只有21或22岁，凭着一股年轻人的热情办教育。只可惜因为教育理念的问题，她跟学校的校长、副校长时常意见不合，导致她在育才小学执教不到一年就离开。但是这短短时间的相处，已深深地启发了我。

有趣的是，虽然王老师对我有那么深的影响，但她在校内时，并没有发觉到我和其他几个朋友的天分。后来每次拜会她，她都说：“你是漏网之鱼。”也许因为她不是我的级任老师吧，所以忽略了我。

遗憾的是，2015年年初的时候，王老师过世了。

我的小学时期，还有一件难忘的事。当时正是“二战”过后不久，我所就读的育才小学的学生人数剧增。在短短10年内，学生人数已增加到一个年级有两三个班，很难相信，以前每一年级只有一个班，而且很难凑够人数。人数虽然有所增加，但教室仍很破旧。古楼虽是一个渔村，人们普遍受教育程度不高，但说到华文教育，人们还是十分支持。对于华文教育的坚持不懈，仿佛是马来西亚华人与生俱来的一种责任感。

马来西亚的华文教育一直是风雨中飘摇成长的大树，虽然一直受到打压，但是马来西亚华人一直抱着乐观和坚持的精神维护它，并使之发展成这世上除了海峡两岸和香港之外最完整的教育体系。就是在华人维护华文教育的责任感驱使下，当时古楼华社领袖也鼎力支持建校，并发动整个地区的华人来完成这个计划。人们虽然普遍贫穷，但只要涉及华文教育，一般都会捐钱建学校。在众志成城、聚沙成塔的情况下，我五年级时，新校舍终于建好。能够搬进新校舍，大家都很兴奋。我们原本在一家做绳子的工厂里上课，环境很不好，如今有机会搬到一个崭新的环境读书，甚至还有一个又新又大的礼堂，这让我们大家都兴致高昂。那个时代距离现在有五六十年，试想当时我们就有一个礼堂，大到可以摆四五十桌宴会桌子，新校舍有 12 间教室，在当时算是相当有规模的新建筑物。这一切是多么让我们骄傲的事情。这一整排的校舍和这个礼堂，育才小学使用至今。如今想来，在当时的经济环境下，这些善心人士都非常值得我们尊敬。

五年级以后，我也开始在学校参加各种活动。比如，当壁报编辑，可以把书法漂亮、文章好的同学的作品刊登在壁报上。另外，新校舍落成之后的开幕典礼，学校决定举办一个文艺晚会。为了筹备这个晚会，我们接触到很多从槟城回来的校友、老师。我们把他们叫作“古楼旅槟”的校友。他们特地从槟城回古楼教我们演戏、唱歌。

那是 1958 年，我当时已经 14 岁，是学校的活跃分子。校友们派我去演一出戏剧，叫作《希望下一代》，说的是“再穷不能穷教育”的故事。这一次舞台剧，是我人生中第一次也是最后一次以演员的身份上台。生平只演过一次戏，如今回想，当时我并没有什么思想上的震撼，大概因为那时还小。当时只是隐约觉得这个剧本其实是一个有意义的故事，也有丝丝感动，并且能感受到教育对人的重要性以及长辈对我们的爱护。后来，爸爸在经济艰难的情况之下，仍然坚持送我去读书时，这个故事便时常浮现在我的脑海中。在我的人生中，我一直感激爸爸和家人千辛万苦地帮我实现读书的愿望，改变了我的一生。

由于这一次的机缘，我接触到一部分古楼的旅槟人士，他们长期居住在槟城，所见世面自然比我们广泛得多。从那时起，我开始跟他们交往。这也让我感受到“天外有天，人外有人”。当时我的家庭成员大多思想保守，加上古楼地方小，通信、交通不便，对外面的世界知之甚少。我在跟他们交往的过程中，也突然开悟：原来，世界很大。

**育才小学前留影。摄于 2014 年**

# 我的中学

## 吉辇中学

我抱着非常兴奋的心情踏入1960年，展开梦寐以求的中学生涯。当时，我报读的是霹雳州的吉辇中学。

对开学日，我毫无概念，随便穿了普通的衣服去学校，校方告知我被分配到深造班，其他的班级有甲班、乙班。我们的级任是刘锦德老师。他常鼓励我们尽情自我发挥，不要读死书，还教育我们，中学和小学是截然不同的教育场所。

刘老师让我印象最深刻的地方是在上课时常引用古诗词，他是第一位让我接触到古诗词的人。他口中那些优美的词句，对我来说是非常新鲜的事。当时我根本没读过、没听过，也不知道什么是"唐诗宋词"。他曾在班上多次讲到"一江春水向东流"。第一次听到这句词，我并不知道它出自南唐后主李煜的《虞美人》。这是李煜的代表作，表达了李煜作为亡国君的无奈和哀伤。在这首词里，李后主以"一江春水向东流"比喻他连绵不绝的愁思。

刘老师在班上引用这首词来激励我们求学时要奋发向上，不要像李煜一样等到失去江山才明白江山的可贵。那时我才知道，原来中文除了用来做日常沟通，还可以被运用得那么优美、文雅。在此之前，对我来说，水流到哪里，没什么大不了，反正地理上，中国所有的河流都是向东流进大海，这是自然现象。可是，在文人笔下，大自然的景色却给予他们发幽思、抒深情的灵感。这几句古诗词，给我的震撼甚大，也再一次证明教育对人的重要性。更重要的是，第一次接触到古诗词，我的自我感觉良好："我不再是小学生了。"我心里有点骄傲，懂得一些"文人的话"让我觉得自己终于提升到另外一个境界，自觉非常了不起。回到家里，免不了在哥哥和爸爸面前"掉掉书袋"，一有机会就来句"床前明月光"之类的诗句，炫耀自己有文采，还沾沾自喜，感觉自己是高级知识分子，跟别人"很不一样"。现在想来，甚是幼稚，但是在当时闭塞的环境里，我的确因古诗词而眼界大开。

让我骄傲的还有一事。开学时，刘老师跟我们说，中学校服是白衣白裤，还要穿皮鞋。大概从小我就自我形象意识很强，换句话说，就是很注重外表整齐美观（爱美），一听到老师这句话，我即刻将之当成最高指示。放学后，我就争取第一时间跟爸爸说："老师说中学生要穿皮鞋。"爸爸好不容易才有一个孩子上中学受高等教育，心里也很骄傲，当然马上带我去买。皮鞋穿在脚上之后，看来看去，无比满意。加上这是包头皮鞋，我得意扬扬。要知道在当时很多人还是赤脚的，穿包头皮鞋对我们来说可是大事。

我们的英文老师——我不记得他的名字，在学校人人叫他 Mr. NG——是潮州人。在班上我们叫他 SIR，这是在马来亚独立前后普遍的叫法，因受到英国殖民政府的深刻影响。教书时，SIR 最棒的地方就是可以穿插用潮语教英文，至今我仍然不能忘记他的这种独特方法。有一次我们几个同学在踢足球的时候，发现足球没有气了（漏气），刚好看到 SIR，我们跟他说："No air，SIR，No air."我们说的是古楼红毛话，他用潮语回答我们："No，No，No，不对，应该是 The pressure is low，不能说 No air。"他很认真，马上纠正我们。

我们小学时学的英文并不正统，尤其在发音方面，上了中学，才开始学习怎么发音。比如，"The"要强调"Th"的音；有"r"的字，老师让我们回家学卷舌。在中学，我才开始比较正统的英文学习。SIR 会用一些当时我听起来比较有水平也比较高级的单词，久而久之，我们大家都开始习惯在会话中使用这些字眼，就算不会说一整句英文，也要尽量用一些单词，以便表示我们这些"高级知识分子"的与众不同，比如，"我要去踢足球"，就说"我要去踢 football"，讲完之后，感觉比踢球进"龙门"还得意。虽然想法很幼稚，但这确实对提高我的英文水平有很大帮助。

我们深造班的学生感情很不错。不论校内什么样的比赛，深造班一直都参与，也被当作吉華中学的一部分。我们从来没有感觉到自己不是其中一分子，也不知道我们其实没有在教育局注册，更加不知道吉華中学在后来已经接受改制。

改制中学是马来西亚华文教育的血泪史。在马来亚联邦独立前，教总、董总和马华公会组成“三大机构”，与联盟政府展开谈判，争取政府无条件增加华文中学的津贴。此时，槟城钟灵中学的校长汪永年和董事长王锦成等人，秘密向政府申请特别津贴金，把钟灵中学改制为准国民中学①，成为全马第一所改制华文中学。1955 年 7 月 6 日，汪永年正式向钟灵中学的师生宣布已向政府申请特别津贴金；两日后，再由王锦成向公众人士证实其事，并表示早已在 7 月 3 日做出接受特别津贴金的决定。1956 年 6 月，马来亚联邦立法议会通过《拉萨报告书》后，教育部便开始实施新教育政策。8 月 16 日，钟灵中学与政府签订合约，接受特别津贴金和政府的条件，但秘而不宣，此事至次年 5 月 14 日才由新闻部公布。为了加速改制的步伐，教育部于 1956 年 12 月 7 日致函各华文中学，通知申请改制为准国民中学的 20 个条件，其中一条是改制后必须参加以英文作答的政府考试。因此，改制的最终结果就是华文中学改制为英文中学。教育部随后施加压力，驱逐在华文中学就读的超龄学生，此事后引发学潮②。

1957 年 4 月 2 日，钟灵中学发生学潮，学生抗议改制，他们写血书：“爱吾中文，爱吾钟灵。”韩江中学的学生也发动同情钟灵学生的罢课，亦写血书：“推吾华教。”但这些学潮，当然改变不了历史。③

1957 年 11 月 1 日，三大机构代表拜会教育部长佐哈助，得到的答复是：改制后，高初级文凭考试出题和作答必须用英文；课本除华文科目外，全部改为英文；必须废除华校制行政系统，引入英校制行政系统等。11 月 11 日，三大机构召开全马华文中学董教代表会议，在群情激昂下通过决议：在三大机构交涉未有满意答复，而高初级文凭考试未能用华文出题作答之前，全马华文中学应一致坚决拒绝接受改制，决不采取单独行动。不久后，全国华文中学发生罢课学潮和游行示威，反对政府驱逐超龄生的不合理措施，反对华文

---

① 即英文中学。

② 载自：http：//www. djz. edu. my/resource/index. php? option = com_ content&view = section&id = 56&Itemid = 89。

③ 载自：http：//www. djz. edu. my/resource/index. php? option = com _ content&view = section&id = 56&Itemid = 89。

中学改制及以英文作为公共考试的媒介。面对华社的极大不满和漫及全国的学潮，政府最终同意继续给没有改制的华文中学津贴，主办以华文出题的初中和高中会考，对驱逐超龄生也不强硬执行。改制、考试媒介和学潮等问题才暂时缓和下来。

12 月 18 日，柔佛新山宽柔中学董事部以具体行动展示维护华文教育的决心，宣布将从 1958 年 1 月 1 日起，不再接受政府一分钱津贴，全部经费由董事自筹，成为真正的独立中学，摆脱通过津贴来使宽中变质的政策。芙蓉中华中学接着宣布绝不改制，此后，陆续激起华社纷纷创办华文中学①。在马来西亚华文教育史上，华文独中的诞生可以说是来自改制事件。

深造班的同学比同年级的同学大几岁，都非常好学，成绩很好；也因此我们比起其他同年级的学生更早发育，运动能力也较强。虽然我小时候体弱多病，但在就读深造班时，健康状况已有一百八十度的转变，不再是病夫。我时常跟同学们打篮球，也因为我们超龄，先发育，身材比较高大，在打篮球时，我们班一定拿冠军。篮球校队里，有一半以上的校队代表来自深造班。

**初一时曾在此参加篮球比赛**

---

① 载自：http：//www. djz. edu. my/resource/index. php？ option = com_ content&view = section&id = 56&Itemid = 89。

在吉辇中学深造班上课的一年，我们几个人在宋世猷校长[①]的指导下，可谓表现良好。宋校长办学认真，对华文和体育这两个科目都非常重视。全校只有校长有车，我们校队要去外地比赛，只能靠他载我们去。至今我仍不明白那时他怎么能用那辆小车载这么多人的。

学校也举办各种比赛，比如华文作文、数学竞赛、华语演讲、英语演讲等，我们深造班向来都表现优良。我还记得自己曾在数学竞赛和演讲比赛中得过第一名。

快乐时光很快过去了，在深造班的这一年在我整个求学过程中很重要，它使我对中学生活留下单纯美好的印象，在知识水平上也为我奠定了较强的基础。

第二年开学，情况出乎意料。开学第一天，布告栏上初二学生的名单只有两个班，我和几位深造班的同学却找不到自己的名字。一问，校方却让我们暂时去B班。过了几天，情况仍没有改变。我沉不住气了，带了一行十多个同学一起去找倪枝瑞校长[②]。倪校长跟我们说，由于我们是超龄生，改制后的吉辇中学不能收留我们。他要我们暂时在这里上课，如果督学来，我们必须暂避到对面的咖啡店去喝咖啡。

这件事对我的打击很大，校长的话让我难过，初一时我极其自豪能够成为这所中学的学生，现在却因为超龄而遭受可能无法继续读书的打击，我对自己的前途顿感渺茫，不知如何是好。

我的求学意志很强，读书是我坚定的意愿。我告诉爸爸，我一定要继续读书，不会因为这样就放弃。

当时我们家有位姓连的朋友，属于当地比较有文化的人，他本身一个英文单词都不会，却认为我应该去受英文教育。在那时的大环境下，英殖民政府留下的余音仍在回响，一般父母比较属意于送孩子到英校接受英文教育，认为这样比较容易找工作，要出国深造

① 宋校长反对改制，主张吉辇中学应该坚持当独立中学。改制之后，他到韩江中学（独中）当下午班主任，后来在韩江中学当校长。

② 当时宋校长已去韩江中学上班。

也有比较多机会。连先生建议我到巴里文打[1]美以美男子中学[2]上学，那时，该校早上班是普通国民中学，下午班则给超龄生就读[3]。可是，我向来喜欢中华文化，读华校是我唯一的意愿，所以我没有接受连先生的好意。

出于对我的疼爱，爸爸很快被我说服。虽然他当时经济能力并不强，但仍千辛万苦地供我到槟城韩江中学去求学[4]，这可谓是我人生的转折点。

### 韩江中学[5]

1961 年伊始，全部学生已正式开课，我这个超龄生则因为制度的缘故，差点失学。经过向父亲和家庭的一番争取之后，我终于得到全家人支持，在学校开课之后的一两个星期到韩江中学读书。当时，初二的班级都是每班 50 或 51 人，已经爆满，没有名额了。下午班主任劝我到别的学校读书，他答应若韩江中学有名额，会尽快通知我。这个消息犹如晴天霹雳，让我非常失望，在无计可施的情况下，我只好到槟城中学报名，然后回古楼把我的一些杂物搬来槟

---

① PARIT BUNTAR。

② 以英文为媒介语。

③ 国会通过《1961 年教育法令》，教育部长在下议院提议准许国民型中学（改制中学）开下午班收容不合格学生。这个建议后来发展为容许改制中学附设独立班。（http：//xtarsam. wordpress. com/2013/01/05/谈马来西亚的华文中学改制/）

④ 详情可以参照本书《我的爸爸》一文。

⑤ 韩江中学简介：1939 年，已故韩江中学第一届董事长林连登先生，因当时学子就读日众，原有吉宁街的校舍无法容纳，遂毅然购下现有校地，面积 31 英亩，值时价 30 万元，捐献韩江中学兴建校舍，增办高小部。1950 年 7 月 15 日，韩江中学举行奠基礼，着手兴工建筑校舍，迄 1951 年春，完成教室 20 间以及食堂、礼堂，2 月 1 日正式上课，因此奠定韩江中学百年树人之基础。1962 年教育制度改变，全马各华文中学纷纷改制为全津贴的国民型中学，韩江中学董事部决议不接受改制而成为华文独立中学，自筹自办，不受政府分文津贴。在众善心大德的支持及热心捐献下，韩江中学完善的硬件建设一一落实（室内体育馆、图书馆、商科楼），一时韩江中学被称为大马最具规模、设备最完善的独立中学。韩江中学自创迄今已过半个世纪，20 世纪 70 年代到 80 年代初期，学生来自全马各州及邻近东合国家，尤其是泰国及印度尼西亚，学生人数一度三千余名。韩江中学肩负维护及发扬中华优秀文化的重任，培养实用之工商科学人才，以适应环境之需求。除了坚持母语教育，1998 年更创立了韩江 ELS 语言中心，提供高素质英文教学，1999 年设立两间冷气电脑室，以提供学生学习电脑资讯课程。同时更创办韩江学院，开拓学子升学的渠道（http：//hchs. edu. my/history. aspx）。本书传主是韩江学院创办人之一。

城。天无绝人之路，我回古楼时，居然遇到一位韩江的学生，听说我那么失望，他无意提起他班上有一个同学几天没来上课了，也许我可以去替代他的位置。我欣喜若狂，赶紧去跟下午班主任求情。他写了一张纸条，让我交给 D 班的班主任。我到班上去，才发现班主任 Ms. Lee 不懂得写华文。她让我自己把名字填进点名册。就这样一个转折，我最终实现了愿望，正式成为韩江中学的学生，就读于初二 D 班。

刚开始到韩江中学读书的时候，我抱着强烈的求学欲望，每天都认真追求学问，对每一个科目都不松懈。在短短的时间里，老师们就发现我是一位很突出的学生。当时韩江中学的学生的成绩不那么优秀，很快地，班主任 Ms. Lee 便知道班上有我这么一位既勤奋又聪慧的学生。她很疼爱我。Ms. Lee 很年轻，开一辆 Scooter 来教书，上课的时候很严肃，是一位负责任的英文老师，还会打学生，我们对她又敬又怕。我在槟城时，由于人生地不熟，一些古楼旅槟同学叫我去他们在 GREENLANE 3 的屋子住。我读下午班，放学回家比较迟，有次跟同学走到这个路段的半独立屋子那一带，才发现原来 Ms. Lee 也住在那里，而且家境不错。她很疼爱学生，我们每次走过她家门口，她都会叫我们到她家吃水果。

我在吉辇中学就很认真学习英文，来到韩江中学后，又得到 Ms. Lee 的细心教导，英文水平更是突飞猛进。我的作文、语法很好，但英语发音却很差，因为吉辇中学的老师没有教导发音。为了学习英文发音，我想了各种现在看起来非常可笑的办法，比如“Cable”，我写“K—母”（潮州音）在旁边来提醒自己它的发音，现在想起来，我还是会笑自己真是太有才了。问题是这种发音不准的问题，到现在我还留有后遗症。Ms. Lee 花了很多时间来纠正我的发音，我真的很感激她，也对她留下深刻的印象。这件事情给我最大的教训就是，启蒙教育对小孩子很重要。

另一位让我印象深刻的是何启明老师。他是我们初三时的绘画老师，本身也是一名画家，所以对艺术比较了解。在班上，他教导我们什么是抽象画，也告诉我们谁是毕加索。我是一个勤奋认真的学生，成绩也好，但是，人生总有缺陷，我人生中几大遗憾之一就是没有艺术细胞。绘画这种艺术，除了努力，更需天分。为了应付功课，除了乱画，我还真画不出什么好作品。认识抽象画对我起了积极作用，它让我这种三流画技的学生有了一点信心，感觉自己找到另外一条路。既然写实的画我画不好，那我就放胆来个抽象画交功课。何启明老师看了我那幅画后，把我叫来，责备我："你到底画的是什么？"我回答："老师常在班上说抽象画，现在我就尝试画一幅。"何老师气上心头，骂道："这是什么抽象画！你乱来，没有用心画画。"他还解释，抽象画必须要有画家的思维贯彻在内，"你这些只是乱画！"还好他心地善良，没有给我零分，还多给我一次机会重交功课。我只好咬牙画了一幅"韩江中学食堂"的写生交差。直到现在想起这事我自己都还会笑。

初二转校到韩江中学不久，我很快就大出风头。三四月份时，Ms. Lee 撤换班长，全班同学都支持我。当班长让我在十多岁就训练出了组织能力。我在班上负责准备点名簿，擦黑板，换扫帚、粉笔给老师。现在很多人称赞我做事有条理，大概就是那时候养成的习惯。另外，我也开始显露出对当领导的兴趣以及领导能力。那时就已有一些左派集团的人，发现我的领导才能，暗中接触我。

由于受到很多方面的阻碍，左派人士做事情大多通过暗中安排。我相信很多事情也是经过组织发动和安排的。跟左派朋友接触较多后，我开始有机会读到所谓"进步的书籍"，也就是内容比较有正义感的书，并且拒绝看跟恋爱有关的书，而跟革命有关的书，我还没有接触。

另外，像《红楼梦》之类卿卿我我、儿女情长的书籍也是不被鼓励的。不过我也偷偷看《红楼梦》，因为听到老师在班上一直提这本文学巨著，感到很好奇。看了之后，除了觉得林黛玉太悲惨，一个好好的才女为情所困、死得太早之外，也不觉得它的内容有什么不可看的。但既然我们认为恋爱是洪水猛兽，就应该坚守这个信念。其实中学生情窦初开，每个人都有对恋爱的憧憬，而且恋爱是人类的权利，为何要苦苦压抑自己？现在想来只有笑自己的单纯。

我在韩江中学那几年，除了在学业上专心进修外，也没有放弃课外活动。我很积极地参加各项比赛，比如华文作文比赛、数学比赛、演讲比赛等。但作文比赛的评审老师对我的评语是“革命性太强，字体又不美”，所以我没有得过奖品。我最喜欢演讲比赛，从初三开始我就常拿前三名的名次。在题材方面我比别人多占些优势，因为我比较懂得找题材，我是关心革命的年轻人，看的书很多，所以很懂得举例子。每次演讲比赛，我都是自己写演讲稿，这样背诵起来比较容易，我自认为相当有演讲才华。老师还会对我的演讲进行点评，比如，作为演讲者，不要忽略某一群人，要把注意力放在所有观众上；语气要有轻重，表达主题内容的时候，声音要放大，让人知道主题；声音要清脆。老师曾批评过我，说我有一些潮州腔，但这实在没办法改，至今，我已经带着潮州腔走过大江南北。

韩江中学的学生有一个经历，是别的学校学生所没有的。我作为班长，曾和其他班长被派做代表，去向林连登老先生贺寿。在他生日那一天，我们一起到林老先生位于红毛路①的红毛楼②去。他的家里庭院深深，有一幢好大的白色别墅。我很兴奋。我们没有机会进去屋内，草场上搭着棚，我们在棚里吃东西。白色大屋给我们一种神秘的感觉，但作为年轻学生，我们有机会在草场上吃点东西，已很满足。我现在想不起当天吃的是自助餐，还是一人一杯咖啡和一些糕点。但记得很清楚的就是我们每人都有一颗贺寿的红鸡蛋，最重要的是每人还能获得一个红包，那时别提有多高兴了！回去学校时，我们就夸大其词地向其他朋友炫耀，听得他们羡慕不已。毕竟这种经历不是每个人都能够有的。现在想起来，觉得自己真幼稚。

后来林老先生去世，出殡时，我作为班长又被派做代表跟其他班长一起去送殡。还记得送殡队伍长达几公里，盛况空前。车辆、人潮把路面塞得水泄不通。我们这群韩江中学的学生被安排在林老先生家属队伍后面，可见韩江中学在林老先生的人生里有多么重要的地位。出殡之后，我们每人又获赠一支笔。那时候我对华文教育没有很深的认识，也没有感情，不懂得林老先生的贡献；长大以后，才知道我有幸参加了一个伟人的葬礼。

---

① NORTHERN ROAD。

② BUNGLOW，独栋别墅。

20 世纪 50 年代之前的槟城，英国人从中国、印度、印度尼西亚和马来联邦内陆迁来大量移民，使槟城发展成马来半岛比较进步和繁华的州属。在 60 年代独立前后，槟城基本上仍然民风淳朴，繁荣富庶。政治方面，马来西亚在独立后，采用英国殖民政府留下的民主制度，举行自由选举。在马来西亚独立以前，马华公会、巫统和印度国大党组成联盟①，向英国政府争取独立。之后，联盟仍是马来西亚的执政党。

虽然如此，但大部分城市的选民都是华人，作为很早就是国际港口城市的市民，槟城华人普遍上具有国际观。因为城市人比较容易接触到较为进步的思想，也有比较宽阔的眼界。其中对华人思想和生活影响至深的就是中国共产党。当时的马来西亚华人，跟海外千百万华侨一样，都拥有一颗中国心。周而复在他的《上海的早晨》第四部中写道："我们不能把华侨估计太低，他们在海外亲身受到压迫和痛苦，老实说，比我们工商界还要爱国。"虽然住在马来西亚，但是中国的每一件事情都牵动着华人的心。一位作家说，历史，在旁观者眼中只是一个故事；对身临其境者而言，却是喜悦和悲伤的真实感受。作为华侨，我们的感受正是如此。现代的年轻人可能无法感受我们住在马来西亚却呼应着中国的一颗"中国心"，这不代表我们不爱马来西亚，但民族的根是无法切断的啊！

新中国成立初期，一切欣欣向荣，中国发展得很不错，人民虽然穷，但是至少有饭吃，比起国民党后期的腐败、贪污、滥权，中国的确改善很多，很多华侨以此为荣，当时马来西亚的许多华人也因此倾向共产党。这种倾向可以从 20 世纪 60 年代初期的市议会选举看出来——社会主义阵线②几乎包揽全部席位。在那种情况之下，我和哥哥们、身边的同学们几乎都受到左派思想的影响，社会上，左派人士非常普遍。

在左派思潮的影响下，我们在各方面的组织能力都很强。比如，我们这一群自诩为进步人士的学生开始初步学习研究社会组织、社

---

① 也就是今天的国阵。

② 劳工党和人民党。

会科学、团结就是力量等思想；也成立了许多不同主题的研究小组。我也参加了很多组织活动，跟随大家去野餐、到校外演出、加入补习班。现在回想，这些其实都是“组织”为了扩大力量，用来挑选人选的活动，初中时不明就里，我还参加了不少。

与此同时，在1959年联盟竞选胜利之后，阿都拉曼达立①担任新任教育部长。他在1960年2月设立委员会来评估和审查当时的教育制度，由他本人出任委员会主席，委员会里的代表中有3位来自马华公会，但是没有一人来自华文教育界②。华社在那时明确感受到政府对华文中学改制已逐渐采取更加强硬的态度，尤其是1960年的《拉曼达立报告书》③ 出现之后，政府更是尽全力来对华文中学进行改制，包括向各州的华文中学的董事部施加压力、通过各种媒体宣传改制的好处、通过一些马华领袖向华社宣传减低或取消学费、提高和稳固教师薪金等。终于，通过种种软硬兼施的方法，政府在1962年正月公布，在当时的70所华文中学中，共有54所接受改制成为国民型中学，16所宣布成为独立中学。

政府一心要推行改制中学的政策，普遍上引起马来西亚各阶层华裔的不满和反感，其中包括大量类似于我这种初出茅庐的中学生。改制之后，我们这些超龄生都会受到影响，对我们来说，一夜之间失去学生身份，再也不能上学读书，太不合理。那个时代因为各种状况没能及时在六七岁入学的超龄生很多，在改制之后，超龄生不准就读国民型学校，这种信息也没能及时传遍全国——尤其是居住在偏远乡下的家长。虽然我只是一个学生，但作为华人，我已经能够感受当时那种社会情况，以及人们对现实社会不满的情绪。马来

---

① ABDUL RAHMAN TALIB。

② 委员会的9位成员包括了陈修信的3位亲信：梁宇皋、王保尼和许金龙。

③ 1961年起，政府不再举办以华文为媒介的中学公共考试（初中三年级考试、华文中学升学考试和华文中学离校文凭考试），只以官方语言——马来文或英文作为考试媒介；在中学方面，规定只有“全津贴中学”［即国民中学（马来文中学）与国民型中学（算是华文中学）］和不受津贴的“独立中学”两种，并自1962年1月1日起，停止对不合格（不接受改制）的局部资助学校的津贴，而独立中学可以继续存在，但须受到政府教育条例之限制。这意味着，华文中学面对两个选择：接受政府的津贴和条件，改制为国民型中学，或是不接受政府津贴成为独立中学。（http：//zh. wikipedia. org/wiki/独立中学）

西亚人普遍上比较贫穷，政府想尽办法提高他们的经济能力，无可厚非；但是他们推行的教育政策，无法让大众信服，所以人们对政府产生不满是必然的现象。

这些不满的情绪让我很快培养出一股正义感，也很自然就让我有一种希望投入反政府组织的心思。我希望通过这些组织，伸张正义，铲除不合理制度，建设公平合理的社会。

此外，在韩江中学有很多老师都受过左派思想的影响，虽然他们没有真正加入“组织”，可是在强硬的教育政策的压迫下，老师们也一样会产生对政府的不满。

我初三的级主任林宝环老师来自怡保一个有钱的家庭，本身修读中国文学系，也非常积极地鼓励我们研究中华文化。她年纪轻轻，就已经开车来教书，这在当时是很了不起的事。我们曾经跟林老师一起去野餐，把所有东西放在她的车上，由她载我们去。林老师精通中国文学，也启发不少同学喜爱上中文，但我印象最深的好像是她的车，我们私底下把她当作资产阶级。

共产党的终极目标，是实现无剥削、无阶级，建设人人各尽所能、各取所需的自由社会。新中国建立之后，左派的风吹得那么盛，许多人仰慕共产党，连我爸爸都会说：“中国人从此以后晚上睡觉不必锁门了。”可惜，在我初中的时候，中国那时已开始露出“文革”的苗头。虽然“文革”这场浩劫是在1965年底至1966年初真正开始的，但林宝环老师在20世纪60年代初期已有一个远见，她一直都认为“破四旧”“反孔”这种让中国传统文化遭受灭顶之灾的做法，会推翻中国几千年的文化价值，是万万不可行之事。这是我第一次听到我们所崇拜的人讲出“反革命”的话，这个人就是林宝环老师。当时听了，只是觉得她说的仿佛有些道理，但是我还太年轻，不懂得分析；现在回想，却觉得林老师很有远见。在那种大环境下，很少有人能够和敢于提出相反意见，林老师却敢逆流而上地规劝我们。我是到了高中毕业之后，经过一番思想冲击，才发现我早已认同林老师的看法，只是当时我并不曾察觉。

初中那几年，可谓是我初步接触到“组织”并被培养出领导天分的时期。共产党在马来西亚是被禁止的，所有活动都很秘密，我们就算有机会接触，也都不甚清楚它是什么类型的组织。现代人觉得此事不可思议，我们当时却认为这是理所当然的，还感觉非常超前、与众不同。

韩江中学把学生分成上午班、下午班，平均分超过 75 分的学生，可以获得自动升上午班的机会。在那个时代，拿到 70 分以上就已算是相当出色的成绩。我在下午班时成绩很好，平均分远超 75 分，虽然下午班也可以念高一，但是可以升上午班表示成绩优异，对此我感到很高兴。

在 20 世纪 60 年代，韩江中学的学生人数非常多，有 2 000 ~ 3 000人。他们之中除了槟城当地人，还有一些来自泰国、印度尼西亚和马来西亚其他州属的。学生人数一多，素质也就良莠不齐。在这些学生之中，高中生特别多。这是因为韩江中学从一开始就决定不接受改制，在 1962 年之后，已经成了由华社全面资助的独立中学。很多槟城本岛的改制中学——比如槟华女中、钟灵中学、修道院女中等学校——的学生在 LCE① 考试里考不及格而无法升原校高中，大都转到韩江中学读高中。

高一时，我到上午班读书之后，发现这班同学之中，有几位来自下午班的初中生，他们都是平均分超过 75 分的学生，成绩很优秀。当然，对我这个青春少年来说，更兴奋的事情不是接触到成绩优秀的同学，而是这个班上，有很多女同学。

向来在我念书的生涯里，“女同学”这个概念只是出现在文字中，不曾真正体会过。我在吉莳中学读的是超龄班，在当时的社会里，女生到了十五六岁，都是结婚的年龄，所以 15 岁才念超龄班的只有一两位女同学而已。在韩江中学读初中的时候，情况大同小异。在下午班读书，班上多数是清一色男生，只有初三班上有两位女同学，鹤立鸡群。到了高一，我枯燥无比的求学生涯发生了一百八十度的转变，犹如从寒冷的严冬迈入五彩缤纷的早春，班上女同学突然增加了好多位，她们都是从其他学校直接转到韩江中学的学生。现在回想，当时学校里的规则也有点混乱，怎么从别的学校转来的学生，一来就有资格念上午班，而我们这些原校学生，却要考到平

① LOWER CERTIFICATE OF EDUCATION，初级教育文凭，相等于初中评估考试。

均分75分以上才能念上午班，真是有点不公平。不过那时我们才没想那么多，见到女同学出现在班上，而且有一两个长得还蛮好看的，难得可以体会到真正的男女混合学校的滋味，都兴奋得几乎忘了为公平、公正、合理的学生权益去奋斗了。

上了高一，逐渐适应上午班之后，我更积极地参与思想改革运动，也开始深入接触领导人，读更多革命性书籍和资料；最重要的是，我开始体会到什么是“组织”。初中时，还以为许多由“组织”主办的活动是学生活动，到了高中才发现其实隐约有个“组织”存在。但是，由于这是一种地下活动，对于“组织”的条例，所知很少，我们就算参与，也不允许讨论“组织”的结构。现在回想起来，它其实就是马来西亚共产党的外围组织，由马共委派一些特派员，专门负责召集和吸引青年学生，参加马共所策划的学运等活动。

我们班的同学大致可以分为几种类型，有些是世家子弟，他们对吃喝玩乐，无所不知；还有一些则是比较有前瞻性，并且以推动思想改革、社会改革为己任。我跟后者接触多了以后，不知不觉深受影响。我也开始跟这些同学集合讨论、分析时事和世界的政局。那时，是1963年。

20世纪60年代，中国社会发生了惊天动地的变化。在此之前，中国经历工商改造、土地改革和农业合作化，也经历了“大跃进”等运动。到了1963年左右，社会主义制度在中国进一步巩固，中国教育制度开始对旧教育全面否定，各种各样的运动、战争（抗美援朝）等更是充斥了中国人的生活，中国人忙得不得了。这一切深深地影响着非常关注中国的马来西亚华人社会。现在回想起来，我在那个时代环境下，已经不知不觉地介入了革命活动。我并非有意去加入这些活动，不过在那个激荡的年代，我也无可避免地会产生很多革命的幻想。读了那些革命的书籍以后，我斗志高昂，也准备为国家和人民创造一个公平合理、各尽所能、各取所需的社会。那时的一腔热血，在今天看来，或许是一个永远不能实现的崇高理想。

但是，年轻人气血方刚、意志坚强，浑身有用不完的精力，中学生的这个岁数搞革命最适当。想当年我们几个同学曾一同成立研究小组，由“组织”委派我们个别小组去研究各种书籍、各种新思想，然后我们再把结论报告呈交给“组织”。

那时，正好是越战时期，法国因为在越南奠边府之战中惨败，便退出南北越战争，取而代之的是美国。美国在南越扶助越南政府，并展开南北越漫长的战争。由于美国军队的介入，很多美军驻扎在南部，进行长期军事斗争。而中国政府则在抗美援越。

美国的军士福利中有休假制度，美国政府会安排一些国外地区让他们的军士前往度假。那时他们最主要度假的地方有中国香港、新加坡、马来西亚等周边国家和地区。

但是，整个马来西亚的左派斗争，当时都在高喊“反对帝国主义，支援正义斗争，高举反殖民主义的大旗”这种口号，所以当这些军士来到马来西亚度假，当时的左派领导人认为需要做一些小动作，让他们感受到左派的力量，给他们一些冲击。因此，我们的“高层领导”会派出某几个小领导，组织发动一些小规模的行动，打击这些在槟城度假的美国军士。

我们知道这些军士大多数会去娱乐场所，于是，为了对他们进行反击，我们想了一个当时觉得绝妙、现在觉得幼稚无比的方法——丢臭鸡蛋。我们会事先买鸡蛋，留到它变臭。然后我就载着同学，到我们负责的地区，也就是头条路紫罗兰夜总会，并埋伏在那边等待机会向美国大兵丢臭鸡蛋，进行“鸡蛋游击战”。我还记得有一天晚上等到11点多，正在昏昏欲睡之际，突然看到几个军士从夜总会走出来，我们很兴奋。我同学走近他们，并把一个臭鸡蛋丢向其中一位大兵的额头！再快手丢几个臭鸡蛋，然后马上跳上我的摩托车，赶紧驾回姓郭桥。当时觉得非常刺激、非常得意，因为我们成功蛋打帝国主义、军事主义！现在回想，虽然在当时算是一个正义之举，不过心里对那几位莫名其妙被臭鸡蛋丢中的大兵，也有一丝丝歉意。

为了进行带着地下组织性质的秘密研究，研讨会不能随地进行，而需要找一个隐蔽的地点。我们有几个“秘密基地”，其中一个在BROWN ROAD的一家洋房。这是因为研究小组里其中一位同学的父亲在这家洋房为洋人当厨师，他们全家就住在洋房旁边的工人宿舍。这家洋房占地颇广——我们从大门口踩脚车进去庭院内，还要再踩一小段路，才能进到工人宿舍；加上这里是洋人的地方，比较不容易让人察觉有什么秘密活动在进行。

在这里我们可以听广播电台播送革命信息。现代人只要在手机上安装一个小软件，没几秒钟就能跟世界接轨，收听各国广播。然而在当时要收听北京的电台，并不容易，收听时会有很多杂音，需要一些特殊器材才能将杂音“清除”，完成收听壮举。不过，我们有无线电研究会，在这些同学的努力下，我们能收听到短波电台的节目。我们把所有跟革命有关的事物都放在这里，一有时间就来听广播和研讨。这个情况一直持续到了我高二之后，直到这位同学搬家了，我们才转移阵地。

高中开始，为了更好地联系同学之间的感情，又考量到经济条件的限制，我们想了一个一举两得的方法，让同学们既有机会长时间接触，又可以开展“时事研究会”。我们一行人发动 5 到 10 个同学，有男有女，每次我要回古楼的时候，大家集体踩脚车跟我一起回。同学们每次到了古楼，会在我家住几天。这么一来，我每次来回都可省四五零吉①，这个价钱在当时不算便宜，家境不太好的，能省则省。

我们通常在早上 6 点从亚依淡开始踩脚车，一口气踩下去，上午 10 点就能抵达古楼。当时的车辆不多，踩脚车没多大困难。我们取道亚依淡，踩到槟城码头坐渡轮过海，到峇东埔②浮桥，再到武吉丁雅③桥，然后踩到高渊桥，过了这些桥之后，就取陆路直踩到古楼。

这些同学大部分是地道的槟城人，由于我们都进行革命，所以很重视劳动工作。

到古楼之后，我会安排渔船载同学们在黄昏时出海体验渔民生活，看看忽明忽灭的灯塔。有时我用小船带他们去抓蛤，然后把小船靠岸，在海边用滚水白灼蛤，蘸一点碾碎的辣椒、剁碎的蒜头，甚是美味。

---

① 从亚依淡（AIR ITAM）坐车去码头要 2 角钱，之后坐船过北海要 3 角钱。从北海坐巴士去巴里文打要一零吉三角，再从巴里文打坐巴士去古楼要 5 角钱。一次来回要四五零吉才能到家。

② PERMATANG PAUH。

③ BUKIT TENGAH。

偶尔我带他们去钓鱼，有收获的话，晚上回家烤鱼吃。我还带他们踩脚车去新港看稻田。

比起槟城，古楼的生活条件很差，尤其是卫生设备。那些从槟城去古楼玩耍的同学——尤其女同学——对我们的卫生情况难以适应。来到古楼，那些女同学“受益”不少，在这里她们第一次有机会了解乡村人民的生活。古楼的经历，与她们在槟城的生活相比，有极大的差别。虽然如此，我也发现很多同学对劳动人民的生活很感兴趣，他们甚至要学习捕鱼、捞鱼、抓鱼、种稻，想从中吸取生活经验，因为这对他们来说也是非常新鲜的体会。

为了节省生活开销，我从高二开始就跟好几个同学一起搬到一个位于日落洞网辽[①]的造船厂，那是我一个同学的家族生意，当时刚刚建好。那边的房间、水电都免费，但蚊子很多。刚开始，我们自己煮饭、洗衣。

衣食住行，什么都要自己解决。当住和行不是问题之后，洗衣服却是一个烦恼。我从小就很注重形象，穿衣服比较注重整洁。到韩江念书，我跟一位当裁缝的亲戚定制了3套校服[②]，天天穿。偏偏校服又是白色的，我们不懂得如何漂白校服，每次看到白衣变黄，就很懊恼。熨衣服我就很厉害，虽然已经有50年没有熨衣服了，但我觉得我的技术应该还是不错的！

早餐基本上不是大问题，面包咖啡可以解决一餐。但是中餐就不那么简单了。一开始，我们还天真地决定要自力更生，当一个独立自主、凡事靠自己的新青年。没想到，现实的残酷往往让美好的梦想破灭。放学时已是下午一点钟，我们需要先踩脚车到大路后[③]的菜市场去买菜，才能回家准备午餐，最快也要2点多才有得吃。年轻人很容易肚子饿，2点多才吃午餐，每天都饿到发抖，实在受不了。我每次回古楼就带些干粮回来，比如咸鱼、虾米、蒜头等，我最喜欢煮的一道菜，是把蒜头用油爆后加入虾米，然后加水、冬菜、

---

① JELUTONG。

② 他是我的堂兄，每一套校服，他给我折扣一零吉。大概听到我在槟城读中学，他替我高兴。那时一套校服要5~6零吉，很贵。我很感激他。所以现在看到人家没有能力读书，我都会去帮助他们。

③ JALAN PERAK。

青蒜、冬粉，很好吃。

这个船厂房东，有时还会斩半只鸡给我们吃。有时候，有些女同学会从家里带青菜、鱼丸来煮给我们吃。那段时光很快乐。

时间是最考验生活的。久而久之，我们还是得面对现实，每天买菜和煮中餐，说真的实在很麻烦。于是，我们最后还是决定向现实低头：吃经济饭，因为这是最简单方便的方法。最后，吃的问题终于解决。在造船厂住了不久之后，我便搬去一位同学的家寄宿。这位同学名叫郭英文，住在姓郭桥。他的妈妈每个月跟我收45块钱，包吃、包住、包洗衣服。

郭英文是个好好先生，他身形瘦高、头脑聪明。我们的收音机一坏，只要交给他，他就有本事帮忙拆开修理。在韩江中学时，他加入无线电研究会——一个极其活跃的左派组织——成为无线电研究会领导人，也在这个组织里受到共产党思想影响。他做事非常认真，无线电[①]知识很丰富。以当时的环境来说，无线电的人才非常吃香。最初他只不过是对无线电有兴趣而已，自从他认识我们这一群朋友之后，逐渐变得很积极参与各项革命活动。他受左派影响很深，很快就成了组织领导人。无论时事研究或其他活动，他表现都很优异。那时他才高一，低我一级，小我3岁[②]。

我和郭英文的几位弟弟妹妹

1966年，郭英文中学毕业了。又过了一年，便遇上槟城因为货

---

① RADIO。

② 因为我是超龄生。

币贬值问题而罢市的危机[1]，那时，他已经开始积极参与各种左派活动。由于我已经选择回古楼从商，不再参与左派活动，所以对他们的活动细节不太清楚。

据我所知，在“五一三”事件前后，郭英文已全面投身左派。每一次他来找我，都是很神秘的。比如，他曾有一段时间，要求我在半夜时分用车帮他从古楼码头载军装布料到居林去给他们组织的人。当时我便已经坦白告诉他，我不想再参与这些活动，并婉言拒绝了他。

1967 年之后，他开始被政治部到处追捕，只好搬离槟岛，退居大山脚爱尔玛花园[2]，跟槟城一位吴姓闻人的女儿住在一起。郭英文的妹妹后来跟我说，他们两人当时已正式结婚。郭英文的妈妈也在后来告知我，20 世纪 70 年代初期，吴小姐怀孕了。

吴小姐在怀孕期间，便时有逃亡之日；十月怀胎，把孩子生下不久，她就把孩子交给郭英文的妈妈抚养。那时，她是否已经预测到自己从此以后就没有机会再看到这个小孩？我真的不敢去想，也不忍心去猜。当她还在坐月子的时候，很不幸地，竟被政治部发现他们的行踪。由于政治部怀疑郭英文持有武器，所以派了军队去围剿他们。

为了逃避军队，郭英文夫妇开始到处流亡。这种事情，今天的人只能从电影里看到，但是在那个时代，是确确实实发生过的事情，

---

① 马来西亚独立之后，政府一直以英镑作为储备金。1967 年，马来西亚政府决定发行新币，中央银行宣布新旧币的兑换率为一对一，而且不受限制。没想到不久后，因为国际局势（英国在中东战事中暗中支持以色列）导致英镑汇值大跌，结果旧币也跟着英镑贬值，中央银行宣布新旧币的兑换率不再是一对一，导致市场流通大混乱、股市停业、各行业工会罢工和各种对政府的指责，加上新硬币的供应不足，使得民间怒火燎原，一发不可收拾。到了高峰期，槟城的劳工党（倾左）终于在 1967 年底，号召了一千多人展开一天的罢市游行，抗议旧币贬值，最后，镇暴队向人群直接射击催泪弹，导致游行队伍有人受伤，愤怒的人群也把一些路段的街灯全部打烂。后来，在一些劳工党领袖的号召下，于 1967 年 11 月 24 日，总罢市在槟城全面展开，群众自发到处游行并与警察周旋，此怒火也延伸至全马各地。大罢市之后，政府不得不宣布新旧硬币可以等值通用，以消除民怨。但是，有心人则利用此事，引发了随之而起的种族骚乱和冲突，以致最后劳工党和其他支持罢市的许多领袖被捕，被送入扣留营。（部分摘自：http：//www. douban. com/group/topic/10393674/）

② ALMA。

常人真的无法想象他们是怎么度过那段岁月的。郭英文的妈妈在当时也希望他们能够赶快上山跟马共会合，因为他们如果被政治部抓去，一定会被拷打到半死不活。作为普通家庭的一个妈妈，她能对时事和社会动态有多少了解？但是孩子既然已经做出了选择，她也唯有忍受这种煎熬！

自从生了孩子之后，郭英文夫妇还过了一两年这种到处流亡、逃难的日子。一直到了20世纪70年代初期，才获得上山跟马共会合的机会①。这是因为上山也需要经过很多程序，才能获得“组织”的允准，并且需要一段时间的安排才能获得正式上山的机会。

根据郭英文妈妈的说法，他们的原定计划是②从居林去居林山加入共产游击队，目的地则是步行到泰马边境。没想到，当他们一行数人刚要从居林上山的时候，就不幸中了埋伏，被迫与军队交锋。结果，吴小姐和其他几个同志都不幸身亡。不过，郭英文的弟弟妹妹则告诉我，吴小姐是上山之后不久，才被埋伏的军队所杀。总之，郭英文成功逃脱政府的追捕，上山加入共产游击队。

郭英文就这样离开了我们，再也没有音讯。

一直到1989年马共无条件投降，他下山之后，我们才知道他在山上已经得了严重的肾病，每个星期都要洗肾好几次。由于医院的洗肾机不够，我们几位比较亲近的同学就发起捐款，替他买了一台洗肾机，放在医院，以方便他洗肾。那时，很多老同学纷纷捐钱，我也捐了一笔款项。这台洗肾机装置在医院，条件是他死之后就把这台机器捐给医院。

郭英文下山以后，变得沉默寡言，郁郁寡欢，情绪不稳定，甚至不顾身体健康，自暴自弃。我去见过他几次，他对自己过去在山上的生活和遭遇都三缄其口，态度也非常消极。几年之后，他就去世了，那时他只有40多岁，可谓英年早逝。

在20世纪70年代初郭英文流亡之后，我曾去探望他的妈妈。那时我听说他的父亲为了他还改了名（没换姓）。郭英文的妈妈一见

---

① 马共成员因不容于马来西亚政府，退居山林，策划通过发动武装斗争夺取政权。

② KULIM。

到我，就抱着我哭，我也忍不住哭了。她叫我快快离开，以后最好也不要再来，因为屋子外面都是政治部的监督和埋伏，她不希望连累到我。郭英文的弟弟、妹妹后来告诉我说，那时他们屋外一直有政治部官员在伪装监视，一旦看到陌生人，他们就怀疑是“革命同志”，会向他们追问各种问题，甚至会追查每个他们认为可疑的陌生人。他的妈妈很疼爱我，把我当作她的孩子。中学时期在她家住的那几年，她虽然孩子成群，但在我生病时她还是炖药给我吃、照顾我，我一直忘不了她的恩情。我那时的经济比较好了，要离开郭英文的妈妈之前，我万分不舍，把身上所有的钱掏出来给她。

郭英文的弟弟、妹妹告知我，郭英文从山上回家的时候，政治部派了官员送他回家，并且将整个屋子和家人的所有状况都录影存档，之后每月定时来给他录口供；他的葬礼上，那些官员也来全程录影，确保他已逝世。

现在郭英文的妈妈已去世，郭英文也已不在人世了。我曾造访他的弟弟、妹妹，他们单纯又热情，对郭英文在组织里的事情不甚了解，我可能因有所接触而比他们了解更多。他的弟弟、妹妹一直都过着简单的生活，当年政治部因他们有一个上山的哥哥，曾无限期用各种手段来威胁、劝告、骚扰他们的生活，不过，现在这些在他们口中也只成了淡淡的往事。

每次想起郭英文的事迹，都让我无限唏嘘和伤感，这些鲜活的故事，可以说是那个年代单纯少年走上不归路的代表例子。他们为了一个理想，牺牲了一生，对错又如何评价？在我眼里，这些年轻人的牺牲，可歌可泣。

### 戏剧研究会

我从高一开始，就在韩江中学戏剧研究会工作。这个组织非常庞大，有300至400个会员，在学校的活动也相当频密。每个下午都有舞蹈、歌唱、戏剧的小组集会，大家一边练习，一边联络感情。

自从参加这个组织之后，我才学会如何组织人才，如何因才选人。研究会会根据同学们的才华，把同学们分成不同的小组，每个小组有不同的活动，比如，舞蹈组里的同学们学习不同类型的舞蹈，如民族舞、宫廷舞等。在那个年代，我们最喜欢的是竹竿舞，它蓬勃朝气，表现大众的集体生活以及合作无间的正面人生价值观。至今我还记得竹竿舞的音乐旋律，还能哼唱几句。

戏剧研究会所选用的剧本，都倾向比较健康、富有正义感的剧情，有的剧本则反对独裁以及不合理的社会制度。我们所使用的剧本有些由研究会里的同学编写，有些则是从中国、新加坡引进来的。因为这些活动都是文艺的、健康的，所以能吸引来自不同背景的年轻人，许多董事、家长都支持我们的活动，有时候我们练习得太晚，家长、董事们在晚上还会带宵夜给我们吃。这一切都很自然、公开，并不突显它是“左倾”组织。

1964 年我高二，被选为戏剧研究会的主席，我猜想是因为我比较能言善道。在那个时候，我已经有能力主持一场几百人的会议，在大型会议上致辞也难不倒我。另外，因为我各方面的条件都不错，成绩优秀，选我当主席，也比较容易通过教务主任和校长那一关。

在那个时候，有一些老师已经看出戏剧研究会其实带着些许“左倾”的思想。因此，老师们会规劝低年级的同学们不要加入。当时我们觉得这是一种对革命工作的破坏，也曾向那些老师解释，说我们是为了每年的大型文娱晚会而忙碌，要成功举办晚会就需要庞大的人力；此外，我们推动的是有利于身心健康发展的文化。那些老师倒也没有摆起脸孔，一些反而还可以接受我的解释。

现在我已经能够体会到，当时的戏剧研究会实际上就是一个左派的外围组织，被利用来作为跟学生们接触的桥梁，以便能够进一步去了解个别同学的家庭背景、思维动向。“组织”通过戏剧研究会来遴选革命同志，再通过这些革命同志向其他同学宣传，鼓动大家一起为了建设合理公平的社会而奋斗，并宣扬正义感。时隔多年，今天我不禁猜测，那时幕后肯定有“组织”里比较高层的人，正在密切关注整个戏剧研究会的发展。不过，由于整个“组织”的一切都非常保密，所以我并不了解具体情况。

### 校庆文娱晚会

1964 年，跟往年一样，韩江中学总会在校庆日举办了一场大型文娱晚会。对我们来说，为了筹办一年一度的盛事，可说用尽全力。晚会的表演规模相当庞大，工作人员有两三百人，节目方面包括戏剧、舞蹈、歌唱、双簧、潮剧等。全校的同学们向来都非常重视文娱晚会的演出并积极参与，大家都抱着只许成功不许失败的心态去准备。我身为戏剧研究会以及工委会两大组织的主席，也兼任大会主席，工作担子非常沉重。

那年的文娱晚会定在 7 月 15 日①，一共演出两个晚上——15 日和 16 日，我投入全部精力来准备这场演出。当时学校的守卫跟我建立起很好的关系，为了工作方便，我在没有校方批准的情况下，搬到礼堂旁边的储物室住了两个月，几乎没有去上课。

这件事情我爸爸一直都不知道。至今，我对此也不后悔。那时正是我搞革命搞得水深火热的时候，每天有各种会议要开，比如小组会议、戏剧研究会的会议等。筹委会有 200 多人，这是很庞大的队伍，所以高二时我已处理了许多纠纷，时常需要做协调工作，尤其是那些女孩子，她们赌气，或者教练和组员吵架，我就需要去摆平这些性格比较敏感、易怒的人员。大概我天生有说服力，通常都有办法说服她们，让她们继续留在筹委会里帮助我。所以后来参加社团活动，我对人事问题的处理并不陌生。

事实上，在当时的政治环境下，马来西亚政治部已相当注意韩江中学的活动。我们在进行舞蹈表演时，每个舞蹈都要得到政治部的批准才可以演出。此事非常棘手，让我们面对许多压力。因此，在选择节目的时候，我们会尽可能选不过于激进的、没有色情意味或有资本主义倾向的作品。为此，我们会去询问吴多发老师。吴老师会跟政治部一直保持联系，询问他们的意见，看我们的表演能不能获得机会上台演出。政治部为了谨慎，会在演出前一两天才给我们一纸批书。在这种压力下，我们好像在大海中行船，战战兢兢。

经过 3 个多月的筹备，我觉得实在是身心疲劳。可幸的是，我们所选的节目全部都被政治部批准演出。大概因为我比较小心，那些触及革命内容或者思想倾向极“左”的节目，我都不选择。

---

① 校庆日。

文娱晚会顺利结束之后，在接下来的几天，我的确觉得自己还算成功。劳心劳力的付出，终于获得完满的回报。但是，那一年的年考，因为我参加太多活动，成绩表现只是平平稳稳，毫无惊喜。我不禁问自己："为什么要搞得这么辛苦？"我也第一次想到："搞这种活动，为的是什么？"我开始思考所面对的现实问题。

文娱晚会成功的演出，以及当时的社会状况——中国的"文化大革命"，马来西亚社会在政经文教等方面的发展都对我产生了影响，让我开始产生了思想挣扎。另外，我也想到，在毕业之后，就马上要离开学校，正式面对各种现实的社会问题，以及切身的生活问题。也许因为我是超龄生，所以比一般人更加成熟。

每当想到自己未来前程的时候，我的内心就会开始挣扎，最典型的问题就是，我应该往哪里去？我反复地思考，无法做出任何决定，时间却不留人，很快地，1964 年过去了。1965 年伊始，我决心放弃社会主义的革命事业。在我的内心里，感到这条道路实在太理想化，在功利社会里似乎不可能成功。我也开始追问自己这条路是否真对。

1965 年到 1966 年，我基本上已经逐渐淡出了这个组织。我只是参与了他们的一些讨论会和公开的活动。1966 年之后，我再也没参与了，只是给予精神上的支持。

1965 年，韩江中学因经费缺乏，举办了一次义卖会，我也负责一些义卖会的工作。同年年底，韩江中学室内体育馆建成，这也是槟城第一座有冷气的室内体育馆。在那个年代，可以在冷气室内打篮球，是一件非常了不起的事情。至今，我作为校友，仍然对此感到骄傲。

体育馆开幕之前，校长因为觉得我是一个组织能力强的学生，把我选为开幕典礼工委会的布置主任，工委会里的其他委员都是老师。当天的节目、司仪，都由我委派。忙了一段时间，我们终于把开幕典礼的事项筹备好了。没想到，开幕当天，发生了一个小意外——不知为何，开幕典礼的布条在毫无预警之下突然掉下来！校长急忙在广播电台播报我的名字，让我赶快去处理这事。听到自己的名字在校园里不停回荡，我心里慌慌地，手忙脚乱之下，一时找不到负责挂布条的人，也找不到云梯。临急才想出办法把它挂上去。

真是有惊无险，至今记忆犹新。

不久之后，我便参加了在韩江中学求学时代的最后一项活动：第10届韩江中学高中毕业典礼。因为不久就要考剑桥高级水准教育文凭（以下简称“剑桥文凭”），很多同学不去学校上课，在家自修。那时我住在姓郭桥，吴多发老师是当时的训育主任，他来找我，叫我在毕业典礼上做学生代表致辞，我有点受宠若惊，便马上着手准备。

毕业典礼对当时的毕业生来说非常矛盾。无论如何，我们终于在韩江中学顺利毕业了。尤其是我，在毕业典礼上代表500多名毕业生，在那么庄严的礼堂里致辞，感觉非常荣幸，万分骄傲。过去那几年，我跟同学们一起生活、学习、活动，彼此之间有极其深厚的感情，因此毕业时，除了高兴，还有激动和伤心。很多女同学在典礼上哭了起来，我没哭，因为我要强、好面子。但我的心情也非常复杂，一直处于浑噩状态，在整个仪式完了以后，一件突发事件才让我惊醒过来。

我有一个女同学，在3年前跟我借了当时我刚买的脚车，没料到却发生车祸。过后，她的保险赔偿了她一笔钱。没想到在毕业典礼大会上她宣布说将会赔偿我100零吉。我很感动，但我并不需要这笔钱，就现场决定捐给学校。大概从那时起，我就逐步养成了捐助华文教育的习惯吧！

毕业典礼过后，我的心情闷闷不乐，便和十多个同学一起去植物园发了一整个下午的呆。

我在韩江中学的岁月，就这样结束了。

1965年，中学毕业，考完MCE①和剑桥文凭之后，我的马来文及格，英文不及格，只获得MCE，不能获得剑桥文凭。

领了成绩之后，我马上就面对“升学”或者“就业”的人生交岔路。如果要升学，我的意愿是去真正民主的地方，比如西方国家。但是，到那些国家升学的话，费用很高。在那个年代，去台湾地区深造是很多华校毕业生的选择。当时台湾地区的经济已经好转，并

① MALAYSIA CERTIFICATE OF EDUCATION，简称MCE。

开始资助华侨。以我的成绩，应该可以轻易进入台湾的大学。不过，朋友之中没有一个支持我去台湾求学，因为我们都是受到社会主义思想熏陶的人，怎么可能到国民党统治的台湾去留学呢？于是，我决心不去台湾。若是要到其他国家，我又没有能力。

20世纪60年代，马来西亚只有马来西亚大学一所大学，新加坡大学和南洋大学当然也是我们的选择之一。南洋大学以左派为主，是我的同侪们互相鼓励去的学校。我很多好朋友进入南洋大学或是另外一所以左派为主的义安学院。我不去除了经济原因，也因为在那个时候我对左派斗争的信心已经开始动摇，不想再继续参加左派的活动，所以就放弃了这两所大学。这样一来，我就必须用心学好英文和马来文，以便进入本地大学。于是我去了私人学院读大学预备班①。

读了半年的大学预备班，我觉得自己的英文和马来文程度都赶不上，就决定放弃，一心一意要从事商业。

虽然我的内心充满挣扎，不过爸爸并不知情。我代表毕业生在毕业典礼上致辞，当时的《星槟日报》竟把这则新闻刊登在报纸的第2（或者第3）版，还放了我的一张照片，写着“许慈色代表毕业生致辞”。我考完MCE回到家里，心情已很颓废，升学、就业两未知。我爸爸却很高兴地拿出一份报纸给我看，说：“你代表毕业生致辞啊，真本事！”我可以从他脸上看出喜悦，然而他不知道他的儿子内心充满了“何去何从”的困惑。

那时，我已经历了在学校参加社会主义斗争的过程，因此内心挣扎得非常厉害，对社会主义的理想也已感到意兴阑珊。同时，我对自己的意志产生了质疑，认为自己没有那种牺牲的精神；我也开始知道和懂得大哥为什么会处于那么纠结的状态，就连母亲去世要回来奔丧也那么难。虽然在开始加入社会主义斗争的时候，大哥对我可能是一种思想上的鼓励；不过到了后来，他为社会主义理想牺牲了一生的状况，也给了我很大的冲击。在种种考量下，我选择走上从商的道路。于是，在1966年8月31日，我结束了在槟城的生活，回到古楼，跟爸爸和家人表明，我已经做好了从商的准备。

① FORM 6。

## 小 结

到了这个年龄，我有一些哥哥已经不在人世了[①]。有时，我会想起他们，还有我和他们之间的许多小事。我们童年和青年时的相处，以及他们对我的疼爱，虽然已经过了几十年，但我还是印象深刻，有些片段不时在脑海中浮现，清晰得就好像昨天才发生一样。尽管当时家境清贫，他们对我却非常关怀，现在我每次回想起来，都还非常感激他们给了我一个难忘和快乐的童年。人生在世，到了某个阶段，就会更懂得亲情的可贵。可能年纪大了，随着年龄增长，我们都很珍惜仅留在世上的兄弟姐妹，大家都很有默契，几乎都已把过去的不快的事情抛诸脑后，我非常珍惜我和兄嫂、姐妹的感情。

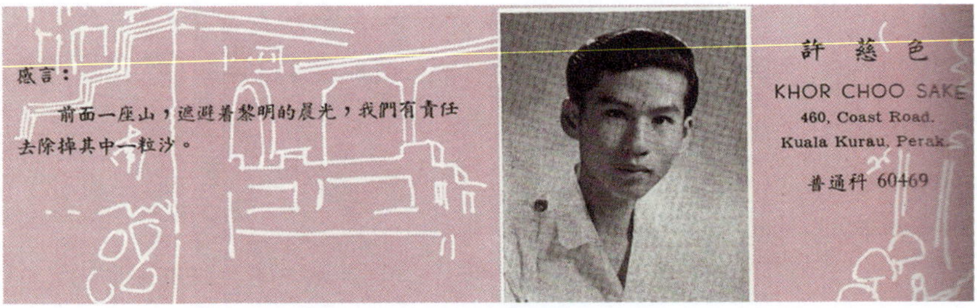


我的毕业照和毕业感言

此外，我也感谢家人在千辛万苦之中，让我完成高中学业，让我有了一定基础的知识水平。在当时，高中毕业已经算是相当不错的学历。我深深体会到，教育可以改变一个人，也可以决定一个人的未来。我很庆幸，自己虽生长在一个落后的乡村，家境又贫穷，如果不是受了这般教育，可能就不能这么顺利地取得今天这小小的成就。

---

① 大哥、二哥、三哥、四哥和五哥都已经先后去世。

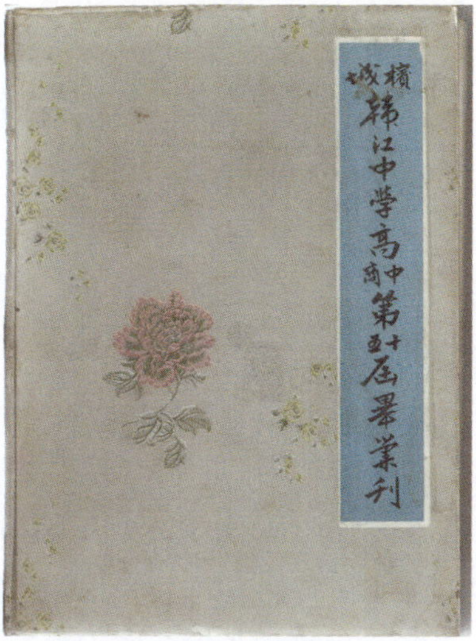


槟城韩江中学高商中第五十届毕业刊封面

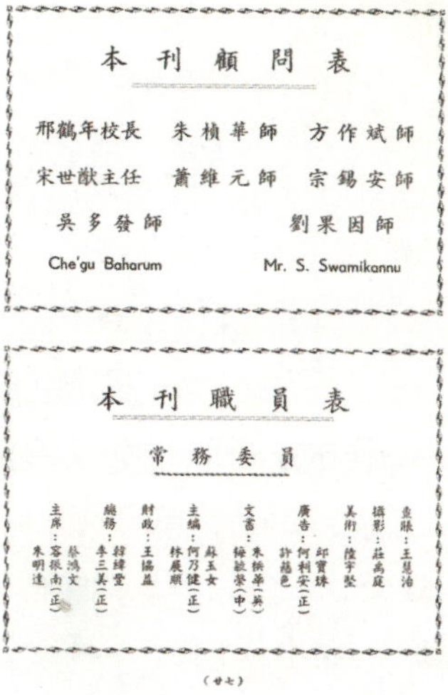

本刊顧問表

邢鶴年校長　朱楨華師　方作斌師
宋世猷主任　蕭維元師　宗錫安師
吳多發師　劉果因師
Che'gu Baharum　Mr. S. Swamikannu

本刊職員表

常務委員

查賬：王慧治
攝影：莊禹庭
美術：陸宇堅
廣告：邱寶珠　何利安（正）　許慈色
文書：朱炳華（英）　梅毓瑩（中）
主編：蘇玉女　何乃健（正）　林展順
財政：王協益
總務：賴緯瑩　李三美（正）
主席：蔡鴻文　容振南（正）　朱明達

（廿七）

毕业刊常务委员职员表和顾问表

中学时所参与的一些学运活动，让我交到不少朋友，也养成一些好习惯，比如阅读、守时、尽责、做事有条理、工作有计划、组织有系统等，并形成较强的观察力与分析力。这些对我后来的人生，无论是工作还是做人，都有举足轻重的影响。

中学毕业班全体级长（中排左八为我）

# 第二章：心头志气高

## 家族生意，初尝成功：从顺成公司到顺成冷藏食品有限公司的30年风雨路

1965年之后，马来西亚经过10年独立，经济开始发展。一些小型家庭工业也像雨后春笋般发展起来，我们的家族生意在这时也得到发展。我一开始便很积极参与家族生意，哥哥们觉得我不但勤劳，而且有商业头脑，在兄长们的辅助之下，不到一两年时间，他们就渐渐把担子放到我身上。

除了做海产生意，我还跟渔船买卖鱼虾；为了增加入息，我每天早上还去当临时教师——在南华小学教华文和数学。七哥得知我要去当教师，马上买了一辆新摩托车给我用，当时他自己用旧摩托车。

**南华小学，曾在这里当过临教。摄于2014年**

1967年，我在南华小学当临时教师。我叔叔是副校长，另外还有一位临时教师则是时任校长的侄女。我才教了一两个月左右，就发生一件意想不到的事：教育局要求南华小学减少一个班。学校当局因为临时教师过剩，必须从我们两位之间辞退一位。当时，请临时教师是董事部的权力。要辞掉其中一位，就变成校长的责任。由于两位都是“黄马褂”，跟“学校领导层”有关系，校方领导层都挺尴尬。叔叔作为副校长跟校长争论了好几天，各不相让，双方都坚持要让自己的亲属留下，把另外一位遣走。过了大

约一星期，我还傻傻地被蒙在鼓里，对此事毫不知情。

一天，叔叔把我叫去他的办公室，跟我解释此事的来龙去脉。叔叔告诉我，为了这件事，他跟校长争论了很多天，两位“高层”最后决定要我和校长的侄女抽签决定去留。他还很愤慨地表示：“输赢由天定，不管怎样，你都要接受！我已经尽力替你争取了。”

我一听，就劝叔叔：“你应该让校长决定。”

我叔叔有一种不认输的性格，他马上就否定我，说他是从事教育的人，凡事要公平合理。

这么一来，我马上想到，我本来已有其他职业，何必跟那位女老师过不去？于是，我当场就决定不参加抽签，很豪气地把这个职位让给那位女老师。

也许我天生就是贾宝玉的性格吧，想到女老师万一抽签不获，她就得丢掉唯一的工作，我于心不忍。

叔叔先是瞪大双眼问我说：“你真的不抽签咩?”随即眉开眼笑：“那好，我很有面子了!”他得意扬扬，当场就大剌剌地带我去校长室。

一见到校长，叔叔就豪气干云地说：“其实我过去跟你的争论是为了获得一个合理的结果，既然现在决定抽签，表示我们已达成合理的协议。我侄儿决定不要抽签，把这个职位让给你的侄女。”

校长听闻我的决定，松了一口气，马上站起来跟我握手，那位女老师也过来跟我道谢。皆大欢喜，完满结束。

我“失业”了，却感觉很骄傲，很有英雄感。这件事情也使我联想到，在20世纪60年代，一个中学毕业生，要找一份固定职业实在很困难，虽然临时教师的薪水每个月只有140零吉[①]，却有成为正式教师的可能性，这也意味着能够获得一份铁饭碗工作的机会就这样被我豪迈地拒绝掉了。

林校长在20世纪90年代举办退休宴会，我还被刻意安排去致辞。轮到校长致辞时，他竟然提起此事，说：“今天许廷炎在社会上有这番成就是理所当然的。早在20多年前，他跟我侄女必须被淘汰其中一位的时候，他就断然决定把那份工作让给我的侄女，自动放

---

① 当时新的HONDA摩托车要500多零吉。

弃当时被认为是铁饭碗的工作。有这种大气概的人，自然离成功不远！”大家拼命鼓掌，在全场热烈掌声中，我心中暗叫惭愧。

除了以上提到的工作，每天下午，我还在自家码头卖油屎①给归航的渔船，并成为全古楼第一家直接可以在海边打油屎入渔船的供应商。在20世纪60年代，通常打油的管是2米长左右；不过我们店里的管，有6至8米长，可以直接把油屎打入渔船的油桶内，非常方便。

我同时也帮哥哥们为怡保、北海等地区的冷冻食品工厂做海产加工生意。啊，年轻真好。我一人每天做三四份工作，根本不觉得累。每个星期没有一天可以休息，因为做海产生意，我们的工作天是由海潮流决定。每一个月，只有三四天比较轻松。

海产加工供应是项需要相当多人力的工业。为了适应工作上的需求，我们集合自己的兄弟和好友，组织了一个公司——顺成公司——由于是尝试性的生意，一开始并没有注册。古楼是一个贫穷的渔村，但每个人对海产都有点基本知识。因此，我们在古楼全面推动家庭工业。海产加工业需要庞大的人力，几千人也是刚刚够用。在全盛时期，差不多半个古楼的居民都在帮我们公司剥虾壳。因为没有资本建大型工厂和厂房，家庭工业成为很强的辅助。短短时间内，靠着家庭工业，在20世纪60年代末期，我们成为马来西亚一家有名的海产加工供应商。

随后，在全马各地，比如太平、槟城、吉隆坡等，逐渐有同行投身冷冻海产工业，他们通过各种管道获知顺成公司之后，都会来找我们加工熟虾肉，因为我们有充足的人力资源进行加工。另外，我们的公司也比一般公司在虾的品质控制、规格需求等方面更为严格。认真和严肃地对待产品质量，是顺成公司得到许多客户信赖的主要原因。

20世纪60年代的海产来源，不只局限于古楼。在当时，顺成公司的客户网络已涵盖整个西马。港口的渔夫们，一有过剩的沙虾、

① 油屎，英语Diesel的音译，即柴油。

花虾[①]、尖头虾等都会供应给顺成公司进行加工。在虾盛产时，四面八方的虾不断被运输进来，往往供过于求，唯一的办法，就是分给每个家庭去剥壳。虾多的时候，虽然有时会被剥虾壳的人瞒着吃掉，但我们也不介意了。

顺成公司旧址

有一次，因为虾的供应实在过多——从四面八方运到的虾，有二三十吨——以顺成公司的能力，所能负担的只是10吨左右。我还记得，当时所有工人跟股东，都工作到筋疲力尽。我们也没力气好好去称虾的重量，只能用箱数来算。因为超出供应，所有厂商只好限制他们所要的箱数。一般，每一箱我们都装上大约100斤的虾，那一天为了把货销掉，我们甚至装到每箱400斤才送去给厂商。现在回想这个情况真让我自己都无法相信，过去的真是神话！货源来得多，本来是个很好的赚钱机会，但因为我们跟厂商们交往已久，可说已有一定的感情存在，唯有尽最大的能力来减少供应商的亏损，价钱也不减得太离谱。那时候公司里每个人都在打电话："今天不要再拿虾来了。"若比平时货源少，大家又打电话去催讨："今天有几箱虾？多给两箱啦。"

1967年，在积极从事海产加工业的同时，我们家族另有个虾膏

① 又称九虾，因为这种虾有九折。

生意，由六哥负责。

由于怡保一家位于市区内的工厂[①]没法处理虾壳废料，我们在一番考虑之后，决定向他们承包虾壳。我们在怡保租一间屋子，把虾壳载到屋内煮、晒干、打碎，卖给金马伦的菜农做肥料。至于那些用来煮虾壳的水，经过几十小时的滚水沸煮，已浓缩成虾汁结晶。这一锅精华，就拿到峇眼色海生产虾膏。

生产虾膏，并非我们想象中的那么简单。在初期制作过程中，我们尝试多次，无论加入多少分量的白糖、黑糖、面粉……煮到最后总是变成白色，没办法变成虾膏应有的黑亮。我们一筹莫展，为了生产虾膏，唯有请一个师傅来指导。师傅一来，就教了我们一个好方法：加入黑墨，虾膏一定变黑、变光亮。投入虾膏行业之后不久，我们也成了北马主要的虾膏供应商——几乎北马三分之一的虾膏供应都来自我们公司。现在市面上所售卖的虾膏，大多已不再加入黑墨。无论如何，还是奉劝各位，太过于光亮的虾膏，最好还是稍加注意食用量。

通常，虾膏一送来，都是一桶一桶的，很黏、很浓稠，然后再由批发商卖给小贩们。据我所知，小贩会自行加入黑酱油和其他不可外传的“家传秘方”，搅拌到软了之后就可以吃。

从事虾膏行业之后的一天，六哥在怡保留宿。半夜里，屋主打电话来我们家，说六哥昏倒了！大家一时心慌意乱。我和七哥想去怡保探望他，但是从古楼到怡保要两小时，三更半夜的，路面情况也没有现在那么好，我们一时不知该怎么办。过了一会儿，屋主又打电话来说六哥苏醒了，已把他送去怡保中央医院留医。那是一个雨天，雨下个不停，我的心也跟着烦。好不容易撑到隔天清晨，我马上开车到怡保去探望六哥，天下着大雨，雨刷扫着老爷车的挡风玻璃，我压抑着心里的浮躁，小心翼翼地开着车。

到了怡保，我不熟悉路况，唯一知道的路线是到我们所租的屋子。屋主的女儿自告奋勇，带我去医院。到医院一看，六哥已恢复

---

① “马来亚水产有限公司”，那是当时全马第一流的工厂。在那个时候，他们的海产加工生意做得最大、最出名。

不少，我才放心了。把六哥住院的事情处理好之后，我顺便去拜访怡保的厂商。经过这次探访，我发现六哥租来做虾膏的地方太小，设备太差，惊觉负责这份工作实在不容易。我马上就决定将怡保这边用不完的虾膏，用罗里[①]载回古楼。一切事情做完之后，医院也允许六哥出院了。当天天气还是很恶劣，我载着六哥一起回古楼，一路上，驾车驾了很久，雨下个不停。到了古楼已是晚上八九点。一到家，爸爸正心急如焚地坐在门口等我们，我知道他已经等了很久，顿时觉得很心痛。此事也让我想起，有一次我亲自去载鱼虾，晚上10点出门，到半夜3点才回家。爸爸一样也在门口等着我，不去睡觉。从这些小事中，我感受到了爸爸对我们的爱。

我们的海产加工生意一直延续到20世纪60年代末期，当时马来西亚的出口商逐渐增加，这就不可避免地产生商业竞争。作为供应商，我们公司规模最大。在1969年的“五一三”事件平息过后，市场重新启动机制，我发现目前这种加工形式，无论怎样都会受到厂商制约。尤其这个时候，很多加工厂如雨后春笋，越来越多，竞争压力相当大。

于是，我们考虑自己设厂来进行冷藏食品加工，以出口到各国。进入20世纪70年代，我们开始筹备自己制造、生产、出口的事宜。由于资金短缺，在筹划建设工厂时，未知是否能成功，所以不敢告知他人，只能静悄悄地进行，同时我们也没放弃海产加工。

顺成公司在成立初期的一两年内，已经开始盈利。当时的股东都是口头契约，在集资之下，我们获得1万多零吉的初始资本。“五一三”事件之后，我们决定解散公司，把赚的钱分给股东们，然后又重新组织公司。这样一来，我们集资6万5千零吉，决定成立一个冷藏食品公司，用我和七哥的名字注册[②]成立了“顺成冷藏食品贸易公司”。

那时，我们的货源来自西马各地的许多港口。古楼的电流供应不充足，自来水的水管很细，供水也成问题，我们的工业却需要用

---

① 罗里，英语lorry的音译，即卡车。

② 其实股东总数有十多个人，其中包括兄弟、姐姐和一些好友。

到大量的水。在这种情况下，只好去古楼附近的峇眼色海找地方设厂。经过一番努力，我们在峇眼色海找到一块很好的工厂地，用8千零吉买了1依格①的地来建顺成冷藏食品贸易公司的第一间工厂。

这家工厂在那时已有完善的设计。我做事情一向都比较有前瞻性。我们的最终意愿是做出口生意，这家工厂已经具备完善的基本设施。

公司成立之后，用1万3千零吉建工厂、冷房和速冻房。顺成冷藏食品贸易公司史上第一个冷房最多可贮藏约10吨的货，之前的速冻房则只能容纳1吨。这是生产冷冻海产最基本的设备，对其他类似的工业来说，这实在是非常小的容量，但我们就这样踏入向外出口的第一步。

在大约两年时间内，我逐渐对这个行业有所认识，除此之外，我们所用的虾，货源除了来自西马，还有的来自泰国和印尼。这两年里，公司很幸运地赚了18万零吉左右，也可说是第一次赚了“大”钱。那时是1972年，一年可赚10多万零吉，就算是非常好的成绩。我们也发现，这个行业的前景很好。在这段时间里，我们逐步建立起国际顾客关系。同年，我提议重组公司内部，并于1972年10月1日，把公司名称改成“顺成冷藏食品有限公司”。之后，我们就根据参股的股份加上两年的利润，给股东们股票证券，从那以后股东们有了合法权益，就等于有了保障，大家都可以高枕无忧。原本股东们都是好朋友，在愉快的合作精神之下，继续为公司的前程奋斗。我则成为这家公司的第一任董事经理，月薪400零吉。

有限公司成立之时，对外我们已是非常有名的出口冷藏食品公司。在马来西亚，只剩下一两家交情比较好的工厂继续提供原料供应和加工产品，大部分的产品都已用来冷藏和出口。那时，我们已经开拓了澳洲市场，也在其他国家的市场逐渐建立起关系，比如荷兰、英国、德国等。

在20世纪70年代初，整个霹雳州的通信系统，跟今日相比非常落后。在我们公司刚刚开始做国际贸易的时候，峇眼色海还不能直接拨打长途电话。每次想要拨打长途电话，就得跟接线生讲：“请

① 依格，英语Acre的音译，英亩，英制单位，马来西亚的土地面积多使用“依格”来表达。

你接驳去某某地方。”在这种情况下，我们竟还能做国际贸易，现在想想，也真是个神话。在那个时代，电报是非常重要的通信设备，要打电报就要靠邮政局。比如，若我要打个电报去英国，就得去邮政局，我和对方各有一个电码，每打一个字，要 5 角钱或 1 零吉，所以就要尽量写短句，一个电报有时要花几十零吉，这在当时对我们来说还是很高的开销。

霹雳州在那时只有怡保邮政局设有电报机，如果接收到峇眼色海的电报，他们会打电话告诉峇眼色海邮政局，然后峇眼色海邮政局就会把电报交给我们，或联络我们，让我们自己过来领取。现在想来，那时仿佛没有什么秘密可言。此外我们对邮政局的工作人员也会亲切一点，过年过节笼络他们一下，这样平时做事也方便。若这些工作人员不跟我们合作，隔天才把电报交给我们，商业活动就会受到阻滞，拖延了我们的订单，那就得不偿失。

我们的生意发展得益于电报，但受制于邮政局。以我的性格，是忍受不了这种麻烦手续的，久而久之，就产生一个想法：干脆自己拥有一台电报机。

经过多方面探索，我们了解到，私人公司也可以向电话局租电报机，只不过租金很高，一个月要 450 零吉，那时在家里装一条电话线，每个月才 30 零吉。

为了做生意，我们决定在公司租借安装一台电报机。这个决定的确对我们生意的进展起了很大作用。我还记得，我们的电报号码是 0004①，这意味着整个霹雳州，我们公司的电报机是第 4 台。

对于使用电报机，我们仍然很生疏。公司便派了连我在内的 3 个人去怡保电信局参加一日培训营，当然，操作电报机并非那么困难，不用 15 分钟，我们就都会操作了。

在 20 世纪 70 年代初期，一件幸运的事改变了公司的命运。

一天，突然有家日本贸易公司②的经理来到工厂见我。这位经理名叫廖宝浩，他时常来北海做纸盒生意，不知为何找上门来。我们

---

① 如果我没有记错的话。

② 伊藤忠株式会社。

一见如故，言谈中，说起国际市场的问题，我跟他反映说，虽然我目前有货，但是经验尚浅，不懂得如何面对国际市场的竞争。

廖宝浩淡淡地问我："你现在存什么货?"

我告诉他，现存最多的是出口澳洲的货。

基于各国有关执法单位所制定的包装、虾的品质、尺码和各种要求都不同，我们公司会按照不同国家的要求进行包装。

廖宝浩一听，便说："我们全世界的公司分行都可以帮你买下这些货。"他们是国际贸易公司，也算是国际市场中介。他讲得这么淡然，好像很轻松。我听了，却有点吃惊，不由得心下暗忖："可能吗?"我很小心地告诉他："我有20吨澳洲货。"

他果断地说："好，我明天再跟你联络。"

当时，我跟他还不是很熟，既然他看起来那么有把握，我就给他一个价钱，好让他去找客户。

没想到，一两天后的一个早上，才8点他就从吉隆坡打电话来。他告诉我："澳洲的客户要1 200箱。"

我听了有点愣，过了一会，才醒悟到，他就这样帮我卖了1 200箱，也意味着10～20多万零吉的货可售出，这真是万万想不到的收获！在电话里，廖宝浩说："你下礼拜就会收到信用证[①]。"

我心底有点忐忑，不知道这单生意是否可成。

再过几天，这一切果然成了事实，这可说是我当时最大单的生意：只一张订单便是20万零吉左右，那时是1972年。令我更惊喜的是，对方开的价钱比我开的还高。廖宝浩后来跟我解释，是他开高价，因为怕对方会要求减价，没想到对方竟然接受了。我真的做梦都没有想到能够获得这张订单。在当时，多数买主的订单是80箱、100箱，上千箱可以说是不敢想象的事情。

澳洲的这家公司把订单开来之后，它的负责人不久就亲自飞来马来西亚跟我们见面。负责人名叫MAX BUTEL，他比我大十多岁，后来成为我最好的朋友，也可说是我最重要的恩人，只可惜他英年早逝（59岁），我至今仍然很想念他。

---

① LETTER OF CREDIT。

虽然时隔多年，我还很清楚地记得，MAX 跟廖宝浩来到我们工厂时的情景。

犹记得 MAX 大驾光临的那天，整个工厂的老板和工人都战战兢兢的，怕他觉得货不达标。在他还没来之前，我们就商讨一番，做了不少“门面功夫”。首先，把工厂洗得非常干净整洁，然后规定每个工人都要戴口罩、手套，还把厕所洗得干干净净。我们提醒工人们，MAX 来的时候，所有来货都不可全部载进来，先存放在别的地方。还有，凡是肉眼可以看到的虾，一定要用冰块盖到看不到为止，确保冷冻工作做得好。我们还派了一个工头在厂内看管，工人从外面进来一定要洗手。当然我们平时也有做以上的工作，但没有 MAX 要来的时候做得那么严格，这次可说做足准备功夫。MAX 光临我们工厂看到这些情况之后对我说：“看到你这家工厂的管理，让我信心十足。”我还坚持要他去看我们要卖给他的那批货，他很大方地说：“不用看，我对你有信心。”他当场又跟我加定 4 000 箱的冷冻熟虾肉。那时是 9 月左右，他订这些是为了要应付圣诞节的需求。他探访之后，我决定大展宏图，扩建工厂，随后把工厂旁边两个依格的地皮买下来，花了 1 万 3 千零吉。

我也把建厂计划告诉了 MAX，让他知道，我们的公司每个月都可以卖三四千箱①。另外，我们也开拓了欧洲和新西兰的市场，因此扩建工厂势在必行。

第一年成立有限公司，我们的营业额就达到 600 万零吉，在当时的马来西亚，已可算是非常有规模的公司。在其他兄弟跟股东们的协助下——尤其是七哥——公司的业务获得稳健发展。有七哥帮我解决各种问题，我可以很轻松地做生意。我们很快就成为马来西亚境内颇具规模的冷冻食品出口公司，在国内外都享有很好的声誉。

在我的记忆中，20 世纪 70 年代初的整个吉辇区都没有冷气办事处，可能连私人住宅也还没有人装冷气机。为了打造公司形象，我在公司要迎接 MAX 来参观时，在办事处装了一台冷气机。当时马来西亚还没有本地制造的冷气机，所能买到的冷气机都是进口货，又

① 50 吨左右。

因为市场小，所以冷气机非常贵，一台要6 000～7 000零吉，那时一辆新的HONDA摩托车也不会超过1 000零吉！为了节省开销，我们最后决定买了一台YORK牌的二手冷气机，加上安装费，只要1 000零吉左右。

自从安装冷气机之后，每次走进办公室，我都感觉周围突然降温不少。有时我晚上回办公室处理账目，天气热的话，就开着冷气机，一边吹冷气一边工作，感觉特别与众不同，很有满足感，很舒适。那时我就想，人的要求，有时就是这么简单。

现在的人不能想象，当时我们的确因为拥有一个冷气房而在峇眼色海闻名。我还记得，时任雪兰莪州务大臣DATUK HARUN，也兼任当时巫青团的团长，要来峇眼色海的一家马来中学参加开幕式。为了让他有一个舒服的休息室，当地一群巫统区会领导在他到访的两个礼拜前就预先来向我们借冷气房，目的是让DATUK HARUN一抵达就可先来歇脚。我们收到指示之后，为了迎接他，便指示工人们在当天必须暂停工作，清洗工厂——虾的腥味很重，有人要送货，我们也不敢接，生怕虾味飘“腥”。没想到，人算不如天算，最后一分钟，DATUK HARUN竟不知何故取消行程，真是白忙活一场。

MAX来访的时候，也邀请我去探访澳洲，他说，他将为我安排在澳洲两个星期和在新西兰一个星期的访问——跟他所有顾客见面以了解他们的需求。我知道这对公司的前景将会是一个很好的发展机会，就毅然答应出访。

第一次去澳洲，与廖宝浩下飞机之后在机场合照。摄于1972年

澳洲主要顾客也是我的挚友MAX BUTEL（已故）和太太造访槟城，在槟城大桥前。摄于20世纪80年代末

1972 年 9 月中，我终于踏出人生中重要的一步：第一次飞往澳洲，这是我人生中第一次长途飞行。之前只在 1970 年去过台湾地区一次，所以这次还是第一次出国做正式的商业访问。那时我的英文会话程度虽然比以前在学校的时候流利，但还是很差，不过我无须担心，因为廖宝浩跟我一起去，他的英文很好。我只要跟着他，就可以在洋人的地方畅通无阻。对于这次远行，我很兴奋。

廖宝浩是我的澳洲之行主要安排者。他当时是日本第三大公司伊藤忠株式会社的营业总经理，该公司在“二战”之前就已是有规模的国际贸易公司。在日本文化熏陶下，他对工作的安排可谓严谨细致。在跟他的交往过程中，我深受他各种好习惯的影响，并养成我后来严谨的个性，包括守时、讲信用、有条不紊。比如这次去澳洲，我在出门前就已知每天的行程表、酒店名称、班机号码等有关细节。

我们乘搭 QANTAS 航空，那是一架波音 747 飞机，我第一次坐在那么大的飞机里，第一次看到那么多外国人。一切对我来说，都非常新奇。

我向来都很能睡，飞机起飞不久，我就睡着了，一觉到天明。抵达悉尼后，我兴致勃勃地下飞机。那时的悉尼机场既大型又摩登，让我这个“乡巴佬”大开眼界。另外，这是我第一次感受到四季分明的天气。那是一个秋末的早晨，天气极其凉爽。从炎热的马来西亚飞到这里，骤然降温，大自然真神奇！虽然是凌晨，不过机场内已有很多人在排队过海关、领行李。这一切对我来说，都是那么陌生和新奇。

我们走出机场，不过是早上 6 点多，MAX 已经在等着我们。这是一个小惊喜，我们没有想到他那么客气，如此重视我们的来访，在我印象中，一般洋人比较不会在意这种礼数。他自己开车来，接送我们到酒店。

我们在澳洲所住的第一家酒店，叫作 CREST HOTEL，位于国王十字区[1]，这一带有很多餐厅、酒吧、商店；到了夜晚，就是悉尼的

---

① KING'S CROSS。

红灯区。起初我不知道，MAX 笑嘻嘻地告诉我：“Khor，this hotel may not be very suitable for you，but it is very nice for Steve。”① 我那时傻傻的，不知道他为什么这么说。经过几个晚上，我才发觉到这里其实是红灯区，心下暗忖：“哦！原来他是这个意思。”大概我这人太老实，露水情缘对我来说都是过眼云烟，所以我从来不去碰。

在澳洲的第一天，MAX 跟我们吃了午餐后就跟我们道别。晚餐时分，他让另一个同事带我们去走走。他还跟我说：“If you don’t want the girl，you don’t touch. Just look around. This place is very safe. Don’t worry.”②

我在当天晚上就大开眼界。吃完晚餐，我们在酒店附近走走，很多不同国籍的女人站在路边拉客。一看到男人经过，她们就热情地招呼：“Do you want a girl friend? Do you like a girl?”③ 四周还有很多真人性爱表演的色情场所、售卖情趣用品的商店，还有色情书刊专卖店。在大马当时相对封闭的社会里，这种书籍不可能在公众场所看到，但对这里来说是很自然的事。比较难忘的是，卖这些书的女生，甚至还会拿出书来，跟我们推荐说：“This is more exciting!”④ 并翻给我们看，一点都不难为情，反而我感觉到既不好意思又惊讶。这一切都让我想到，20 世纪 70 年代初的马来西亚社会，虽然曾是英殖民地并受到西方文化影响，但是在各方面的观念上，跟真正的西方社会比较，的确还是存在着太大的差异。

我们走马观花逛了一圈，就乖乖回房睡觉，因为隔天 MAX 已为我们安排了很多紧密行程。

隔天是星期一。我们一早就启程去悉尼鱼市场。

早上 6 点左右吃早餐、出门。我们去澳洲的时候，准备的都是比较正式的服装。不过这一天 MAX 为我们安排了不需要见任何客户的行程，所以在这一天我们不需要穿西装。他心细如发，很会安排，

---

① “这家酒店可能对你不太适合，但很适合廖宝浩。”

② “如果你不要找那些女孩，别动她们。就在四周看看好了。这个地方很安全，别担心。”

③ “你需要女人吗？你喜欢女人吗？”

④ “这个更加有趣。”

整天的节目都是没有西装的行程，第二天开始就每一天西装不断了。

鱼市场不大，但是给我的第一印象是很整齐、很干净。当地人做得最多的生意是卖鱼，大多数是当场切、卖。人很多，鱼贩们卖的大部分是澳洲本地的生鱼虾，大部分都有雪柜，也有卖冷冻鱼虾的鱼贩。

我卖去澳洲的都是熟虾肉[①]，所以鱼市场里我最感兴趣的是他们卖的冷冻熟全虾——也就是将没有剥壳保留头尾的虾煮熟了，冷冻之后再卖。我发现他们卖的虾都非常新鲜，也几乎没有脱头的。我猜想他们应该是捕到虾之后马上在船上煮熟就冷冻起来。鱼市场里的冷冻熟全虾卖得很贵。跟马来西亚菜市场里差不多一样的虾，比如青壳虾，这里卖得比马来西亚贵至少10倍。

看到这情况，我突然灵机一动，跟MAX说："这种冷冻熟全虾我们公司也可以做来提供给你。"于是，当天我便叫廖宝浩帮我发了一个电报给公司，嘱咐他们马上去选最新鲜的符合规格的虾，要他们煮熟之后再冷冻，准备一两公斤，在几天之内，寄来澳洲给MAX看看是否能够在这里促销。

一个星期后，我还在澳洲，这些虾就寄到了。放了干冰，虾还可保持新鲜。可惜，此次尝试的结果并不成功。因为澳洲人吃的是冷水虾[②]，这种虾的味道很甜，我们的是温水虾，他们觉得这种温水虾有一种土味，不习惯。从这件事可以看出我年轻的时候，工作非常积极，也愿意付出很多努力去尝试，当然其中也曾遭遇失败。但是我不厌倦，仍从失败中学习，补充自己不足的地方。

从第二天开始，我就发现MAX很有绅士风度。他作为进口商，连续4天带我们去走访他所有的悉尼顾客，并大方地公开所有顾客的名字，让我直接去跟他们接触。这些顾客大部分是批发商，他带我去见他们，有一定的风险性。因为他们可能会跳过MAX，要求直接跟我们合作。当然我和MAX合作期间，不曾这么做，这点"江湖义气"我还是有的。

那次访问的确让我大开眼界，也让我了解澳洲市场对品质的

① COOKED AND PEELED SHRIMP。

② COLD WATER SHRIMP。

需求。

MAX 甚至带我们去餐厅，了解到不同大小的虾的不同用途，让我进一步认识澳洲市场对虾的需求。一部分小虾①卖给中餐厅，炒饭、做烧卖都需要；还有一部分卖给西餐厅做沙拉。中虾②卖给比较高级的餐厅，他们用来炒菜、做虾沙拉。大虾③多数卖给西餐厅做主餐。这些知识有助于让我知道澳洲市场所需的虾是什么种类居多，以便日后出口时更容易安排。

我们还去见了一个很大的分销商，EDGELL BIRD'S EYE。经过这一次接触，我意识这是一个很有前景的生意机会，就决心一定要跟他们发展生意。这家食品公司非常庞大，在澳洲又拥有悠久历史，尤其是冷冻加工食品方面。他们在全澳洲已拥有很多分行，单单悉尼就有上百家。见这家公司负责人之后的行程是去布里斯班④和阿得雷特⑤。因此在我离开悉尼之前，又去跟他们会面。负责人说会考虑跟我们合作，事实证明要获得成功必须有极大的耐心和毅力，我们用了整整 4 年时间，才真正跟他们谈成所有细节，成为合作伙伴。

当时，这家公司的“分行”就是在每个超级市场内租一个地方卖冷冻食品。我知道以后，就下定决心要跟他们合作来推动我们生产的熟虾肉。当时在澳洲几乎买不到剥壳的冷冻熟虾肉，最主要的原因是他们的人工太贵，没有能力自己剥壳，这就是我们成功的地方，因为我们有的是工人来剥壳。我发现，尤其是那些小虾，他们根本没有办法请工人剥壳。这么一来，倒是给马来西亚和亚洲其他国家的廉价劳工提供了一个生存空间。我们在盛产虾的季节里，曾经做到每个月 70 ~ 80 吨的生意量。

我们做的是中、小虾的熟虾肉生意。在澳洲，很多渔民抓到中、小虾，都会因为人工高，没办法剥壳而只能把它们丢掉。这种环境造成二十世纪七八十年代马来西亚的冷冻工业的黄金时期。我们很

---

① 每磅 300 只以上。
② 每磅 100 ~ 300 只。
③ 每磅 40 ~ 100 只。
④ BRISBANE。
⑤ ADELAIDE。

幸运地搭上这趟黄金列车，并赚到第一桶金——在 1972—1976 年，我们赚了不少钱，有几十万到上百万，整个家族生活情况因此改变了，生活水准提升了。

在澳洲的第一个星期，我们很积极地进行商业访问，忙碌了几天。周末，我去拜访一位以前学运时常在一起搞活动的好友朱固源。他从新加坡南洋大学毕业，在韩江教书一年后因积极参加左派运动，被马来西亚教育局禁止执教。因环境所迫，他离开马来西亚去加拿大留学，几年后，他已成了一个数学博士。1970 年，他申请到在悉尼某大学当教授，便长居此地。当晚，他联络一批来自槟城的同学跟我聚餐。在饭桌上，我们谈起以往在学校的活动、左派革命……大家聊了很久才尽兴而归。我则乘此机会到他家住了一晚。没想到，到了他的家，我们继续谈得兴起，他甚至吩咐太太去跟女儿睡，因为他要跟我聊天。我们仿佛回到学生时代，聊了个通宵。到了凌晨四五点，他带我去吃点心，才送我回 CREST HOTEL。这一次的聚餐，让我感受到中学同学的友情实在太珍贵了，大家在求学时期种下的友谊种子，结出的果实就是超越社会地位和现实条件的永不变之情谊。

过了大概一个星期，我们就启程去墨尔本①。那是一个星期四的晚上，MAX 一路带着我们，抵达墨尔本时是晚上 8 点多。那时的墨尔本只有几家中餐厅，但是我们最终在一条小巷里找到一间看起来蛮有历史的中餐厅。我们走进餐厅里，发现是香港人开的饭店。廖宝浩很会讲广东话，他不管三七二十一就走进厨房，告诉厨师我们要吃正宗的中餐，因为我们出门在外，已经很久（其实只是一个多星期）没吃到中餐，非常想念。结果厨师也非常合作地为我们煮了正宗的粤菜，还给我们播放一些中文歌。在洋人地方猛然听到："时光一去永不回，往事只能回味……"不知为何，那一刹那我马上想起家人，又想到女儿②。那时她才 3 岁，我第一次离开她这么久，而且彼时出国之后要联络家中并不是那么容易。到了澳洲 10 天，我只

---

① MELBORNE。

② 我在 1969 年 1 月 5 日结婚，大女儿在 1969 年 10 月 9 日出生，当时我只有一个孩子。

打过一次电话回家。家人跟我说，女儿晚上睡了之后都会哭着醒来。后来一位嫂嫂建议，拿我的衣服去给她当被盖，让她好入眠。亲情总是让我流泪。听着中文歌，突然间，我鼻子一酸，眼泪就要掉下来，但是为了面子，我只好走进厕所，静静地流眼泪，平复我的情绪。我心里感慨着："人类之所以成为万物之灵，就是因为我们有丰富的感情，但这也是人类最大的弱点。不论怎样，总是脱离不了感情的拖累。"

在墨尔本做了例常拜访之后的一个星期六，MAX 回悉尼，派了他的一位经理带我们去墨尔本的一座小山观光，那时是秋末，天气很好，很凉爽。他还带我们去看他的跑车，廖宝浩一直跟我说："这鬼佬，家里三个孩子，还在玩跑车，一不小心，老婆岂不是要守寡！"他一直在念叨，由此也可见华人和洋人的分别。

经过两个星期的澳洲访问，在拜访了大部分城市之后，我们离开澳洲到新西兰。

新西兰给我的第一印象，就是山清水秀，风景美。由于飞机延误，我们在星期天晚上 9 点才到达奥克兰[①]，这是新西兰的主要商业城市，人口占新西兰的三分之一，有一百万左右。这个城市里的路，蜿蜒不已，让我感觉这里好像一座山城。城市里有条河，将整个城市一分为二，风景美不胜收。

我在去新西兰之前已写信联络一位阔别多年的老同学许宏昌，让他知道我抵达的时间和酒店，他当时还在新西兰读书，以前曾是我们小学和吉華中学的篮球队友。我们在中学时期都是篮球队的主要队员，我是中锋，他是前锋。多年阔别，旧友重逢，我们两人都极其兴奋。无奈飞机延误，我还以为他不会在机场等我了，没想到他早在机场等待，一看到我们就高兴地冲过来。他告诉我们，现在已是夜晚 9 点多，暂时没法找到中餐，只能随便吃，充饥就好。当天晚上我们聊到半夜，他还在我们房里过夜。

新西兰地广人稀，经济繁荣。这里也出产海产，但需要从马来西亚进口，原因也是他们的人工太贵，海产方面也缺少小虾。这么

① AUCKLAND。

一来，这里市场虽很小，利润却很高。

隔天，我们到廖宝浩的公司伊藤忠株式会社拜访，他们在新西兰也可以替我们的公司推销产品，于是，我跟他们达成协议，这么一来，我每个月可以多卖几百箱。由于利润高，这桩生意给了公司很大帮助。

我们从奥克兰租车到威灵顿。一路上风景宜人，天气也好，恰是 10 月初，天气微冷。沿路两旁的农场里，风景极其优美，秋末仍有一大片绿色，很多绵羊徜徉其中。虽然道路弯弯，但设备很完善。一看就是非常静谧和平、与世无争的国家。另外，路旁也不时见到新西兰人种植的奇异果（KIWI）。这是我第一次看到奇异果树，非常稀罕，也是第一次吃到奇异果这种毛毛的水果。

我们还去了一个位于山洞内的温泉湖，看到女生们穿着泳装走来走去。洋人们的身材真的很健硕，让我叹为观止。

到过澳洲和新西兰之后，我深深感受到“百闻不如一见”这句话的含义。我不但开阔了视野，也为公司开发了一个利润颇高的市场——虽然这个市场我们并不看好，但经过这一次访问，有了决定性的转变。

家人对我这次海外市场考察之行感到非常兴奋和骄傲，我下飞机时，很意外地看到一大群人来接机，包括叔叔、哥哥们、侄儿侄女们以及股东们都伸长脖子等我出闸。算起来，一共有四五辆车的人到机场接机。他们兴高采烈地把我接上车之后，便马上去槟城最著名的餐馆——新琼安饭店吃饭。我离开家乡三个星期，极度想念家乡的食物。一到餐厅，当然大点本地食物，尤其咖喱鱼，大吃一顿，好享受！这也显示出我们家庭成员之间的一种亲情，以及公司内部的团结。

这三个星期的商业访问，也是我们公司的第一次涉外商业访问，没想到隔天《星洲日报》《星槟日报》都刊出这则新闻，说我从外国回来，还带回很多订单。这则新闻对于宣传公司还不错，现在回想，真是不好意思，但那时在外国做了几十万零吉的生意，算是大新闻。并且这次的确收获丰盛，不但带回大数额的订单，也给我们公司的海产业带来更大的发展。

这次澳洲之行还有一个珍贵之处，让我交到一位终身的好朋友——MAX BUTEL。他已于1988年去世，可是至今我还忘不了他和我之间的情谊，以及他高瞻远瞩的商业眼光和对朋友的信赖。我们在生意来往过程中，曾面对不少危机和波折，但都一一克服了。最难忘的一件事情就是在1975年左右的时候，一艘叫作HOTONI的船，给我们带来了非常大的麻烦。

在20世纪70年代，槟城码头没有货柜服务，来这里的船，大部分是去新加坡途中顺路拐到槟城的。如果这些船在新加坡已载满货物，就不会再到槟城码头来。由于没有固定的船来载货，所以我们的货时常会延误输送，这也使我们的买主有点提心吊胆——当时海运不发达，去澳洲的船，一个月通常只有一艘。可是澳洲客户每个月都有固定订单，如果一个月没船来，那么下个月来的时候，货物和账单都会变双倍。

有一次，到澳洲的船真的有两个月没来槟城码头。这么一来，资金受到影响，货物需囤积。在大家正不知如何是好之时，突然出现了一艘名叫HOTONI的船，此船的负责人告知我们会直接开到悉尼和墨尔本。我们看到这船是由一家合法的国际公司负责的，就不疑有他，希望能够尽快出货，不让顾客失望。因此我们就将两个月累计下来的货物交给这艘船，那时，单我们公司的货物，就大约百万零吉，可以想象加上其他公司，这船承载的货物肯定要好几百万零吉。

按照正常的运作，大概20天，船就可以抵达澳洲。

可是这一次跟平时不同。过了3个多星期，澳洲的中介告知我们该船的引擎出了问题。延迟好几次，直至大约两个月后，我们才被告知，那艘船在当时已经失联。我们马上感觉到事情非比寻常，十分不妙。

这批货对我们的买主，也就是MAX来说非常重要。第一，他已付钱；第二，他若没有货，没法面对他的顾客。此事在澳洲变成大新闻，甚至上了电视。

为了尽一个供应商的责任，本身也想了解实际情况以及协助MAX渡过难关，我马上飞到澳洲。我抵达的那一天，刚好MAX在电视上受访关于此次HOTONI失联事件。这一趟所载的货物里，

MAX 的货物最多，牵涉的金额也最高。此外，此船的货物总共牵涉三四百万零吉。这案件暂时成了无头公案，保险也暂无法索赔。

隔天，我和 MAX 到处去见他的顾客，向他们解说整件事情的来龙去脉。由于已在电视新闻播出，他们多数都可以理解，但仍表示要尽快拿到货。一时之间我们也没办法议价，只好尽快联络我们公司，要大家赶工，在两星期内出货，先解决眼前的困境。

幸亏两星期内又有船到，我出动全厂的工人，并尽快把货送来，为 MAX 解了燃眉之急。

这一次，我没有趁火打劫，价钱仍跟以往一样。通常，如果遇到买主货源不够，大多商家都会乘机起价，但我没有，反而还有点亏本，而且以最快速度寄给 MAX。

这么一来，MAX 十分感动。这事虽是危机，但从中看到双方的诚意，还加深了我们的友情和增强了彼此间的信任。从一开始，我就不曾把货卖给别的澳洲买主，MAX 也不曾跟别的马来西亚厂家买货。他说过：“我们的合作已把你小小的工厂变大，我们也变成最大的进口商。在这种情况下，大家就会盯住我们，所以我们更要精诚合作，来面对外人的冷箭。”我记得他说的时候，还比了一个射箭的动作。

MAX 对我很真心，他知道我的英文不好，还常帮我改正那些我用得不恰当的英文。比如，我每一次都写“Please reply promptly”，他跟我说，应该用“Please reply imperatively”；我说“I want to thank you”，他说：“应该是 I appreciate”，我说：“Exactly”，他说：“你应该用 precisely。”诸如此类的改正，每一次都让我英文更进步。说真的，以洋人的性格，鲜少有那么热情和单刀直入的，由此可见我们的友情真的是“非一般”。看我对自己的英文有点自卑，他又称赞我：“你是马来西亚的华人，能够这么讲已经很不错了！我倒是根本不能讲中文呢！”还有一次，我们一起出游，在飞机上闲聊时，他跟我说：“你的英文现在很不错，我还记得第一次，你根本没法用英文跟我沟通。”原来我的英文还真的不知不觉进步了许多呀！

经过这一次澳洲行，回到马来西亚之后，我最大的感受就是自己的英文水平真的还需要继续提升。

我是理科生。一直以来，虽然懂得做一些传统华人账目，却没有会计的基础，可是为了应付生意，从20世纪70年代开始，我就去学基础会计，同时也买了一个打字机，自己在家里学打字。我每天买一份《新海峡时报》来读，一读就是一个小时。每天晚上，我一有空就对照着报纸新闻学打字。就这样我也学会了做普通账目，也可打一些普通书信，跟外国来往。有些我们没什么把握的公司，我就不管三七二十一地寄信给他们，向他们推荐我们的公司。无法想象，这样乱寄也做成了几单生意。不过，现在的年轻人可能无法想象，在那种没有电脑、没有传真机、没有智能手机的时代，打字机和电报机对于做国际生意的商家有多么重要。

虽然我会说一点英文，从澳洲回来之后，我感觉不足，也发现还有很多可以补救的空间。我的英语表达能力不好，这次到澳洲，幸亏有廖宝浩同行，他能说流利的英文，我跟他一起去澳洲，感觉很有安全感。不过我不是一个原地踏步的人，于是我决心去找英文补习老师，恶补一番。

我这个人，年轻的时候非常好面子，自然不好意思在峇眼色海补习，怕给人家笑，所以决定到较远的地方找老师补习英文。一位朋友给我推荐了住在高渊的陈春发老师。陈老师跟我说，既然要学英文，见面只能讲英语，不可讲中文，更不可用潮州话交谈！

我一个礼拜去陈老师的家补习6小时，每一次都勤奋地读报纸、讲英文、念英文课本，以及跟他用英语对话。只补习了不到一年，我已经自觉进步很多。因为那时我才真正学会讲英文，在这之前，英语书写对我来说还算可以，但因没有语言环境，所以英语讲得实在不流利。同时我因为已开始做生意了，讲英文的机会很多。补习之后，我已经可以讲得很不错了。到了1973—1974年，我差不多每两三个月就出国到欧洲、澳洲等国家和地区。我一个人行走江湖，凡事都要亲力亲为，在这种情况下，不管怎样都要硬着头皮讲英文，这段时间内，我的英语也就自然而然地突飞猛进，时间用在哪里真的是看得见的。现在陈老师遇到我，却不再跟我说英语，反而变成讲中文，曾有一次，他偶然见到我，还说我是一个勤学和认真的人。

我们在一两年间，就已经在澳洲的市场打下非常坚固的基础。

同时公司也扩建了工厂，生产的地方增加一倍，冷冻房和储藏室的面积都增加了五倍，这时我们已成为国内一家中大型冷冻食品工厂——公司成立至此时，只有 4 年。

除此之外，我们也尽量用曾在海边开加工厂的优势来生产。有了充分的储藏量，我们靠自己的工人生产并不足以将整个储藏室填满，我们也向其他加工厂买虾肉来出口。由于一直以来都在做这一行，我们早就有很广泛的接触，几乎每一家涉及这一行的工厂我们都认识，也知道每一家质量的好坏。为了保持品质，我们对每一家供应商都进行非常严格的筛选。

增加储藏量之后，我们公司在马来西亚崭露头角。我们野心勃勃、充满干劲，觉得单靠澳洲市场不能在马来西亚的冷冻食品业再继续发展，一定要冲破藩篱，达到更高峰。于是我们锁定了一个更庞大的市场——欧洲。我跟好友廖宝浩仔细商量之后，想通过伊藤忠株式会社的关系，来扩展我们在欧洲的市场。于是，在 1973 年秋天，经过精心策划，我们决定到欧洲做一个月的商业考察。

**第一次去伦敦，与友人合照，左二为好友廖宝浩。摄于 1972 年**

首次欧洲商业之旅的第一站是英国。

欧洲跟澳洲是两个不同的世界，比如语言、风土人情、天气、习俗、建筑设计、商业态度……它们在各方面都有很大差异。比如，在英国用“磅”作为度量衡，澳洲起初也用磅，后来都用公斤[①]。另外，英国市场很大，商业态度也有所不同，大部分进口商跟批发商都很有规模，但态度比较保守。他们都需要经过一段时间来往和观察，才跟客户建立生意关系。所以要进入这个市场，便需要一段时间来争取英国客户的信任。我们到英国时，那里已经有很多公司在做冷冻食品，竞争非常激烈。

英国的市场很庞大，我们安排一个多星期的行程在英国做市场调查，希望通过伊藤忠株式会社在英国打下坚固市场。当时英国的熟虾肉市场已非常有规模，很多行家早就从马来西亚批发熟虾肉去英国，竞争不可谓不激烈。英国跟澳洲的差异就是，进口商在海产进口业内，并不吃香，原因是大部分英国的批发商已经很强势、很有规模，有些公司，一个就等于 MAX 的两三个公司，以他们的规模，随时可以跟顾客直接进口虾肉，不必通过中间人。

我们在英国见了很多客户，都是很有规模的大公司，可惜得到的都是尝试性或不确定的答复。也许英国人做生意比较保守，加上当时我们思想比较简单，一直想要找大型的进口商。现在回想，这是不可能的事情。在英国来说，不会有供应商跟我们签署类似 MAX 的特许权合同——我们只能卖给他，他只跟我们买。因为英国人已有很多选择，他们多年来的营业都采取公开市场的方式；一些大公司甚至正眼也不瞧我们，对他们来说，顺成这个公司太小了。

在 1973—1975 年，我们在英国的营业额不算很好。但凡事有得有失，第一次去英国，我仍然大开眼界。

我曾生活在被英国殖民过的槟城，来到伦敦，猛然间看到许多耳熟能详的事物，感觉很有趣，尤其路名，比如 BUCKINGHAM STREET、DOWNING STREET、KING STREET、QUEEN STREET 等，在槟城也有一模一样的路名。

在吃的方面，英国有一流的中餐。我最喜欢吃伦敦唐人街的鸭饭，尤其是一家位于地下室的小店，老板很喜欢骂人，跟他讲英语他听不懂，跟他讲华语他也不会讲，总之他只讲广东话。这样他怎

① 欧洲其他地方都用公斤。

么在英国生存？我不知道。不过他卖的鸭饭味道之好，到现在我还念念不忘。

在英国的第一个周末，我们到唐人街逛街。突然看到两间中文书店，这让我大开眼界。走进其中一间，满屋的革命书报，且大部分在当时的马来西亚都是禁书，也是我和一班“革命同志”当时梦寐以求的书！店里卖的报纸，全都是左派报章。我马上买了一大堆报纸和书，兴奋无比。这是我人生中第一次有机会公开接触左派的书，我也实在难以相信会有这么一天。这家书店的隔壁，正巧是台湾人开的书店，走进一看，书籍报刊的内容截然相反……但我也一样在这里买了几本书，探探军情是必需的嘛。捧着这些书回到酒店，我心里很高兴，这些书本足够我享受一个月了。廖宝浩说，他不明白我为什么要花这些钱！但他很照顾我，我留在酒店看书，他就去买水果、面包来一起吃。

访问欧洲时与荷兰顾客合照。摄于 1973 年

伦敦唐人街附近非常热闹，有很多真人表演、无上装表演，对我这种“乡巴佬”来说，可谓大开眼界！只是英国属于比较保守的国度，在马路上，我没有看到女人脱衣服找生意，不比荷兰。

从英国去阿姆斯特丹，是为了拓展生意。我们商量之后，决定用鹿特丹①的伊藤忠株式会社分行来行走荷兰、比利时、德国和法国。于是，我和廖宝浩以及他的两位同事，从星期一开始就租了一辆车，用四天走过这四个国家。

四个国家有不一样的文化传统、不一样的生意手法，但这些国家都用冷水虾，同时剥虾壳的工钱都很贵，这便造成一个很大的空间，可以让我们把剥了壳的熟小虾卖到这四个国家的虾厂。我还记得我们曾在荷兰参观一间工厂，叫作 HEIPLOEG GROUP，是欧洲最大的工厂。这家公司的老板很有礼貌地向我们询问，他要直接跟我们买，不想通过伊藤忠株式会社。廖宝浩没有翻白眼，还很大方地答应了。可惜，我们的名气在江湖上不够响亮，HEIPLOEG GROUP 第一次只跟我们买 45 箱，接下来的订单，都是一次几百箱。我知道他们公司一个月所需的量是几万箱，我也知道几乎每一个马来西亚的公司都在卖虾给他们。从这个例子可以看出欧洲人做生意的保守心态。无论如何，通过多年的良好生意关系，他们到后来也每次跟我们买1 000箱的货了，虽然这订单来得有些慢。

在比利时，我们做过一两次生意。在德国见了几个客户，但生意上没有什么斩获。在法国所能做的生意也不多，反而我们参观的一家罐头虾工厂，给我留下非常深刻的印象。这家工厂很有规模，从 1800 年左右开始，就已经跟中国做生意，所以他们还备有中国翻译员。众所周知，法国人一般不喜欢讲英语，看到我们这几个华人，他们也表示欢迎，还提供翻译员跟我们沟通。我一直记得，他们的办公室里，竟然还挂着毛泽东的照片。工厂负责人说，他们的中国客户每次来看见这张相片，都很高兴，一高兴，生意就容易做了。原来法国人做生意也懂得玩这种心计！

基本上，到欧洲的行程是走马观花，只是尽量接触不同公司、不同国籍的人，了解他们的市场需求。总的来说，我发现他们并不喜欢通过中间人来做生意，所以后来许多欧洲客户都会直接跟我们来往。另外，跟欧洲人做生意，往往能够聊得很亲切，吃得非常丰盛。不过，以欧洲人的保守和滴水不漏的性格，我们要跟他们做生

① ROTTERDAM。

意，打入他们的市场，很不容易。

我们这一次去了一个月，共走了七八个国家，最后一个礼拜，就利用这段时间去意大利旅行。形式上，虽然有去拜访一些商家，但是对我们来说，意大利没什么市场，他们大部分需要的是大只的生虾。当时马来西亚没有这种生虾的供应，生虾主要是养殖虾，不在我们公司的业务范围内。至于那些从海里抓来的大虾，我们都卖去日本，因为日本商家所开出的价钱普遍都很高。除了拜访商家，我们花了比较多的时间去旅行，这也是我第一次看到闻名已久的罗马竞技场，还花了一整天的时间参观。我想，此一时，彼一时，如果换成现在去的话，感受一定有所不同，因为我已经在修复韩江家庙的过程中，学会古迹保护的各种知识了。

在创业初期，我每次出国就要许多天，那时坐飞机并不像目前这么方便，比如，到英国的飞机一星期可能只有 3 趟，飞行时间也没有太多选择，机票的价钱对我来说还是非常昂贵，所以我能省则省。通常我会委托旅行社去找最便宜的机票，便宜的意思就是要转机多次。有一次甚至因为转机的缘故，我在罗马机场等了 30 多个小时！据悉，我要乘搭的那架 GARUDA 航空的飞机坏在德国，航空公司需要进行修理，由于是印尼航空，还要等有关部门从印度尼西亚寄来备件，所以延误了那么久。虽然如此，航空公司总算没有亏待我们，给了我们好几张在机场可以吃饭的优惠券，但只能选择意大利面。在那 30 多个小时内，我吃了 6 餐意大利面！害得我回马来西亚以后，至少一年不愿再吃它。

欧洲之行没有像澳洲之行那样迅速取得突破，也没有马上见到回馈。但这对我来说是非常有收获的一次商业之旅。

首先，我有幸在欧洲看到很多当时跟我的行业有关的先进机器，这让我有机会掌握欧洲市场的顾客需求。通过伊藤忠株式会社的商业网络，我接触到欧洲进口商、批发商等不同的人，他们的商业社会和组织与澳洲全然不同，在规模、方式、市场大小等方面，都有很大差异，我必须调适自己和公司的处理方式，来适应欧洲市场的需求。在当时的马来西亚很少有人做IQF[1]的生意——用机械把虾放到一个管道里，就会有设备将虾一只一只速冻起来。对于来自大马的我们来说，这种技术极其先进，因为我们根本没有这方面的知识，更不用说这些设备。我在欧洲看到这种机器的时候，简直惊为天“机”，大开眼界！要知道，在当时马来西亚甚至连把一只只虾排在平盘上然后拿去做冷冻处理的技术都没有。但是我在欧洲看到这些技术和机器，终于让我对生产冷冻虾有了更进一步的概念。当我得知这其实只要一台价值三四十万零吉的机器就可以做到时，我决定要做好准备，一旦马来西亚市场有这个需求，就马上可以投身于此。

其次，我终于有一个机会去接触和了解欧洲市场。虽然我没有办法马上就打入那些欧洲颇具规模的公司——因为他们之间有些早就跟马来西亚其他先驱公司做过生意，其中有一些欧洲公司在虾源不充足时会来跟我们交易，不过都是暂时性的，我仍然没有机会直接跟他们交涉；但是自从认识对方，此后每次去欧洲时，我都去找这些公司的负责人，跟他们见面，不管是1小时还是30分钟，最重要的是让他们对我的公司有个印象。我做生意相当有耐心，愿意花很长时间去跟顾客交涉，不怕失败。我就这样开始跟欧洲的顾客们搭起一座生意的桥梁。从这时开始，我逐渐凭着这一股耐心、冲劲，建立起一个强大的客户网络，在接下来的几十年内，把我们这家原本在欧洲默默无闻的小虾厂，创出一个名堂，提升了形象。

除此以外，我还有机会接触到真正的欧洲大型企业以及各国的商业文化。在当时的欧洲，所有国家都没有在货船抵达港口时对货物进行验收的习惯[2]，只有英国有这种要求，他们非常注重卫生，所以每一次都会要求对所有商品的品质进行检查。这是英国人小心谨慎的最佳诠释之一，通过卫生检疫和管制，一旦有什么闪失，有关当局就会将货品进行卫生隔离。这种制度让我学习到，在整个生产过程中，只是单方面良好的处理方针还不够，整座工厂都必须拥有强大的卫生系统。尤其当我参观过当时世界最大的冷冻虾工厂，

① INDIVIDUAL QUICK FROZEN。

② TEST SHIPMENT ON ARRIVAL。

HEIPLOEG GROUP，我对欧洲人的卫生观有了更多的体会。HEIPLOEG GROUP 的老板是 Mr. Nienhuis。他是荷兰人，据我所知，他从小家境清贫，在他老板的栽培下成才。后来他把老板的工厂买下，自己来当老板。HEIPLOEG GROUP 的卫生设备让我十分难忘，这里有设备完整的化验室，能够为每一类虾进行严密的卫生监管。自从见过他们的实验室，我一回到马来西亚就即刻在我们工厂建设一个化验室，这不但是为了要提高品质，也是为了应付欧洲的市场。此外，HEIPLOEG GROUP 也有员工的卫生管制条例，比如，严格要求员工戴帽、洗手等。出入厕所都必须走过一条长约 4 尺的“小溪”，水里加入大量消毒剂，这是为了把鞋底彻底消毒，确保不会沾染到排泄物，以便确保虾肉的品质。此外，厕所里有一整排 30 ~ 40 个洗手盆。每位员工上过厕所之后，都必须严格按照规定洗手，再路经“小溪”，才可以回到工厂。这种设备，看得我们瞠目结舌，试问我们在马来西亚当时的商业环境里，怎么可能做到这一点?！这不禁让我对他们非常佩服，也感到自身的渺小，觉得自己要学习的还有很多。

总的来说，这一趟旅程非常有收获。据我所知，在同行之中，并非每个老板都有亲身走入市场的经历。凡事亲力亲为，亲历其境，也许是我成功的秘诀吧。我喜欢通过这种方式来加强自己对所从事行业的认识，以便能够更有效、更快地获得成效。

如果当时我充分地运用商业智慧，比如一开始就注重细节、卫生设备、品质管理等，也许我会更加成功。但是，这一切都是从经验得来，每一次失败，都是以后成功的基石。最重要的是能够从失败中学习，百折不挠，最后成功一定会属于最坚持的人。

我们刚刚开始投身这一行时，全马来半岛只有 5 家类似的工厂。到了 20 世纪 70 年代中期，海产工业在马来西亚犹如雨后春笋一般，已增至 20 多家。因此，这个行业逐渐产生非常恶劣的竞争。

从马来西亚进口的外国大厂一般都只买固定数量的虾，由于竞争激烈，同行们就拼命减价，那些表面不减价的，就在规格上做手脚。比如，为了争取客户，箱子外写明“内有 200 只虾”，但实际上挤满 300 只；一些厂商的货品则有品质问题；还有一些则是冰多虾少。总之各种各样的花样都有，让人防不胜防。在这种恶性竞争的危机下，1975年，同行中一家比较有规模而且是先驱者的公司，竟在无奈中倒闭。看到这情形，我们感到这一门工业应更加专业化。比如，我们应专注做熟虾肉，产品种类贵精不贵多。在产品品质方面，也应走向专业。于是，为了符合品质需求，我们进行很多投资，其中一项投资就是购买一家冰块厂，自行生产冰块。

1974年之后，我们的工厂在马来西亚已算是非常有规模。在外买的冰块，可能会有细菌，会导致虾肉被污染。有鉴于此，为了达到卫生标准，在1975年，我们到新西兰买了一台制造冰块的机器。为了卫生起见，我们制冰厂用来制作冰块的水，都是经过处理的。

1975年，我们还花了10万零吉买了一辆冷冻罗里。在当时马来西亚的虾厂里，可能只有几辆这种类型的罗里，我们这一辆还是买得较早的。下定决心买这辆罗里，是因为我们已经预见到这一行总有一天将会走向专业。在外国，对于品质的需求已经越来越高。以前我们用普通罗里载送熟虾肉，而且只是用帆布盖着它们。从工厂要走两三个钟头，才能抵达槟城码头。如果当时有货船，能够把这些虾肉载走就最好；如果还没船，就要继续等。这么一来，肯定或多或少产生品质问题。买这辆罗里的时候，我的爸爸已经病重，不久后就去世了。结果这辆罗里所载的第一种物品，竟是我爸爸去世时的挽联。当时我们的生意已经发展稳健，我和哥哥们的朋友以及商业界的友人非常多，送来的挽联，挂得整辆罗里没有一个缝隙。其实普通罗里也可以载这些挽联，但是家人们觉得当时有这么一辆罗里，脸上有光，当然要让爸爸的葬礼也风光一下。现在想来，感觉很幼稚也有点可笑，只盼爸爸在天之灵，能够了解我们的心意！

所幸，1975年所面对的这种恶性竞争只是短暂的，由于我们坚持在品质方面绝对不松懈，加上客户网络够广，我们只面对两三个月难关，很快就走出了当时的困境。很快地，在1976年左右，这门生意就转回正轨。在那两年，我们公司很幸运地没有任何亏损，反而趁这个机会增加了一些设备，做了适当调整，进一步把生意推向另一个高峰。

与此同时，在澳洲方面，到了1976年，经过跟MAX的三四年精诚合作，我们已成供应澳洲热虾市场最大的马来西亚供应商之一，生意发展得非常迅速。从 1972 年开始，我们就有意愿要朝向零售包装[①]发展，到了 1976 年，我们终于得以非常完善地发展了零售包装这门生意。

由于 EDGELL BIRD'S EYE 在全国有数以百计的分行，我们在 1977—1980 年之间，从它们公司获得了大量订单。在我们与 MAX 的公司[②]的合作下，1978 年时，为了更广泛地发展，MAX 在 *FISHERY REVIEW* 杂志里大肆宣传我们公司，全面的报道让所有读者都知道在大部分城市的百货市场或商场里都可以看到我们品牌的货品。最难忘的是，MAX 还说我是来自马来西亚的 SHRIMP EXPERT[③]，他所提呈报道的这篇访问一时引起很多业内人士的注意，也因此获得了很多公司的商业咨询。为了要维持商业口碑，我马上决定将所有咨询都交给 MAX 处理。这件事也把我们公司形象推向了更高峰，此时成了我们公司在澳洲的高峰期。20 世纪 70 年代初在马来西亚霹雳州一个小渔村成立的这家小工厂，终于获得机会得到全面发展，把产品供应到全世界大部分先进地区，比如欧美、澳洲、日本等。

在这一行几十年，我们当然也逐步完善了自己的商业知识体系。也许，这就是我们的成功秘诀吧，那就是了解一切跟自己的生意有关的细节和知识。比如，从经验中我们认识到，不同潮汐所捕获的虾，有不同的管理办法。举个例子来说，虾每 15 天换壳一次，有科学常识的人都知道，这是因为虾换壳跟月亮的高低潮有关。另外，在把虾煮熟的过程中，不同温度的水也会影响虾肉的品质。

总的来说，做生意最重要的就是努力以及从各方面充分了解有关生意的细节和知识，只要全面投入，就能让生意做得更加成功。

进入 20 世纪 80 年代初期，我们的冷冻虾工业已达高峰，顺成公司成了马来西亚颇有规模的冷冻虾厂，同时在国际上也有一定的地位，尤其在澳洲市场。

20 世纪 70 年代末，国内虾厂的数量增加了许多，也有好多工厂

---

① 每包半磅重。

② ALL STATES PTE LIMITED。

③ 马来西亚海虾专家。

渐渐成熟起来，且大家都有大致相当的经验和知识。这么一来，在20世纪80年代初，也形成一种激烈的竞争；80年代之后，泰国等邻国也开始出口跟我们一样的冷冻熟虾肉，他们的原料和人工远比马来西亚便宜。因此，我们在本地和国际市场都面临竞争。再加上当时马来西亚海底所能抓到的虾在逐渐减少，我们唯有从泰国和印度尼西亚进口虾。幸亏在80年代初期，靠着那时在国际上公司已算是有相当规模这一优势，我们还得以继续生存下去。

20世纪80年代，由于我们公司的虾，很多都来自印尼，为了加深了解，我就决定来一次印尼之行，到苏门答腊去旅游。我和一批朋友一起去印尼看一家位于ASAHAN的虾厂，考虑跟他们合作，向他们买虾。去到ASAHAN，才知道这家虾厂的负责人是棉兰华人，懂得讲闽南语，沟通起来很方便。而且，这个地方有山有水，我们被安排住进他们宿舍里的两个冷气房。

让我印象深刻的是，我们在这里找了一家位于河边的餐馆吃饭，河水非常清澈，上游还有小孩在玩水。我们一边欣赏周围美丽的风景，一边跟店家点了橙汁。我很清楚地看到，侍者用桶直接从河里盛水泡橙汁给我们喝，现在想起，还真触目惊心！大概那时候还年轻，我很勇敢，竟然把端上桌的橙汁喝掉了。其实，我一看这种情况，就知道这里生产的虾很大可能有细菌，因为他们的卫生标准很明显不够规范。对于处理熟虾肉，卫生观念是第一重要的事。所以后来我不敢拿这一家的虾肉来出口，我只跟他们进口虾肉来重新处理，之后才出口到澳洲和欧洲。

这一次商业访问获得该虾厂厂主的热忱招待，他开车带我们去多巴湖游玩。山路非常难走，就在大家昏昏欲睡的时候，突然发觉车子越走越歪，原来司机开车开到睡着了！我们紧张得喊了几声，司机之后又睡了几次，厂主的侄儿唯有自己开车，才顺利来到湖光山色的多巴湖。

这次行程给我留下深刻的印象，但也使我陷入一个相当大的困境。由于棉兰和多巴湖各方面的电信都十分不方便，我有好几天没办法跟办公室接触，也不知道原来在这段时间里，澳币竟突然遭遇一次猛烈贬值——大概跌了15%。我因不知此事，也没有机会好好吩咐和交代家人处理。这其实是我没经验的缘故，公司里的事务都是由我一人包办。于是，当我回到槟城看到澳币贬值的这个情形，马上知道事情要糟糕了。

那时我们手头上有些订单的货还没有交到买主手上，再加上未来的订单，数量庞大，手头上的澳币也很多，15%的亏损，对当时的我们来说，是个很大的创伤，这次突发事件使我们大概亏损了30多万零吉。当我从印尼回到槟城之后，澳币再次下跌，跌了接近20%，这意味着我们已亏损了40多万零吉。在20世纪80年代，这个数目不算小。为了解决此事，我当机立断，马上又买机票飞去澳洲，要跟顾客商量如何处理此事。

从这件事上，我学习良多。首先，我学会了如何面对困境。无论在多么困难和难堪的情况之下，我们只有勇敢面对，才能真正解决问题。一到澳洲，我就开诚布公，向MAX表示我们的公司已遭受了一次负担不起的损失，所以我只好亲自来跟他商量。想起这件事，就不禁要称赞他真的是一个绅士。我向他提出一个方案：那些已经下货、卖出的，就由我们承担损失，这一批货大概占全数的一半。我还跟MAX一起去访问他所有的顾客，同时也跟他们商量下一次的订单是否要起价，如果起价，要起多少。虽然我们在之前已经签署合约讲好价钱，但MAX还是表示愿意负责我一部分的损失，对于那些还没有出货的订单，他甚至还加价7%~8%给我。

这件事使我得到一个很大的教训，我深深感觉到，从事国际贸易的商人一定要有广泛的知识，包括对于外汇的知识和风险评估。20世纪90年代之前，很多国家的外汇可以在国际上进行贸易，包括澳币。但是外汇贸易有很多不确定的因素，所以经过此事之后，我痛定思痛，决定要深入了解国际货币贸易的整个操作系统。我开始认真学习国际贸易，也认识到危机感很重要，否则会在不知不觉中，蒙受可怕的损失。经过这次教训，我不敢再掉以轻心地以为从商理所当然会赚钱，必须兼顾各方面，关注本地和国际的经济状况，生意才能屹立不倒。

也是从那个时候开始，我们在澳洲开始面对越来越激烈的竞争。此事过后不久，MAX把他的公司卖给一家叫作DAVID HOLDINGS的公司。这是澳洲一家特大型公司，生意以酒[①]为主。它们拥有一个批发市场，每年的营业额是几十亿澳币。MAX 把公司卖了之后，仍然继续留任，担任商业顾问；原本的总经理叫作 HARRY PETER，也是我的好朋友，就继续当总经理。DAVID 立下一个目标：他们必须在3 年内把交易额增加到每年 2 亿澳币。我们当时跟 MAX 的交易额，已经达到一年一千多万澳币，现在他跟我们要求增加到2 000 ~ 3 000万，这对我们来说是一个机遇，MAX 要求我们继续合作。不过，尽管我们跟 HARRY PETER 都尽了最大能力去扩大我们的海产生意，但仍遭受了很大的阻力。

澳洲很多批发商已经逐渐成长，他们也开始懂得到马来西亚寻找小工厂买虾，这么一来，在这种拉锯战里，我们并不能如期达到预算。经过一两年之后，MAX 和 HARRY PETER 先后离开这家公司，我感觉到这门生意已经失去了可以信任和依赖的商业伙伴，新的合作伙伴跟以前的确有许多不同。刚开始的时候，我们还继续做生意。但是换了新经理之后，我们之间就不再有信赖感，我们的关系大不如前，生意也逐渐减少。经过这个变故，我们渐渐失去原本在澳洲市场的主导地位。

那时是 20 世纪 80 年代末期。

虽然如此，20 世纪 80 年代初我们在欧洲也开始有了市场。在澳洲，我们曾是一枝独秀，但是在欧洲要跟别的供应商分一杯羹。这么一来，到了 80 年代末期，在全世界的市场上，我们虽在澳洲市场开始失利，欧洲倒是让我们得到平衡。能在欧洲发展，也是因为在澳洲的成就并没有让我放弃其他市场。尽管在欧洲的利润并没有澳洲高，竞争也比较激烈，但我还是坚持不放弃。因此在 80 年代中期开始，我每年都会到欧洲至少 2 次。

我也曾希望在欧洲找一家像 MAX 的公司，然后用我们在澳洲那种独家供应和独家代理的方式在欧洲发展，但是，当时欧洲那些特大的公司，比如 FLYING GOOSE PTY LIMITED、PEA-BODY PTY LIMITED、HEIPLOEG GROUP 等，大部分在海产供应方面，都已在

---

① LIQUOR。

马来西亚有自己合作已久的供应商。这种情况，使我们在欧洲奋斗到了20世纪80年代初期，仍然找不到一个可以全面信赖的合作伙伴。到了80年代中期，马来西亚的食品在欧洲[1]已很普遍。欧洲那些特大公司有时也会因他们的马来西亚厂商的供应不够，开始跟我们买一些货。与此同时，欧洲市场也扩展得很厉害，对熟虾肉的需求量有上升之势。正因为这样，在80年代中期我们才有机会逐渐打入这个市场的各个主要公司。

但是，要打入这些公司并不容易，在生意上，我们也要做出许多牺牲。最明显的，莫过于我们所定下的价钱必须有竞争性；此外，我也采取了一些策略，为了要成为独家供应商，我也放低我们公司的身段，积极跟其他供应商竞争。结果我们终于打倒其他供应商，成功打入英国几家特大公司，成为他们的主要供应商。

我在澳洲时，并不因为有MAX的生意就松懈，我做生意的态度向来非常积极，也很有危机感，居安思危是我一直以来的态度。因此，当我思及欧洲市场比澳洲大好几倍的时候，我就已经将欧洲当作澳洲之后的下一个挑战。

虽然在欧洲我们的公司并不算突出，不过在20世纪80年代中期，我们终于成功打入欧洲，还成为几家特大公司在马来西亚最大的供应商。那时我们可说非常有成就感，认为自己在英国这样一个独特的市场，肯定会有所作为。但是，世事很多时候都很难预料，我们出口到英国和欧洲其他国家的生意大致上顺利，但在1986年，发生了一件让我们措手不及的事。

在此之前，我们在欧洲尤其是英国的生意已经相当稳健，当地的供应商也已持续跟我们大量采购。突然，在1986年，英国将原有的进口卫生控制法令提高标准，这意味着，任何食品或货物要出口到英国，将会由有关部门做几个测试，以检验各种细菌，比如葡萄球菌等，以及出口食品平板菌落计数[2]是否达标[3]等。

很不幸，我们在这种情况下，竟连续有两船的货品被英国政府

---

① 尤其是英国、荷兰、德国等国。

② TOTAL PLATE COUNT。

③ 英国此时突然提高标准。

卫生部拒收，这两船货都是准备出口给英国一家特大公司 PEABODY PTY LIMITED 的。这件事可以说是我在整个海产出口生涯中一个非常大的打击。

虽然有保险公司承担，我们没有受到金钱上的损失。但是，被退货这件事情，让我们公司的信誉和士气倍受打击。另外，此事之后，保险公司也退保，这对我们来说又是另一个打击。经过千辛万苦所建立起来的信心，骤然受到严重的打击，让我非常失望。这事过后的一段时间内，我们不可再出口货物到英国。虽然我感觉到压力非常大，情绪也很低落，但是我并没有放弃，仍然想要继续努力，一切重新开始。如今回想，我从此事也见识到英国人所定下的制度，他们的工作态度非常值得佩服。我也从这个挫折中学习到无论做任何事情都要认真，不能随便。

过了几个月，英国的一家特大公司 PEABODY 计划重新再跟我们合作，这家公司的经理叫作 HUGH COHEM，他鼓励我重新来过，再去申请保险。那时不只顺成公司，大部分马来西亚的工厂都面对被保险公司拒绝品质保证的投保，这导致许多英国公司都没办法大量采购马来西亚出口的产品，因为风险太高。

但在重新申请保险的当口，我也当机立断，尝试减低风险，在没有投保的风险下，再度出口去英国。在此之前，我们在欧洲的生意已经发展得非常稳健，已达到一次寄去五六个货柜箱的生意额。现在我再度以每 3 个星期只寄出 1 个货柜箱到英国的方式，尝试送货给其他小公司，而且还必须等到通过英国当局的卫生控制检查①，那些公司才会付款。幸好那时候我们已经算是流动资金较宽裕的公司了，所以这个难关还挺得过去。

英国加强卫生条例执法之后，对很多公司造成极大的影响，在英国也使得整个市场出现真空状况，熟虾肉的价格意想不到地高飞猛涨。难怪有的人说，危机就是机会。就好像我们公司，反因这件事情而赚了一笔钱。

为了能够符合欧洲，尤其是英国的卫生控制条例，我痛定思痛，

① 以英国人的效率，3 个工作日内就能够知道检查的结果。

决定全面提升工厂的卫生设备水平，并且马上付诸行动。首先，我们做了一个最关键的改变——改建厕所。我依照 HEIPLOEG GROUP 工厂的方法在我们工厂里做了一条消毒水“小溪”，让工人们进出厕所的时候能够对鞋底进行消毒；在处理生产方面也采取新方式：虾剥壳之后，放进滚水烫 3 ~5 秒。我们研究之后，发觉这样能够带来特殊效果：各种细菌的含量几乎跌了几十倍。热水的温度，也要控制得当，在 75 ~80 摄氏度；如果不小心把温度提高到 120 摄氏度，虾肉会从 100 斤变成 90 斤。其实对我们来说，把虾肉这样烫一下，100 斤的虾肉，会减少到 97 斤，也就是损失了 3% 的成本，但是为了提高品质，一定要顺应世界潮流，改变商业态度。我们也全面建设工厂里的化验室。所有虾肉一烫熟就化验、一冷冻又化验，以确保生产出高度卫生、没有细菌的熟虾肉。

通过增加这些设备，我们的信心也增强不少，能够在没有投保的情况下，把熟虾肉运到英国去。事实上，虽然面对这个危机，我们也只有一个月没出货，最后仍然成功地把所有存货都出口到英国之外的其他欧洲国家。

在降低出口量的情况下，我们大约出口了 10 个货柜箱的产品，每一次卫生检查都顺利过关，看到这种情况，我们开始恢复信心，想要增加到一次出口 2 个货柜箱。万万没想到，第一次增加到 2 个货柜箱的时候，我们的产品却又出现卫生控制的问题，再次被查到有病菌。

一发生这件事，我马上又赶去英国。了解一番之后，我发现这次事件比上次更严重，因为此次查到的病菌很严重，有关当局需把我们这 2 个货柜箱的所有虾肉烧掉。听到这个坏消息，我心里一沉，看来此次需面对百分之百的损失。无论如何，我不肯就此放弃，为了这件事，我独自一人，在英国各地到处找朋友帮忙。又去求卫生局的官员，希望他们能够给我一些帮助，以减少损失。这些官员都一贯地客气，但是他们所能说的，只是请我回去等消息。我的英文不好，要写一封声情并茂的求情信，对我来说非常棘手。我只好去找 HUGH COHEM，请他帮忙。他很有义气，当场就写好，还让他的秘书帮我用打字机打好这封信。这么一来，我就省了很多麻烦。这之后，我还得从伦敦去 SOUTH HAMPTON 找有关人员谈判。经过多次的协商，这封信倒是起了作用，最后，卫生局官员至少答应让我把这些虾肉卖给当地做鱼饲料的工厂。经过这么多波折，我不但没有完全亏损，还收回了原售价 20% 左右的金额。现在回想，当时我在英国的寒风中冲、赶，夜晚又一人吃饭，等待卫生局官员“下判”，那种忐忑不安以及孤独的心情，实在不好受。

经过英国事件后，我想还是要恢复正常商业方式才能避免更多损失，重找保险势在必行。经过大概一年，我们工厂已全面升级了设备，保险公司派来的代表也发觉我们公司已经够资格“重出江湖”了，终于在时隔一年之后，我们重新获得保险公司的信任，得以再度投保。

自此之后，我的处世态度变得更加小心，这也是我在冷冻熟虾肉行业里最后一次面对卫生检查不合格的问题。从这事中我得到很好的教训，那就是做生意不能抱着侥幸的态度。若要获得长远发展，生意上的每个细节，比如严格控制原料来源、食品卫生、品质管制等，都应用认真的管理态度来看待，细心处理，因为每个过程都非常重要。这样一来，我们的成本增加不少，但从此就很少再面对品质问题。

我也从这事得出一个结论：如果从一开始就认真监管品质，生意一定会做得更好。但我们是渔民出身，年轻时没有这种意识及经验，造成我们以为冒险就可以过关的侥幸心理，也误以为只要得到眼前利益就行，但实际上这简直是得不偿失。所以我想奉劝想要创业的各位年轻人，应该严格看待和预测任何投资与生产的风险，脚踏实地，认真地看待问题，才能将事业持续经营。

欧洲大陆人口众多，对从事熟虾肉的商人来说是一个很大的市场。尽管欧洲本地也生产不少海产，包括大量的小虾，尤其在斯堪的纳维亚地区，也就是瑞典、丹麦、挪威、芬兰等北欧国家，虽然这些国家都有自己的海产制造工厂，本身也生产不少虾，但是因为当地人工非常昂贵，这让我们有机会将马来西亚的熟虾肉出口到北欧。此外，他们所能捕捉到的是冷水虾，味道很鲜甜，但价钱比马来西亚的温水虾贵几倍；而且北欧国家一般都没有进口卫生管制，所以这里变成很多马来西亚工厂的出口天堂。我们在当时算是马来西亚比较大的工厂，当然不可能放弃这个市场。

1989年，在荷兰有两个相距几百公里的地方，竟在同一个晚上发生食物中毒事件，造成好几位老人不幸死亡，此事轰动了全球。荷兰政府也即刻采取严格调查。结果，很不幸地发现两个地方的死者所吃的食物里，只有一种食物来自相同供应商，这是来自马来西亚一家冷冻食品公司的冷冻熟虾肉。这么一来，荷兰政府当局马上禁止人民进食所有来自马来西亚的冷冻熟虾肉。这对大马的冷冻虾工业来说，可谓是一次很大的打击。我们公司也受到影响，不但不能售卖，也没有人敢再进口马来西亚的冷冻熟虾肉。幸亏我们的顾客HEIPLOEG GROUP很绅士，他们吩咐我们暂时不要再送货来，等局势明朗之后再说。经过几个月调查，荷兰政府当局发现此事跟我们公司没有任何关系，我们公司在欧洲的名声本来也很不错，此事过后两三个月，我们又重新开始出口冷冻熟虾肉到荷兰。荷兰HEIPLOEG GROUP的董事经理跟我也有些私交，他们的公司跟马来西亚几乎所有的海产公司都有生意来往，不过他每次来马来西亚都会找我。有一次他到马来西亚旅游，不幸生病了，他也找我带他去看医生，不找别人。

通常我每年都去欧洲一两次，以访问我们在欧洲的所有顾客。如果时间许可，我也乘此机会抽出时间到处游览。

我最喜欢的一个国家是荷兰。这个国家虽然面积小，人口也不多，但科技和人文都非常发达。它有世界闻名的水利工程，也有流芳百世的画家、文学家、科学家、航海家等，这里风景优美，山清水秀，处处可见当地特有的风车。我很喜欢一边静静地看着风车，一边想心事。看着那些风车慢悠悠地转，心情也跟着轻松起来。在20世纪70年代我第一次到荷兰时，那里的交通四通八达，不论铁路、公路，全都非常有秩序，给我留下深刻的印象。

有一次，我跟一位好朋友一起租车从阿姆斯特丹到荷兰最北部的一个城市格罗宁根①观光。我们所经过的一座桥，给我留下了非常

---

① GRONINGEN。

深刻的印象。那座桥下有时会有轮船经过，所以桥被设计出有伸缩功能。荷兰友人告诉我，这桥是在20世纪30年代世界经济最萧条的时候建造的，我实在不能想象那时的荷兰就已经有这么发达的科技了。我们经过这座桥时，天气很冷、风很大。我穿了一件很宽很厚的大衣，风吹得很猛烈，几乎把我们吹走。我那时很瘦，在风中抱着一根桥柱，朋友跟我说："我们快下桥！风这么大，桥会被封起来，我们必须快点离开！"我们在风中跑下桥，举步维艰，那是令我非常难忘的一阵风！

在我访问过的这么多客户当中，荷兰的HEIPLOEG GROUP是一家特大海产公司，他们在熟虾肉制作和出口方面非常专业。印象中，这家工厂位于一个小镇，根据工厂负责人讲解，这整个市镇里有一半以上的房子都是由他们承建来卖，或是由他们租给公司工作的员工。那些房子在建造的时候，就已经在厨房里建好剥虾壳的设备，方便员工们在屋内进行剥虾壳工作。最让我佩服的是，这座工厂不但非常有规模，而且卫生条件极好。这家工厂很庞大，本身拥有几十台冷气罗里，冷房能够容纳几千吨的货。当时，全马来西亚的虾厂都有卖货给他们，行情好的时候，无论是哪家工厂卖货给他们，他们都无限量购买。这家工厂设备非常齐全，我参观了世界上许多地方的虾厂，比如美国、澳洲、欧洲各地等，当属HEIPLOEG GROUP最齐全。我也从这家工厂学习到不少关于卫生和生产方面的学问。

每一次我到荷兰，都会坐火车去找我在比利时唯一的客户。这位客户的英文讲得很差，甚至比我还糟，我们两人鸡同鸭讲，勉强可以沟通。他非常热情，每次都带我去找他的一个客户。我记得他驾车很快，次次都要停在半路，去同一个小摊子吃一种牛头汤。我到今天都记得那乌漆麻黑的汤色，看起来实在是难以下咽。我第一次吃的时候，感觉永远也忘不了那味道，又臭、又怪，实在非常难闻，而且也很难吃。但是我的比利时朋友觉得很美味！我不好意思让他难堪，只好闭气陪他吃完，然后赶紧多喝些水，冲淡味道，心里暗暗想，以后一定要请他吃几块臭豆腐报仇。由于每次见面我都会陪他去喝这一碗汤，久而久之，当我习惯之后，觉得还可以接受。

大概我的适应力还算强，他曾经告诉我，以前带马来西亚的朋友来喝这牛头汤，没有人敢喝第二口，我竟然还来一小碗。他很高兴，把我当作他的好朋友。

在德国，我们也只有一个客户，他们所需要的熟虾肉都是由我们供应。这家公司在德国的汉堡，做的生意主要是卖鱼，虾只是一部分。他们有时也会带我去拜访他们的客户、吃德国餐、参观古迹区，并很认真严肃地解释给我听："This building was bombed during the second world war。"① 德国人食量非常大，每次我都只点一个主菜，还吃不完。我还记得，那些陪我们一起去吃饭的女职员们，食量比我还大。德国人做事情有条理、很认真，做生意总是坚持己见，很难做出让步。要跟他们交易，我们也得深切理解这个民族的特性才行。但面对任何问题，我都会采取软方式去解决。德国人也很会喝酒，当他们知道我不善喝酒，都会让着我，只叫我喝一点点，意思意思。我们在德国的生意很成功，跟这家公司维持了非常久的关系，一直到我们公司结业为止。

一开始在北欧没有客户，我去游览时也会乘机看看有没有商机。后来在瑞典和挪威，我也为公司找到几单生意。

在20世纪70年代中期，伊朗还没有发生革命，仍是巴列维王朝的天下。那时候的伊朗，由于拥有丰富的石油，经济状况已很不错。我曾独自一人到伊朗去寻找生意伙伴，并考察开发新市场的可能性。从欧洲转机，在德黑兰停了三天两夜，这对我来说是一段相当难忘的旅程。德黑兰的市容显示出它经济很蓬勃，是一个有潜力的国家。

我到德黑兰前已预订酒店，到达时已是晚上。来到酒店，他们竟说没有收到预约，在这陌生的地方发生这种突发事件，我愣住了。幸好在酒店大厅遇到一个来自吉隆坡丰隆银行集团的高级职员，他看到我的狼狈情况，好意地邀请："如果你不介意，我们可以共住一个房。"我还记得他姓ANG。由于我只要逗留两晚，加上他的人看起来也很不错，我非常高兴地答应了，心中也觉得出门遇贵人。后

① 这座建筑是在第二次世界大战时被炸毁的。

来他告诉我："如果你刚才给那个柜台的职员5美金，就可以拿到一个房间。"原来住酒店也要行贿，真荒唐。

当时的伊朗，路上车非常多，人民生活很西式，女人都没有包头巾，男女都长得很漂亮。由于是伊斯兰国家，中餐厅都没有猪肉可吃。

我去德黑兰之前，就已经调查过一些有可能成为我们客户的公司。于是，到了德黑兰之后，我逐间工厂去参观。没想到，参观了几家都没有发现什么商业潜在力。最后，我放弃了，决定把时间节省起来看看历史古迹。伊朗以前叫波斯，有非常多文化历史遗产可看。

由于我临时遇上的"室友"ANG来自丰隆集团这种大机构，大使馆的使节表示要接见他。没想到他很大方地把我带上了。当时马来西亚驻伊朗大使来自伊斯兰党[①]，他是槟城州峇当埔[②]的国会议员。我们拜访之后，他还请我们在大使馆里吃午餐，盛情招待。由于在伊朗做不成生意，我就只去过那么一次。

此外，我和廖宝浩曾在去欧洲公干的回途中，特地到埃及停了两个晚上，只为了去看金字塔。这些人类伟大的建筑遗产，实在值得我们停下脚步观赏。

至于沙特阿拉伯的阿布扎比和科威特等地方，我也曾造访过。我去科威特时，有过一次比较难忘的经历。当时，我们参观了一家进口商的公司之后，双方都觉得有发展空间，于是我们便想要预约时间继续谈。他们叫我隔天早上8点就去开会。在会议上，他们非常认真地谈生意，跟我们讨论虾怎么剥壳、怎么冷藏、怎么出口……对我们生意上的一切程序都很有兴趣，还叫我下午再来谈。负责人说："希望你下午6点再来。"我的脑中顿时充满疑问，6点不是下班了吗？原来他们的工作时间是上午8点到中午12点，然后下午4点到晚上8点。中午其他时间做什么呢？答案是"睡觉"。结果我们下午6点又去跟他们继续谈。后来我们也跟这家公司做了少

---

① 伊斯兰党在那时还是国民阵线的成员。

② PERMATANG PAUH。

许生意——几个月一个货柜箱的货。这是我走了几个中东国家，唯一做成生意的公司。他们所给的价钱非常好，但问题也非常多。比如，他们的文件，银行方面每次都特别小心。大概因为商业文化不同吧，马来西亚本地银行对当时中东的银行系统完全没有信心，几乎所有本地银行都不接纳他们所开出的信用证。汇丰银行向来跟我们的关系很稳固，他们也只是勉强接受，但条件是顺成公司必须给汇丰银行一个保函①。这种情况我们还真是第一次遇见。

那时候是20世纪70年代，整个中东有非常丰富的油田，虽然还在开发却已经很繁华。不过，贫富差距非常骇人。城市里大车很多，有不少高楼大厦，在这繁华的都市里，也可以看到没有鞋穿的小孩赤脚在街上跑，可见贫穷的群众还是很多。我第一次去的时候尚是中东比较和平的时代，已可以看出这些国家的人民贫富差距和矛盾很尖锐了。

另外，为了做生意，我时常飞欧洲，在欧洲各国搭飞机、赶飞机、转机等的经历也不少。从最早期的什么飞机便宜就买什么机票，到后来有能力乘搭商务舱，发生了各种有趣的经历，不过最难忘的一件事，就是我曾有一次乘搭协和机的经历。

20世纪80年代初期最先进的飞机是波音747，它是双层飞机，载客量很大，时速大概可以达到每小时700多公里。协和机刚刚投入服务时，只飞伦敦、巴黎和纽约，时速则是每小时约1 200公里。原本我们在马来西亚极难有机会乘搭协和机，不过有一段时间，协和机有几个月的“伦敦—新加坡”试飞期。

协和机在英语、法语中都叫作CONCORDE，是一款由法国和英国联合研制的中程超音速客机。它在1969年首飞，1976年投入服务，由于超音速，因此飞行速度比普通民航客机快一倍。但是很遗憾，2000年发生了营运生涯的第一次也是唯一一次空难，后又因“9·11”事件之后的国际民航业危机、维修费用高昂等，协和机于2003年退役。虽然如此，但基于它的航空技术先进，至今它仍然是

---

① LETTER OF GUARANTEE。

航空历史上一个非常重要的里程碑。[①]

当时，我刚好决定要去意大利开发新市场——意大利人大多是用生虾，而不是熟虾肉。我委托旅游中介公司的职员购买飞去欧洲的商务舱机票时，他告诉我，商务舱的机票价钱跟协和机相差不多，协和机的票大概贵1 000多零吉，但是速度快一倍。同时他还绘声绘影地描述协和机是多么高速、多么舒服、没有噪音等，听得我悠然神往。出于好奇心，我非常想要尝试当时世界上号称最先进的民航客机。此外，我隐约也猜到，马来西亚政府在这6个月试用期结束之后，就不会允许协和机在马来西亚领空飞行，因为当时已经有政治人物在报纸上表态了。所以我意识到，也许在这6个月过后就没有尝试的机会了。因此，我通过这个中介的安排，预定了一张从伦敦飞回新加坡的英国航空协和机机票。

那一次，为了在意大利各地造访客户，我转机多次。没想到在米兰机场等飞机的时候，遇上意大利航空罢工，让我一时之间没办法去伦敦。我一直打电话给英航，得知他们一天只有两趟飞机从米兰去伦敦，并且因为乘客太多，所以只能把我放在后备名单中。我是一个做事情很直接也很有效率的人，绝对不能忍受这种未知的事，因为这么一来，我就没办法安排下一步工作。因此我径直到英航的办公室，告诉他们说，如果我不能及时飞到伦敦，就接不上我早就提前买的机票。他们一得知我订的是协和机机票，就马上允许我获得优先权飞去伦敦，使我能够准时到英国工作。

我在机场办理登机的时候，就感受到搭乘协和机的不同。一到机场开口说我是要搭乘协和机的，“协和机”这个词好像有超能力，我马上被毕恭毕敬地迎到一个特设的登记门（GATE 1）。一走进去，就有好几个特别漂亮的服务员迎接我，然后七手八脚地帮我拿行李、拿大衣、填表等。被前呼后拥地迎接之后，我又发现就连海关关口都是特设的。好像皇帝一样地被接到候机室坐下之后，环顾四周豪华美观，吃的喝的什么都有。那一刻，我对协和机充满期待，幻想待会儿在高空中，这号称全世界最先进的飞机究竟会带给我什么不

① 摘自：http：//zh. wikipedia. org/wiki/协和飞机。

同的体验？

一上飞机，我发觉整架飞机的座位都是头等舱规格，作为当时最先进的民航客机，它起飞之后，根本没有噪音，坐在机舱内，感觉非常舒适。最重要的是，它是超音速飞机，能把航程时间缩短一半——从伦敦到新加坡，只要 8 个小时。这在当时，甚至今天都是不可思议的事情。那时我坐在飞机上，心中感慨，科技发达真的给人类带来很多方便。同时我也想到，将来的航空业肯定会把空间距离缩得更小。如果可以坐协和机环游地球一圈，那只需要 16 个小时，而不是好像法国作家儒勒·凡尔纳在 1873 年所出版的古典冒险小说《环游世界八十天》一样，需要 80 天那么久了。

我独自一人乘坐协和机的经验，至今依旧难忘。那时候，我只有 30 多岁。还记得跟我坐在一起的是一位来自沙捞越，人称“沙捞越可可王”的拿督方德源（已故）。人家是真正的富豪，坐几次都没问题。我们这种正在创业的人，却是为了要去寻找人生体验。但人生是为了什么？不就是在人生的路上，寻求各种经历才不算白过吗？基于年轻时的好奇心，我甘愿多花 1 000 多零吉，去体验一次难得又特别的经历。

在挪威的奥斯陆[①]有一家专门做海产的公司，他们也出产剥壳的熟虾肉，这家公司的老板 THORSTENSEN 是挪威人，也是一位进口商。他第一次来到马来西亚做市场调查时，通过一位怡保的朋友，也是我爸爸好朋友的儿子来参观我们公司。这位朋友曾经在奥斯陆读过书，因此认识 THORSTENSEN。他带 THORSTENSEN 到槟岛、北海等地参访了五六家公司，包括顺成公司。

他参观我们公司之后不久，这位怡保的朋友跟我说，THORSTENSEN 非常赞赏我们的公司。听了这个评语，我喜出望外，心想：“看来，我获得这门生意的机会很大！”怡保的朋友告诉我，THORSTENSEN 告诉他，参观这几家公司之后，他的结论是，在众多公司之中，真正最懂得虾与行业知识的老板是我。其他老板都对他冷冷淡淡，只派出销售员工草草接待他；但他来到我们公司时，由我亲

① OSLO。

自招待，他也发觉我对虾的认识比其他工厂的老板深得多，他对我留下非常深刻的印象；此外，甚至有两家公司，听说一个洋人来参观，竟然用方言跟手下说：“将那些卖不出的虾肉卖给这个洋人啦!”没想到怡保的朋友会讲挪威话，就翻译给 THORSTENSEN 听。大家对他态度不热情，是因为没人想到这个远在北欧的洋人手头上有很多大客户，他来到马来西亚，是为了买最小只的虾去取代欧洲的冷水虾，因为冷水虾在欧洲非常昂贵。

THORSTENSEN 本身就对虾很有研究，我到今天都觉得他非常厉害，很佩服他。他曾教我很多事情，比如，“全虾”[①] 的规格、“残虾”[②] 的规格——根据 THORSTENSEN 讲，每一磅虾中有多少全虾、多少残虾在市场上是有一个规格的，这还是我第一次听到这样的事情。至于怎样的虾才被归类为残虾呢？通常一只虾有 6 ~ 7 节，只要不少于 5 节，就算是全虾。也就是说，虾尾和尾巴旁边那节就算不见了，只要前 4 ~ 5 节完整，就算是全虾，否则就是残虾。这门知识很重要，因为，虾如能剥到留着尾巴，一定是新鲜的虾，否则虾的尾巴一定会粘在壳上。

THORSTENSEN 很有耐心。他决定要跟我们公司交易之后，亲自来马来西亚住了半个月，教我们怎么生产熟虾肉。我招待他在槟岛的酒店住，他也不肯，每天住在巴里文打这个小镇，教我们怎么生产出符合规格的虾。我们的工厂成立一个部门，专门用他所教的规格生产熟虾肉给他们的公司。

从他这里，我也学到煮虾的时间控制。原料要从一上船就控制在 5 摄氏度以下，载到工厂就要马上投入生产。煮虾的时候，要有特别严格的时间控制，才不会过熟，也不会不熟；煮好之后，要在低于 5 摄氏度情况下交给工友剥壳。然后，必须马上送去用 0 摄氏度的水跟虾一起凝结，速冻起来。冷冻时间也不可超过 2 个小时，之后必须将温度提高到 15 ~ 18 摄氏度来保存虾肉；至于冷房的温度，则不可超过零下 20 摄氏度。

---

① WHOLE SHRIMP。

② BROKEN SHRIMP。

我们这门生意也成了以后我在挪威和瑞典那一带的商业成就的起点。THORSTENSEN 作为供应商，也有一些美国的顾客，他曾想要把顺成公司的产品带到美国去，但美国市场并没有达到预期的效果。

在挪威这个小国的发展虽然不能赚取大量利润，但对我们来说，可以增加许多知识，使我们受益不浅。我也曾派顺成公司的一些员工到挪威学习，进一步提升他们对虾的品质的控制和知识。

我在欧洲走动了二十多年，得出一个结论，欧陆大地如此发达，最主要是因为欧洲许多国家都采取开明、开放的态度，不少领导人也高瞻远瞩，加上欧洲许多国家的交通系统早在上百年前就非常发达，从一个国家到一个国家去旅游、采风，非常方便。所以各国的科技、文化、人文等，都能够很有效地得到交流和发展。

20 世纪 70 年代初期，原料非常充沛，顺成公司的海产工业能够迅速成长。那段成长期，我们仅仅靠着经验和普通的知识来生产，因此不可避免地缺乏卫生控制和专业知识。经过一次次的考验、失败，我们从错误中学习。到了 80 年代初，公司已达到鼎盛时期。在最旺盛的时候，由于需要大量员工进行剥虾壳的工作，单靠峇眼色海一个工厂以及古楼原有的工厂，无法满足我们的需求。于是，为了更好地控制卫生条件，我们决定到人口密集的地方，比如高渊①、爪夷华都村等地方设立工厂，至少工人剥虾壳的卫生情况能够有效地受到监控。如果他们好像以前一样带回家剥壳，我们便无法得知他们在家里到底是怎么处理那些虾的。

峇眼色海的电力在那时是由一家叫作 KINTA ELECTRICAL BOARD 的私人公司供应。我们工厂的用电量，占整个市区的一半以上。在生意最旺盛的时候，顺成公司拥有接近 2 000 个员工，其中大多数都是马来同胞。在峇眼色海这个小市镇，我们公司每个月底发薪水的情景也算是一个小盛况。在发薪过后的一两天，有些员工通常就不来做工，想出各种请假的理由，比如生病、孩子不舒服……与此同时，市场上那些杂货店、洋货店、戏院、花店，在那几天的

---

① NIBONG TEBAL。

生意都会特别好。市镇上的戏院都选顺成公司发薪之后的一两个晚上上映马来片，吸引马来同胞去消费。当时，我们在峇眼色海的工厂拥有700多个来自峇眼色海的工人，其中600多人是马来同胞。每月这几天突然有700多人增加消费，影响可不小。

每年的10月1号，是我们公司的周年纪念日，马来工友们都把这一天当成大日子，他们总是打扮得漂漂亮亮、整整齐齐，穿上很美的马来服装出席。每一位员工在当天都可带走一份纪念品，同时我们也准备了许多礼品来办幸运抽奖，让他们奖上加奖。马来同胞很会作诗，每一年他们都会派代表上台朗诵诗歌，歌颂顺成公司。大意总是说我们服务社会、照顾员工，希望我们日后的发展蒸蒸日上。他们很认真地准备各种余兴节目，我总是觉得他们实在太可爱了，他们的表现也让我非常感动。每次开斋节，整个办公室，甚至整个工厂的马来员工都互相送马来糕。此外，我记得当时整个工厂的员工，都跟着我家人用潮州话叫我“小叔”，连马来人都这么称呼我，他们其实并不懂得这个词的意思，大概还以为这是我的名字吧。由于我有很多机会跟马来同胞接触，我觉得这个民族其实非常善良、单纯、朴实，还很懂得尊重老板。现在有些其他种族的人对马来同胞有偏见，其实都是一些政治人物为了达到政治目的所造成的误会。现在想起那段日子，在我从商的岁月里，可说是一种难得的乐趣。

有一次，我们的工厂被劳工部提名竞选“劳资紧密合作奖”。劳工部派专员来拜访，工友们都多方赞扬我们，经过劳工部的评估，最终将这个奖项颁发给我们。在那个年代，所谓奖项就只不过是一张奖状。我们也不懂得搞新闻，没有请记者来，也没有登报纸，连一张我们公司代表跟部长的合照都没有跟有关单位讨取。但是当我们把奖状贴在员工布告板的时候，全部员工都很高兴，我们也“与有荣焉”。我想，劳资双方的满意，比什么新闻都重要，也体现了这份荣耀真正的精神。

日本三菱客户代表造访顺成冷藏食品有限公司。摄于20世纪80年代

我在荷兰风车前。摄于20世纪90年代

1984年，发生了一件让我惊喜的事情：我获得霹雳州苏丹阿兹兰沙颁发的AMP（准拿督）勋衔①。同年，获得霹雳州苏丹颁发的AMP勋衔的华裔有功人士不到5人。霹雳州苏丹阿兹兰沙是马来西亚历史上唯一担任过联邦法院首席大法官的苏丹，对于颁发勋衔，霹雳州皇室算是比较严谨的，因此在当时AMP是比较难获得的勋衔。我并没有去申请，也不知道是谁提名的。在吉辇区，这可能是当时最高的勋衔。犹记得我收到来自皇宫的信之后，还不太确定内容。我便去问一位当老师的马来友人。他看了之后，很惊喜地说："Oh，ini pangkat tinggi－loh！"② 我这才知道，自己已经成为"有功臣民"。于是，我便到霹雳州首府怡保去做衣服、拍照片，还得去皇宫彩排等，一切都在很严肃的气氛中进行。无论如何，我很喜悦，毕竟这是在我没有准备之下获得的勋衔，当时，我只有39岁，算是很年轻就获得AMP的人。至于拿督勋衔，则是在1995年，由槟城州政府提名，时任行政议员拿督丁福南极力推荐，州元首所颁发的。

20世纪80年代左右，由于浅海捕鱼业逐渐减少产量，我们也曾经尝试要从专门做熟虾肉，转向深海渔产。深海捕鱼的渔产，最多的是大虾、墨鱼和鱿鱼。这些产品最大的产量是在马来西亚东海岸

① AHLI MAHKOTA PERAK，简称AMP。
② "哦！这个级别很高咯！"

一带，比如甘马挽、关丹、龙应等地区。为了尝试生产冷冻大虾、墨鱼和鱿鱼，同时将当地的小虾运回峇眼色海做熟虾肉，我们在关丹买了一块工业地，建了间小工厂，内有些基本设备，就尝试生产。对我们而言，这与生产熟虾肉的差异相当大。不同产品有不同的生产流程。对于这些深海的海产来说，意大利是最大的市场，但英国几乎没有买家。由于这些海产都是生的，几乎没有严格的卫生管制。对顺成公司来说，虽然同样是海产，但可算是一个新项目。我们在生产方面经验不足，对市场状况也不熟悉。所以经过几年尝试，始终没有办法扩大我们在关丹的工厂。再加上这些产品太过季节性，有时一抓就一大堆，有时则完全没有货源。经过几年之后，我们确定不再做这方面的投资，当时也刚好我们公司决定转型，于是大概在 1988 年，我们就放弃了这门生意。

20 世纪 80 年代中期，我开始意识到马来西亚的辅助工业将会逐渐取代原有的产品工业，加上公司在此时已有充足的资金，于是 1986 年伊始，我们就做了一个重要的决定，整装待发投入纸品包装工业。我觉得这种辅助工业将会是未来几十年能够在马来西亚大放异彩的新兴工业，筹备一年之后，就在 1987 年和日本公司合资，正式成立了“顺成纸品包装有限公司”。这家公司成立初期就发展得非常迅速，取得很不错的成就。

此外，我们在峇眼色海的工厂完全依赖从海上捕捉回来的虾进行加工、出口，但是在 20 世纪 80 年代末期，其他工业如雨后春笋般冒出市面，这种局面导致年轻人都不爱从事捕鱼工作，因为这份工作风险大、劳动强度大、收入不稳定，实在太辛苦，倒不如到工厂打工，收入稳定，工作环境也相对好一些。浅海捕鱼业在这时候开始走下坡。

古楼和角头的居民大多是在浅海捕鱼的渔民，他们不用拖网的方式捕鱼；反之，临近的十八丁、槟城一带的渔民则都是拖网捕鱼。由于拖网捕鱼会对海床造成伤害，久而久之，渔产变得不充足，渔民有时候会偷偷把船开到古楼和角头拖网。他们这一拖，只要一小时就可以满载而归。可是这样会对浅海海床造成很大的伤害，因为那些拖网器材会把海床的泥土翻了又翻，影响生态；另外，拖网时也会将各类大小鱼虾都一网打尽，影响鱼虾的繁殖速度。20 世纪 60 年代有一段时期，因为这种情形一再发生，曾引发了渔民暴动，并产生了严重的武装冲突。那时，古楼和角头的渔民联合对抗十八丁的拖网渔民，损失了好几条人命。所以，政府从那时候起，就严格控制拖网渔民的活动范围，避免他们进入非拖网区的海域。

20 世纪 80 年代初过后，政府对拖网捕鱼的管制不再那么紧张，也逐渐开放非拖网海域，这么一来，又肯定会影响浅海海床。由于政府对拖网捕鱼的放松，也无形中默许古楼渔民用一种变相的拖网方式——“双拖”——来捕鱼。这种方式是用浮在海底/面的网来捕鱼，由于它能接触到的面积很阔，所以这种捕鱼方式为古楼带来不少短暂性的利益。到了 20 世纪 80 年代末期，这种捕鱼方式也一样造成海产的产量大大降低；加上其他拖网区，如班底、十八丁等地，因为经过几十年的拖网导致鱼虾大量减少，因此必须面对原料供应严重短缺的问题。20 世纪 70 年代末至 80 年代初，虽然本地海产减少，但我们还可以依赖一部分印度尼西亚和泰国进口的原料，来满足我们的需求；可是到了 80 年代末期，印度尼西亚和泰国本身的出口工业已经非常成熟，再次面对原料进口的不足，尤其是来自泰国的原料，可说已是少之又少。印度尼西亚倒还有渔民向马来西亚出口，因为他们的离岛很多，有的非常靠近马来西亚，所以向我国出口倒还比销往印度尼西亚其他地区更方便。

捕鱼和捕虾业发展停滞，捕鱼、捕虾业逐渐转向养殖业，马来西亚也顺应潮流，开始发展养殖业。可是在 20 世纪 90 年代前，养殖虾这一行业不算成功，养殖者仍然面临很多技术上的难题。这么一来，虾的供应一样不足，另外养殖虾出口的利润很低，我们也不打算开发这个市场。

基于以上种种原因，一进入 20 世纪 90 年代，我们公司就已决定开始转型，集中精力发展纸品包装工业。从那时起，我就投入许多精力到纸品包装工业，同时将熟虾肉出口这项寄托了我个人浓厚感情的业务交给公司里的一个老员工处理，将他升级为公司的总经理。这么一来，虽然公司盈利方面远不如以往，但是还能够保住所有员工的工作，维持他们的生活。

1990 年，顺成冷藏食品有限公司进行重组之后，改名为“金锋公共股份有限公司”①，1991 年成功在吉隆坡股票交易所上市，并且得到投资者的垂青，一开始挂牌，股价就不断上升。与此同时，顺成冷藏食品有限公司成为金锋公共股份有限公司拥有 100% 股份的子公司，所以在整个挂牌过程中，顺成冷藏食品有限公司可谓占了举足轻重的地位。

1993 年，顺成冷藏食品有限公司的生意额与前几年相比表现平平，增幅不大，甚至有逐渐走下坡的倾向。由于原料大量短缺，我们全面失去在澳洲和欧洲的优势。正当我们在伤脑筋要怎样去整顿这一切的时候，突然事情有了转折。有一个马来商人得到州政府拨出的1 000依格的地，在瓜拉牛拉进行虾养殖场工业。我们本想与他合资来发展养殖虾业，以支撑我们的工厂，但是我发觉根据州土地法令，这块土地只能批给土著，华裔所拥有的面积不能超过 50%，而且即使我们只拥有少于 50% 的地也要得到州政府的批准，手续很烦琐。经过与这位马来商人多方协商之后，他最后终于在政府银行的大力支持下，不但获得土地也得到庞大的贷款。最后他向我们提出要求，要把顺成冷藏食品有限公司整个买下来。对我来说，能够卖一个合理的价格，同时员工继续有工作、有收入；对买主来说，他买下的是一家已经拥有极佳国际信誉以及庞大国际市场的公司，轻而易举就能够接手并进军海产加工工业，这可说是三赢的局面。因此，尽管感到非常不舍，但是我还是做出了一个艰难的决定，为我海产加工工业生涯画上了句号。无论如何，当我决定将这 25 年的心血卖掉，签合同的时候，我还是忍不住流下了男儿泪。

---

① GOLDEN FRONTIER BERHAD。

## 短暂尝试，悬崖勒马：可可工业

1976 年，冷冻熟虾肉这个行业在当时大有发展潜能，顺成冷藏食品有限公司的工厂在峇眼色海的地又有限，刚好当时州政府在巴里文打开发了一个新工业区，经过一番了解，我们发觉州政府给予这个工业区的厂商相当多的优惠，比如，土地卖价比较便宜，建造工厂的程序较简单，基础设施很完善。经过周详考虑，我们毅然在这个工业区里一次性买了 6 依格工业地，并决定建造一座工厂来从事罐头海产工业。在 1977 年，顺成罐头厂[①]终于完整建立起来，顺成冷藏食品有限公司已经做好准备继续在海产加工工业进一步发展。

我们有意愿做罐头食品并不是偶然的，我在 20 世纪 70 年代初行走于世界上许多国家的时候，逐步接触到不少商家，发现他们对罐头海产的需求相当强烈。经过一番策划，顺成冷藏食品有限公司在 1976 年决定开始准备建设罐头工厂，并在 1977 年开始生产罐头海产。

一开始我们并没有用自己的牌子出产罐头，只是帮别人的牌子出产，虽然后来也尝试用自己的牌子出口罐头海产。总的来说，这门生意并不成功。最主要问题是没有市场，那时泰国已大量生产罐头海产，马来西亚的原料比泰国昂贵，这就造成出品的罐头食品在价格方面没办法跟泰国竞争。我们在峇眼色海的冷房又不够用，1978 年的时候，峇眼色海的虾厂收到很多订单，需要用到更多场地来做冷冻熟虾肉。因此，我们最终决定也用巴里文打的工厂来生产冷冻熟虾肉。

经过两年发展，到了 1980 年，冷冻熟虾肉的工业也逐渐面对更激烈的竞争，从而使得订单减少，罐头海产的盈利也不好，我就想到转型。

可可工业刚好此时在马来西亚开始起步，东马有很多园主开始种植可可。经过研究，在 20 世纪 80 年代，我们决定把顺成罐头厂

---

① SOON SENG CANNING SDN BHD。

关掉，转型为可可工业，并注册了一个公司，叫作 COCOA PROCESS SDN BHD。经过细心筹划，我终于做出当时最大的投资：一千万零吉。我发觉可可在世界上，尤其是在西方国家拥有庞大的市场；中国在那时也开始逐步开放，我在本地和澳洲的很多朋友也开始从事可可工业，卖巧克力到中国。

在 20 世纪 80 年代，可可工业在马来西亚还算新兴产业，马来西亚只在西马有一家巧克力厂，叫作 VAN HOUTEN。我们的工厂生产可可粉和可可油①，这两种产品当时在欧洲的销量很大。可可粉用来做饮料，可可油就做巧克力、润唇油、化妆品等，所以品质要好、要香，质量非常重要。由于两者的销量都非常庞大，故可算是非常有潜力的工业。

经过一年多的筹备，我们终于在 1981 年开始尝试生产可可产品。可可厂的开幕仪式在当年被区政府选中，作为霹雳州苏丹生日时吉辇区的活动项目。每年苏丹生日的时候，会拜访每一个区，届时每一区都要准备一项活动。那年，苏丹 ISKANDAR SHAH 来我们的可可厂开幕。

**左起：霹雳州已故苏丹伊德里斯伊斯甘达沙（SULTAN IDRIS ISKANDAR SHAH），我，苏丹后，COCOA PROCESS SDN BHD 可可厂开幕。摄于 1983 年**

**可可厂开幕，我在致欢迎辞**

① COCOA BUTTER。

由于苏丹将会前来出席，所以这就属于官方活动，导致整个区政府的有关工作人员都严阵以待。负责的官员后来告诉我，他为了此事非常紧张，失眠了两个星期。州政府也为我准备演讲稿，让我在当天照读。

当年的工程部副部长拿督 ZAINAL ABIDIN ZIN 是我的好朋友，他知道我马来文不流利，担心我马来文稿读不好，苏丹会不高兴，于是提前一个晚上打电话给我说："Are you ok to read the speech? Saya sekarang mari - lah!"① 然后特地到我家来教我读稿，我还记得演讲稿是从"Ampun Tuanku……"② 开始的。由于特训了一个晚上，隔天我读稿的时候，看到拿督 ZAINAL ABIDIN ZIN 在台下猛点头，表示我读得不错！

苏丹陛下莅临，区政府安排我带领苏丹陛下去参观工厂。苏丹陛下看看环境，表示满意。拿起我的履历读了一段，很开心地说："哦！你是我霹雳的子民呀！"到了晚上，全部仪式和节目圆满结束之后，苏丹陛下还邀请我们几个人到他下榻的酒店去陪他喝茶聊天，苏丹陛下非常亲民，没有架子。

当时选中我们的工厂是因为可可工业是新兴工业，苏丹陛下也对吉辇区能有一个来自小渔村的成功企业家开了这么大的工厂感到骄傲，苏丹陛下也在致辞里提及此事。在巴里文打工业区，我们是第一家开始操作的工厂。

对我们来说，这一门工业很生疏，为了能够将它做好，我们决定聘请专业的职员来料理工厂的事务。第一位聘请的高级职员是一位荷兰人，他曾经在马来西亚 VAN HOUTEN 公司担任总经理。加入我们的公司之后，他就提议买一台意大利的机械，能将可可豆制造成可可粉和可可油。这一台机械本身就花了七八百万零吉，但是每天只能生产六七吨的产品。在装机的时候，我趁机去荷兰看 VAN HOUTEN 的总工厂，发现他们一天能够生产两三百吨。我们的六七吨怎么有竞争力呢？我看了之后，心里隐约感到这项投资有点问题。

---

① "你读这讲稿有困难吗？我现在过来找你啦！"

② "吾王宽恕……"

另外，我也进一步了解到可可其实是期货，其价格是有国际准则的，不能由我们自己来定夺。在这种情况之下，问题来了。我们无法生产可可豆，也没有自己的巧克力厂。我的公司自始至终只是一家生产可可粉与可可油的加工厂，最多只能赚取一些加工费，产量也极小。

我们在1981年开始投入生产可可粉和可可油的时候，由于机械成本相当高——约占了70%的投资，刚开始的3个月内亏了一些钱，之后的6个月，才逐渐走上轨道。不过，回馈却并非想象中的大，有时还得尽量节省开销，才能避免亏损。幸亏那时虾厂的生意已做得非常不错了，才能支撑着可可厂。

意识到这个工业的投资并不完善，我们很快就决定把整个公司卖掉。在1982年，我们成功地将整个公司连厂和地都卖给一位有意投身可可行业的印裔律师。由于建厂的时候，土地跟建筑的成本很低，所以我卖了以后，也得到一些良好的收益。

这件事情之所以发生，其实是因为我那时做事不小心，先设厂才去参观、调查，投资经验不足，还自以为已经做了周全的考量。如果以我今天的经验，我在考虑的初期就能够算出来，这个投资不能做。但是，只有懂得为何失败，才能走向成功，谁的成功不是一路总结着失败走来的呢？这次的失败，的确让我终身警惕。

## 理想越高，成就越高：顺成机构到金锋机构

1986 年的农历新年期间，我和我的好朋友，也是我们公司的董事廖宝浩谈到公司未来发展，我提出应该做一些新的投资。他说他在纸品交易方面非常有经验。因为他在伊藤忠株式会社工作时，跟全世界的纸厂都有密切关系，无论机器或者纸的供应商，他都有接触，他曾是北海一家纸盒厂的总经理，对这门行业有充足了解。于是，我们就开始探索、分析，马来西亚当时已有很多电子厂，许多台湾商人在那个时候纷纷涌入马来西亚投资、设厂，日本投资者也引入许多半导体工厂。我们觉得在北马工业区，纸盒需求量一定会不断增加。在当时的北马，比较有规模的纸盒厂只有 3 家，我们马上决定以廖宝浩为主导，开展市场普查工作。

他做了普查之后发觉，纸盒厂在当时是多多益善，此时开始进军这个行业非常适合。因为当时市场上的纸盒供不应求。评估这一切之后，我们就决定着手进行纸盒工厂投资。我从这种种的事实之中，看到远景，因此在投资时我心中已有一定的把握。

20 世纪 80 年代中期，进军马来西亚投资的许多日本公司，都是国际知名工厂。日本公司科技发达，如果合资就可以借助他们的知识和技术来设厂，于是我们决定尽量与掌握高科技的日本公司合资来进行这项转型计划。我和几位董事积极去探讨，会不会有日本公司要来马来西亚投资纸盒厂。同时我们暂时决定用 600 万零吉来投资，这计划获得了所有董事的同意。

目标锁定之后，廖宝浩就到日本去找合伙人。不久，真给他找到一家叫作 TAWADA 的家族纸盒公司，他们在名古屋有一间工厂。1986 年，我跟廖宝浩一起去日本访问这家工厂。我察觉到这是家族公司，当时也做得相当成功，是很合适的合伙人。他们的公司不算大，跟我们有点类似，一样是家族公司，也是中小型私人公司，由老板亲力亲为去处理大小事。另外，他们也同意由我们占 70%，他们占 30%，来进行合资。

经过这一次见面，我们双方马上就决定合资。当时日本的纸盒

工业也在转型走向现代化，于是在日本就产生了许多旧机器买卖的需求。我们立下方针，指定一家日本公司——WAKABA——帮我们购买机器。要成立一家纸盒厂，需要十多种机器。由于还在草创期间，我们决定全部买二手机器。WAKABA 负责为我们安装、检修规范、启动机器等。

做纸盒厂的核心机器是纸板机、柔版印刷机、折叠糊盒机、模切机等。我们很幸运地买到一些很出名的好牌子的二手机器。同时，我们还要求 WAKABA 买些每个月可以做 1 000 吨货的机器。

决定进军这个行业之后，我们也开始找地建厂。1986 年底，我们买下现在公司的厂地。当时只买了 3.5 依格的地，同时我们也积极通过日本合伙人，在日本寻找以上那些机器。1987 年，我们就寻获全部所需的二手机器。

一切筹备都非常顺利，TAWADA 公司也答应让我们派员工去他们位于日本的工厂受训。我们派了 5 个人到日本受训，这 5 个人里面，至今还有 3 位在我们工厂里工作。到了 1987 年 8 月，工厂建好，机器运来，期盼多日，我们终于在同年 11 月正式投入生产。

在北马这个市场，我们多少都认识些朋友，就从朋友圈开始做生意。在他们的支持下，我们一开始就有了初步的客户。

这家工厂刚刚开始时，日本的合伙公司派一位日本人来当厂长，我们也了解了日本工厂制度和控制的严格性。这么一来，我们纸盒厂的行政就跟其他纸盒厂有了差别，比如每个早上开工前，厂长一定叫所有员工排队做 10 分钟体操。每个员工每天一定要站在同一个位置，谁缺席、迟到，一目了然，这大概是日本军训的方式吧。在工厂内不可慢吞吞地走路，一定要快步走，哪位员工慢慢地走，厂长就会训斥他。绝对不可以浪费时间，要尽量减少浪费原料，不能迟到——谁要是迟到就会被问话。在我们心中很清楚地知道，这种工作文化要在马来西亚全面贯彻，很难。虽然厂长很严厉，他也很懂得为员工争取福利，常常跟我们投诉员工薪水太低。他那种论功行赏的态度，给我们留下很深的印象。有了这位厂长为我们训练和整顿员工，生产的效率的确比别的工厂高很多。甚至到了今天，已过了 20 多年，效果还延续着。日本厂长一年之后就回日本了，这对我来说是一种损失。他认真的态度，真的让我们工厂受益良多。

我们工厂开工不到两个月，便渐渐走上轨道。突然，北马一家纸盒厂发生严重火灾，整个工厂几乎都被烧掉了。因为此事，市场上出现纸盒供应严重不足的状况。向来被我们认为很难攻陷的国际大公司，比如 SONY、SHARP 等，我们原本还为渗透入这些公司准备了一大堆策略，这场火灾却让我们侥幸进入到了这个市场。这几家国际大公司从那时起一直到现在都是我们最重要的客户。也因为有了它们，我们的工厂在第一年就赚取了丰厚的利润。

此外，刚好在 20 世纪 80 年代中旬，政府在槟城的峇六拜[①]设立了第一个自由贸易区，并且采取开放的政策并给予许多优惠。与此同时，日本和亚洲新兴工业国的货币大幅度升值，许多轻工业逐渐外移，这就使很多国际电子公司蜂拥到槟城来设厂，尤其是台商、日商等。加上当时槟城的首席部长敦林苍佑的开明政策，以及衔接槟岛和威省的槟威大桥在 1985 年 9 月 14 日正式通车，给交通带来许多方便。这一切，都成为槟城工业突飞猛进的重要原因。我们的包装公司就刚巧遇上这个难得的黄金萌芽期，得以迅速发展。

据我所知，纸品包装工业在初期一两年很少有盈利的，一般都需要两三年时间。但由于那时供不应求，利润非常高。然而我们初期的设备只是一般，一两年之后就开始面对需求压力，必须马上扩展厂房和设备。那时，幸亏得到银行支持解决了资金不足的状况，所以第一期的扩展工作在 1988 年就完成了。从此，我们得以增加产量 50% 左右，足够应急。

到了此时，我们公司的结构已成形，顺成机构旗下包括虾厂、纸盒厂和实业公司（油棕园）。这时我们也已经开始跟证券银行探讨，并进行资金重组计划，以便最终能够在吉隆坡股票交易所挂牌。

作为私人公司，一般都会面对一些困境，比如发展太快、资产不够、融资困难等，挂牌之后可以减少这些困难。另外，如果挂牌的话，也可以免去个人股东的担保。再者，在整个行业内，一个挂牌公司的信誉，大多都会增加不少，尤其是在我们公司一直都在寻

---

① BAYAN LEPAS。

找跟外国公司合作的情况下。假如可以用挂牌公司的名义去跟外国公司协商，能够给予他们更多信心。

根据一般情况，公司要上市之前，尤其是家族公司，大部分都会先进行股权重组，这种公司内部股东股份的重组，是为了确保公司在挂牌后继续受到家族成员的控制。因为一般家族公司的股份控制权都是散布在各个家族成员手中，没有单一控制权。我在那时就建议成立一个控股公司来控制我们即将上市的公司的大部分股权，这样一来，我们就可确保整个家族成员得以永保控制权。

从一家公司组织的角度来说，这是一个健全的做法。然而在现实社会里，我也看到很多重组后的控股公司产生股权控制和垄断的问题，这种现象层出不穷，让很多人一听到控股公司就对大股东失去信心。所以当我提出这个方法时，一部分股东反对这个建议，大家就产生了分歧。现在想起来，他们有这种想法很正常。但我是一心一意为了整体利益才想这么做的，我认为这样一来，公司不至于在上市之后面对被别人控制的问题。尤其我们公司只是一个资金很少的挂牌公司，如果不这样做，就会很容易受到别人的操纵。

此外，我们还制定条例以确保大小股东的权益平均分配。比如，若任何一位股东要买卖控制权的股票，公司内的股东将享有优先权，而且价格必须是高于或低于挂牌公司市价的10%以内。如果要卖给外人，只有在内部股东不愿意购买的情况之下才可以出售给第三者。我很庆幸，时间证明这个做法是对的，因为在挂牌之后，很多小股东虽然把股份放入控股公司，但是当他们选择卖掉手头上的股票时，我们的控股公司会以市价跟他们购买。这么一来，他们不但没有亏损，而且得到跟持有挂牌公司股票一样的回馈。甚至到了2011年，当我们公司私有化的时候，还是因为坚持这个原则让所有股东都得到他们的投资回馈。那些参与我们的公司又加入控股公司的股东们，在1970年加入时所拿出的资本，到了2011年，每1 000零吉赚回150万零吉。这是我从商40多年来感觉最骄傲的事。我的骄傲来自我对股东们的诚意。在市场上，大鱼吃小鱼的情形太多了，尤其是公司内部重组之后，往往是大股东得利，利润分配不平均、不合理，这种情况司空见惯。但是在我的坚持之下，这种事情没有发生。并且为了确保以后也不会发生这样的问题，我决定在有生之年，把重组公司这件事情圆满解决。我尽我所能，不让公司的名字蒙污。

正当我们尽全力在为挂牌做准备的时候，突然发生了新马股市分家的事件。

新马股市分家是1989年股票市场的一件大事，此外，1989年的马来西亚股市也有几件值得一记的事情，比如当年马来西亚的交易所推出第二交易板，实行股票涨跌停板价限，推出产业信托股，全面进行电脑化交易，结束一直以来的叫喊式交易模式 。由于新马股市分家，马来西亚的股市骤然缩小，同时马来西亚也成立证券委员会①来发展马来西亚的股市。我们的公司就在这风风雨雨中，呈上挂牌申请。

金锋机构挂牌后第一次全体董事合影。摄于1991年

在证券银行的推动之下，我们于1990年第一次申请挂牌。那时候吉隆坡有一家相当大的顺成公司私下接触我，说这个名字他们已经沿用100多年了，也要申请挂牌，要求我将这个名字让给他们。经过评估各方面的合理性，我们考虑到，第一，他们的机构大得多；第二，他们的历史更加久远。因此为了避免名称混淆的局面，我们最终决定把过去几十年来的母公司改名成“金锋公共股份有限公司”，简称金锋机构。

但是，由于我们呈上的账目之中，纸盒厂只有两年的业务记录，虾厂的营业额又减少了，实业亦不是主要生意，因此证券委员会就劝我们隔年再呈交。我听了，深感有理，也觉得他们的确很专业，不会信口雌黄，便接受了他们的劝告。从这次的经历，我也学习到

① SECURITY COMMISSION。

不少跟股市有关的知识。过了 9 个月，纸盒厂的生意开始稳健发展，营业额和利润都增长不少，我们的主要生意很明显已经转变成纸品包装，此时纸盒厂也运营达到 3 年了。而虾厂的生意尚维持在过去几年的利润水平。当我们再次呈上申请之后，终于在 1991 年得到批准，并于同年 11 月 12 日在吉隆坡股票交易所正式上市。在这个值得纪念的日子里，我亲自去吉隆坡股票交易所敲锣。这一敲，金锋机构就成为马来西亚第 292 家在吉隆坡股票交易所上市的公司。顺带一提，1991 年底在吉隆坡股票交易所上市的公司不超过 300 家。

我去敲锣的时候，心里百感交集。想起了上市之前的风风雨雨，以及筹备上市时经历过的每一个困难，幸亏我和股东们都努力地携手度过了。公司成功在股票交易所挂牌，可以说是我人生中的一件大事，也是一个里程碑。但我绝对不会因此而骄傲，反而因为这是我和股东们经历了几十年的努力才得来不易的成果，暗自警醒自己，这是我书写人生另一篇章的开始，一定要更加谦虚、更加努力，才能在事业上创出另外一个高峰。

经过 20 世纪 80 年代的经济萧条，在 20 世纪 90 年代，马来西亚经济开始腾飞。当时，工业占了很重要的地位。金锋机构在挂牌之后，资金也比较充裕，这就成了我们大展宏图的好机会。经过认真研究，金锋机构董事部决定进行多方面投资，其中包括：第一，大力扩充纸盒厂（在当时来说，包装业的生意非常好，大有发展潜能）；第二，认真计划进入产业发展；第三，寻找一项跟最新科技有关的新投资；第四，考虑放弃海产加工工业。

从 1992 年开始，金锋机构整个资金重组计划可说已经完成。我们马上着手进一步扩展生产，立定计划要将总生产量翻一番。因此我们决定将工厂旁的地买下，扩建厂房，跟供应商购买新机器，尤其是瓦楞纸板机。整个投资计划大概需要 1 500 万零吉。这个计划将可以把我们塑造成北马较大规模的纸盒厂之一。经过两年发展，整个计划圆满完成。这之后，公司的发展突飞猛进。

在这段时间里，为了买瓦楞纸板机，我和几位股东一起到日本考察了两次，并参观了很多大规模的纸盒厂，决定要扩展公司。一开始跟我们合资的日本股东 TAWADA 向我提出，因为他们是家族生意，所以不同意这种大规模投资，通过协商，他们在顺利赚了一大笔钱之后退股。

另外，我们也重组了整个公司的管理层，成立不同的部门，在各方面都聘请专才，组建强大的行政团队，把公司全面企业化。经过不懈努力，我们也在很短的时间内就达到生产量翻番、利润翻番的目标。由于管理得当，生产成本下降很多。我们也立志提供更好、更有效率的服务，将大部分以前几个星期才能完成的工作都定在两三天内完成，提供更完美的服务。因为工厂生产条件的提升，我们差不多能够应付几乎所有北马的国际大公司的需求。基本上，这是一个成功的转型计划。

而在产业发展方面，则进展得比较缓慢，因为我个人在这方面的知识不完善，又找不到很好的人才，迟至1995年才开始第一项发展计划。这项计划在亚依淡展开，规模较小。由于是第一个发展的计划，加上我们本身经验有限，成果不是很理想。这计划是由一家外聘公司所管理，但没想到一些管理上的疏忽，成品品质不如我愿。这事给我们一个教训——凡事要亲力亲为。因此，接下来的发展计划我们都自己管理，果然都做得很成功。

当时马来西亚的电子工业的发展渐趋成熟，我们便想要进军另外一项跟电子工业有关的辅助工业。经过一番努力，我们找到一家日本家族公司DAICHI跟我们共同开发精密塑料模具①。这是一种高科技，牵涉很多技术问题，跟普通的塑料厂不同。我的目标是让公司有机会涉及高科技产品。经过一年谈判，在1993—1994年，我们决定成立金锋科技有限公司②。这家公司的所有技术都由日本合伙人提供，我们也请了一位日本人来做总经理。经过半年多的筹备，便开始投入生产。我们还送了3位年轻的本地大学毕业生去日本受训，其中一位还在为我们服务，如今是我们工厂的总经理。

为了扩展公司业务，我们制定了以上所说的一系列转型计划。刚开始时，的确享受到转型的好处，比如成本减低、业务量增加等。

---

① PRECISION PLASTIC MOULDING。

② GOLDEN FRONTIER TECHNOLOGY SDN BHD。

但是到了 1996 年左右，公司开始感觉到经济压力，因为当时整个国家乃至亚洲的经济增长都缓慢下来，加上银行贷款融资方面的利息也很高，虽然公司并没有面对融资的问题，但是，当年的经济危机使得所有行业都受到影响。在经济危机没有正式爆发之前，我们细心考虑，想以小刀锯大树的精神进军越南。

峇央峇鲁金锋公共股份有限公司总公司落成。摄于 1990 年

金锋机构董事部重组后第一次合照。摄于 2001 年

金锋机构与日本合伙人签署合作条约之后合照。摄于 1993 年

金锋机构发行债券，筹资投资越南。右起：Malaysia International Merchant Bank 总裁 Mrs. Lai；金锋公共股份有限公司董事主席拿督卡查里；时任槟城州首席部长丹斯里许子根。摄于 1996 年

## 背靠大马，进军越南：奥可美纸业包装有限公司

我在1966年走进商界的时候，不曾也不敢想有一天能够到外国创业。不过在商海中浮沉几十年，我已经了解到，任何看似有发展潜能的生意都可能是一个商机。我从经验中更学习到，要成功必须对工作投入百分之百的热忱，延续创业时的激情，最终就一定会有收获。随着时间的推移，经历了市场的锤炼、竞争的洗礼，当时机到来的时候，肯定能够一跃而上。

越南奥可美纸业包装有限公司主要员工合照。摄于1997年

越南奥可美纸业包装有限公司。摄于1997年

进军越南市场，是在我商业经验和条件都非常成熟的情况下进行的。有了进军越南市场的想法之后，我们用了一些时间来酝酿，之后便向着这条道路义无反顾地走下去。

1992年，越南开放之后就大力吸引外商去投资。到了1996年，他们的法律已比较成熟，可以让外资公司在越南独资成立公司，不必再跟当地公司合资，这更触发我要去越南投资的念头。虽然如此，我的思想还是较为保守，觉得应该以小刀锯大树的精神去进行这项计划。

在考虑着是否要进军越南的那段时间，我已经感觉到本地市场的压力，此时我们工厂也有了成熟的科技，又正巧有一批对马来西亚市场来说属于应该被淘汰的旧机器。种种原因之下，我最终决定用大概225万美金的本金，投资越南，在当地建立纸盒厂。

不过，我做事向来小心。在还没有做出决定之前，我先去了越南进行业务考察。

我有一个远亲 BILLY，他从英国求学回来之后到新加坡工作不久，就被公司派到越南工作。他在那里工作一段时间后就发现越南市场很有潜能，因而决定辞职，留在越南发展。我还有一个老朋友，他曾在马来西亚一家相当有规模的纸盒厂工作，后来他也到越南一家纸厂上班。通过他们两人，我终于在 1995 年圣诞节到越南胡志明市考察。

犹记得我一下飞机，就吃了一惊："天啊！机场没有冷气！"我非常惊讶，没想到在 20 世纪 90 年代，还有这样落后的机场，那时槟城机场已经发展得很不错。

机场除了没有冷气，还非常简陋。在越南的两位友人告诉过我，通常从马来西亚到越南，整个移民厅、关口，工作都很缓慢，过关时还往往会有很多麻烦，要大约 1 小时才能走出机场。但没想到，我坐商务舱，优先走出来，拿行李很快就过关。才走几步，就出机场大门了。放眼一看，机场外满地烂泥，还用一块块大小不一的木板铺成一条道路。我出生在乡下，从小就走这样的路，对我来说并不新鲜。但是在胡志明市，倒是让我感到有点诧异，对我这个年龄层的人来说，这个旧名西贡、现名胡志明市的城市，可曾经是亚洲比较发达的城市之一呀。没想到，我对此地的第一印象竟是：时光倒流几十年。

由于我太早走出机场，这倒出乎我两个朋友的意料之外，他们还没有抵达机场来接我。走到机场外面，没找着他们。我的手机在出关的时候，被海关密封起来，警告我不可使用，如果用了，就不能出关，不能回国。他们用胶纸把 SIM 卡密密地包起来才还给我，我根本没办法联系朋友。

看到一个角落有电话亭，很多人在排队打电话。在逼不得已的情况下，我也只好上前去排队。我看到那里有一张桌子，桌后坐着一个人在收钱。我感觉自己好像走入老电影情节，要打电话的"顾客"必须将号码告诉桌后的人，打通电话的话，就会指示"顾客"到一旁的"一号房"或"二号房"讲电话。

大概轮了两三个人，到我的时候，接线生拨打了 2 次，电话都打不通，接线生叫我再回去后面排队。这么一来，我前面又排了五六个人。第二次，我终于打通了远亲办公室的电话，没想到接电话的员工竟不会说英语，只能听懂只言片语。我唯有硬着头皮一字一字地说："Please inform Billy that I will go to New World Hotel myself. Please ask him to see me in New World Hotel."① 他一知半解地答应着我。

我的"探险"还没有结束。打了电话之后，我就排队去坐计程车。排在队伍中，明明看到车上都有计程器，但是，许多司机都来问我要去哪里？我一开口说 NEW WORLD HOTEL，他们都知道这是那时最新、最好的酒店，每一个司机都漫天开价。其中一位说要 10 美金，我觉得大概还算合理，就上了他的车。没想到原来这是一辆霸王车，不过也算不错，是一辆丰田的新车。我到酒店时，大概是下午 4 点多。当地人大多数是 4 点放工，所以到了这个时间，整个胡志明市都是脚车和摩托车，汽车只有三五辆。看着这样的市容，我感觉自己仿佛去到世界上另外一个角落。还好我是出身于贫穷之家，曾住过乡下，所以这些情况对我而言并不陌生，只不过已经几十年没见到了。

那个晚上，我的远亲 BILLY 带我去吃饭，他带我去的是高级饭店，没有苍蝇，我那时还不知道越南苍蝇的厉害。BILLY 在吃晚饭时，概括介绍了越南的纸盒工业。他拿出一张工厂名单，说我在这几天里，可以访问一二十个纸盒厂。我们决定了接下来一个星期内要看的地方，包括两种行业，海产和纸盒。我们列下 20 个对象，共 3 家虾厂和 17 家纸盒厂。由于越南的交通不方便，马路的状况很差，如果一天要拜访 3 家工厂，就要安排得比较紧密。经过一番讨论，我们隔天就开始马不停蹄地行动。

当时，越南正处于资金非常缺乏的时代。

我们隔天就开始做市场调查，第一家去的是虾厂。在当时，出

---

① "请转告 BILLY 我会自行到 NEW WORLD HOTEL。请他到 NEW WORLD HOTEL 来见我。"

口虾为越南带来最多的外汇。早在20世纪70年代越南沦陷之前，很多美国人已在这里经营海产出口。我们去考察时，越南共有60间国营海产工厂遍布全国。我去到的每一家虾厂都很有兴趣将国营虾厂私有化。他们见到我们这些外资厂家都非常兴奋，纷纷表示欢迎我们注资。我们去参观的其中一家虾厂是跟马来西亚人合作的，他们是越南第一家开始做熟虾肉的工厂。总的来说，越南厂商对熟虾肉生意还不太熟悉。我也很惊讶地发觉，他们用的冷冻箱，也有一些是"马来西亚制造"！不过，由于那时我已经放弃海产生意，也将所有有关的机器都卖掉了，所以不太可能再去投资。而且我们所参观的那几间虾厂作风都很官僚，虽然规模不小，但我们也没有很积极地去谈判和深入研究。

接下来，我们拜访一家算是那时越南最大规模的纸盒厂，他们有很先进的纸板机，但是20多年都没有维修过，看起来比我厂里那台拥有20多年历史的机器还差。我们的机器，在那时是以每分钟200米的速度进行生产，但是他们所谓最好的机器每分钟只能开动40米，而且产品品质低劣。这家公司有600个员工，每月产量大约500吨，这种产量在我们的工厂，只需200个工人用5天就能做到。他们的造纸业还很传统，以前是一家私人公司，被国家充公之后成为国有公司，但目前又在等待进行私营化。这家工厂地方大、地点好——就在胡志明市内。我们也顺便了解一下当时他们所供应的几个比较大的客户，我发觉他们的售价非常高，但是品质不好。在我内心深处就有个想法，觉得这是一门可以让我发挥的生意。

此外，我们也去了两间规模较小的纸盒厂，它们分别拥有100个工人。我们非常吃惊地发现，工人们还在使用漏版印刷术①，也就是用手工来印刷纸盒上的字和图案。到了20世纪90年代，越南竟还停留在手工制造工业产品的时代，真是不可思议。我在马来西亚的工厂那时已经用一种机器，每分钟能够生产250个盒子，而越南的工人用手工每分钟则只能印8到10个，而且品质参差不齐。之后他们也用人工切割、人工钉制。印刷、切割、钉制都是做纸盒最重

① STENCIL PRINTING。

要和最基本的步骤。我在马来西亚的工厂，一台机器就能把这 3 个步骤做完。在越南，一个工人平均每个月才能生产 1 吨产品，因为他们都是人工制作；在马来西亚，我工厂里每一个工人平均每个月可以生产 15 吨产品，因为我们使用先进的机器。我在 20 世纪 80 年代刚刚开始做纸盒厂生意的时候所用的机器，都比我 90 年代在越南看到的先进许多。

我们接下来访问了 10 多家工厂，可说全都是类似这样的情形，他们每一家都非常希望跟我们合资。我总共去了越南 9 天，除了纸盒厂，还拜访了银行，以及一些比较大型、国际化又有潜能的跨国企业。比如可口可乐、百事可乐、三星、SHARP……我们深深体会到，这些公司都面临着供应的问题。越南市场上的纸盒除了不够用之外，品质方面也无法达到他们的要求。因为这些都是国际公司，他们对包装纸盒都有一定的要求。一听到我们的公司有意要来投资，尤其有些公司在马来西亚的分厂有用过我们所生产的纸盒，加上看到我们的工厂介绍片里先进的机器，他们几乎都不约而同地表示期望我们尽早过来投资。

我们也拜访了一些国际银行，几乎每一家都给我们很正面的评价，唯有一家源自英国的银行经理告诉我："我知道你是我们的主要顾客，但我也要让你知道，越南政府的政策、银行法令等，都跟马来西亚有所不同，你必须非常小心。很多银行都不会考虑贷款给不成熟的投资。"对于这样坦诚的警告，我同样感激他。至少他让我警觉，来越南投资并不是我想象中那么容易。

经过这次考察，我回马来西亚之后，内心已确定要到越南进行投资。我也向各方征询，有些槟城的朋友曾到越南投资过，他们也都认为越南开放之后，有欣欣向荣之感。但是朋友们也好意地提醒我，越南的法制，是我们必须关注的一大重点。由于仍在开放初期，越南政府制定的条规是，外资要在越南境内开厂唯一的方式是跟当地企业合资，这么一来，有很大可能还是会给我们带来麻烦。由于不熟悉当地法律，加上向来我也对合资生意有戒心，所以我决定放弃合资的想法。越南当时的状况对于合资和独资的法律很不明朗，虽然政府宣布外资已经可以独资了，但是在实行方面仍然模棱两可，也没有正式文件证明，这么一来，我在越南投资的计划就慢了下来。

第二年的一天，我突然接到一通电话，原来是贵都酒店[①]的老板。寒暄一番之后，他提起自己在越南已投资了酒店业，最近又加入成立 VSIP[②] 的小股东。他告诉我，现在若去越南投资，已经可以成为 100% 的外资公司了。为了方便投资者，越南政府甚至成立一个类似于外商投资审核委员会的组织，只要获得这个委员会的批准，就可以解决任何投资越南的有关问题，这个委员会的工作人员也都会讲流利的英语和汉语。

与此同时，在 1996 年，我们正式收到信件，越南政府宣布允许外资 100% 独资，还表示会给制造业提供更宽松的条件。从 1997 年 4 月开始，越南政府也逐步开放工业区，热烈欢迎外资。

于是，我在 1997 年到越南去洽商购买土地。新加坡—越南轻工业园的地，比胡志明市的其他地区贵至少两三倍。为了投资，我当机立断用 1 600 万美金买下 5 依格土地。这个价格在当时跟马来西亚相比的话，实在是很贵，不过建筑工程费用却非常便宜。所以两者加起来，还是比马来西亚便宜。由于我们属于最早进入这个工业园投资的外国公司，当地政府也给我们很多优惠政策，尤其在税务方面。

我们的公司就这样成为这个工业园的第一家外资公司，开业之后不久，有关当局还安排了新加坡副总理李显龙来为这个工业园主持开幕礼，同时也提到来自马来西亚的金锋机构，是该工业园最早的投资者。作为工业园内最早期的投资者，因为当时越南对外资的迫切需要，工业园管理委员会也拥有极大权力，这些都为我们带来很多方便。比如，申请建厂的图纸，只要是受越南政府承认的建筑师所建筑设计的，在短短两个礼拜内就能获得动工批准。此外，我们用很便宜的费用，获得越南政府批准的建筑师和承包商的服务，任何准证的申请都能很快获得批示。我们用了最快的速度，在工业园许多角落的泥土还没填好、道路还没建好之前，就抢先建好工

① EQUATORIAL HOTEL。

② VIETNAM - SINGAPORE INDUSTRY PARK，越南—新加坡轻工业园。

厂——几乎是跟工业园内的道路和水沟同时修建好的。但是越南的基本设备还很落后，电力供应尤其严重短缺，虽然工业园内有独立的发电厂，但因我们的工厂是第一家盖好的，发电厂在那时还未启用。结果工业园管理委员会只好去租借发电机给我们用，过了两三个月，园内的发电厂才盖好。把机器安装之后，1997 年 11 月我们就正式开始生产。

我在越南的工厂叫作奥可美[①]纸业包装有限公司。虽然用的很多是在马来西亚已经被淘汰的机器，然而经过维修，奥可美几乎成了当时胡志明市第一流的工厂之一。这么一来，我们很容易招徕顾客。1997 年之后，越南全面开放给外国公司进行投资，我们也正巧搭上这部列车。很快地，生意滚滚而来。同时我们也能够制造出高品质的产品，加上良好的服务和高效率的生产方式，这一切都让我们的工厂在短时间内取得不凡的成就。除此之外，当地人对工作的迫切需求使聘请工人易如反掌。他们的工资水平非常低，比如一个办公室书记，月薪只要 30 美金，在 20 世纪 90 年代的马来西亚几乎是不可能的事情。这一切都使得越南的制造成本远远低于马来西亚。在工厂刚开始投入生产初期，我们除了聘有来自马来西亚的会讲越南话的总经理，也请了一位越南华裔女员工做帮手，她是潮州人，会讲华语和英语。这两位员工对我们公司的初步成长做出了极大的贡献。

经过第一次访问，我了解到胡志明市当时的市场比整个北马小。虽然纸盒厂数量很多，然而用的大部分是非常陈旧的机器。有的纸盒厂甚至全部使用手工完成印刷、切割和钉制，因此我们当时所配置的机器和设备使奥可美成为数一数二的先进工厂。为了更进一步了解市场情况，我时常到越南去，并亲自跟随越南员工一起去拜访客户。

1998 年之后，越南到处在建设，这种情况让我想到在不久的将来，这里是一个非常有潜力的地方，加上充沛的人力资源和开放的政府政策，只要努力地去做生意，肯定就会前途无量。

---

① ALCAMEX。

1993至1995年，马来西亚经济膨胀得很厉害。在较为敏感的投资者眼中，马来西亚的经济状况到了1995年前后，其实已经出现泡沫经济的特征，比如政府部门和私人公司的超额消费习惯、经常性的项目赤字、房地产市场供大于求却仍超常繁荣、股市恶性膨胀等。但是，由20世纪80年代开始，马来西亚的经济逐渐发展成为亚洲一个让人瞩目的奇迹，加上在1997年的金融危机之前，马来西亚的经济指标，包括增长率、通膨率、失业率、人均国内生产总值等都“成绩优秀”，许多人沉醉在那种成就之中而不自觉。

我个人却在1996到1997年，下意识感觉到不健全的经济状况逐渐浮出水面。自1993年以来，我国经济发展蓬勃，银行融资异常容易。我们根本不必做出任何申请，银行都自行送钱上门。几百万、几千万，根本不必开口，银行职员都笑脸盈盈地来办公室送上贷款。我知道，那是因为他们的钱借不出去，这其实也是泡沫经济的特征之一。虽然这样能够促进经济的迅速发展，但是，对很多公司的领导层而言，这也是一个考验，从他们使用金钱的态度就能看出这些领导是否高瞻远瞩，随意拿钱乱投资的人，那肯定过不了这一关。

好景不长，1997年下半年，亚洲金融危机爆发了。首先印尼币跌了50%～60%；接下来，泰国也被袭击，金融体系全线崩溃。很快，这个“疫情”就轻易传到马来西亚，整个亚洲的国家几乎无一幸免。

我还记得，当年吉隆坡股票交易所的指数狂跌不止。在金融危机中，指数从1997年2月最高纪录1 278点，迅速下降，眼看它跌破1 000点大关、900点、800点、700点……到11月底，只剩下奄奄一息的512点。

一个美好又充满活力的经济市场，瞬间就消失了。在金融危机的冲击下，马来西亚的市场一片混乱，银行面临破产危机，一大批企业陷入经济困境，大量工人失业。我很庆幸向来采取保守的营业方式。我记得在一篇文章读过，“如果一个国家的领导人只因看到宏观经济指标状况良好就骄傲自满，那么他就有可能在意想不到的情况下遭遇危机”。领导一家公司也一样。尽管在金融危机前，有很多银行提供无条件的融资便利，虽然当时手头上有由银行提供的千万零吉的融资随时可以动用，但是我很小心地避开这些诱惑。因此我仍在金融危机中，维持着在马来西亚的生意，使其屹立不倒。

当时，各大企业首当其冲，遭受到很大的冲击，我们的公司虽然并非特大跨国企业，但在金融危机时期，也跟其他大大小小的公司一样，受到很大影响。我个人在股票市场上遭遇亏损，但在处理公司的问题时则很有效率地采取行动来降低亏损。我很快就召开公司高层主要行政人员会议，并提议将我们的行政开销削减10%，这个计划完全没有牵涉减薪或裁员。我们制定了一些新条例，比如在运输方面，所有货车一定要把空间填满才可以开走。节省电源也是一个非常有效降低开销的方法，电灯、冷气、机器，一旦没用就必须马上关掉，这样一来，单是电费就能每个月省下5 000～6 000零吉。订单太少时，每个星期都停工一天，星期六和星期日也不上班①。所有员工不可以做无谓的费用报销；电话也受到约束，每个人都必须减少打电话的次数和报销等，这些措施让我们的成本降低了8%左右。1998年成为金锋纸品包装公司成立之后第一次没有加薪的年份。在当时，很多大大小小的公司都严重地裁员、减薪。不过我们公司并没有这么做，这一年除了没加薪，一切照旧，并依例发了一个月花红。

我在越南开始投资时，马来西亚的融资作业非常容易。骤然间发生的金融危机，也对我在越南的投资造成影响。我在越南投资时，有一家来自新加坡的国际银行给了我们一些贷款。但经济危机一爆发，他们马上采取非正常手段来取消我们的融资，只给我们几个月时间去清还贷款。对这种不近人情的处理方式我虽然可以理解，但是仍然感到失望。于是，我咬牙在3个月内就把所有贷款还清。当然，那也是因为我在马来西亚的公司完全没有动摇根本，所以来自马来西亚的大众银行的越南分行仍旧贷款给我，让我去还清这家新加坡银行的贷款。总的来说，我们相当幸运，没有受到因金融危机而造成的马币贬值的影响。

当时的越南还是一个未开发国家，虽然亚洲金融危机使越币贬

① 否则工厂都是一星期上足7天班。

值，但是相比之下越南的经济并没有受到很大的伤害。因为他们是一个原产品出口国家，我们也靠着稳扎稳打的精神，在两国市场渡过难关。我也意识到危机就是商机，也是转机，我相信无论如何危机都会过去。因此，到了1999年，我已再度策划扩展越南的生意。

在2000年，我们大力增加越南投资——1 400万零吉，包括正式扩建越南的工厂、增加购买土地、升级机器。我认为在踏入21世纪时，日本、中国台湾等地区许多先进的纸盒厂，也开始逐渐进入越南投资，形成良性竞争，所以我很清楚地知道，必须把自己的工厂建设成胡志明市一家比较有规模的纸盒厂，只有这样才能面对其他竞争者的挑战。在2001年，我就完成了工厂扩建，也把原来的1 000吨容量，增加到3 000吨，这么一来，奥可美在当时的越南已算是颇具规模且相当现代化的纸盒厂了。

工厂升级之后，在越南的营业额大大提高。由于越南从1995年开始，每年都保持百分之五以上的国内生产总值增幅，到了2001年时，越南市场在整体上已超过马来西亚的北马市场。我们的营业额也增加不少，由于有先驱者的优势，这令我们在2001至2003年创下了非常好的业绩。到了2004年，台湾地区的大工厂，真的如我和一些同行所预料的那样蜂拥而至，而且很多越南本地的小工厂也比先前进步不少，开始用自动化的机器了。这么一来，就造成2004年激烈的竞争局面。我们带着先锋的优势，尽量采取谈判的方法，进行软竞争。

另外，河内的经济也开始要起飞，然而很少有外国纸盒厂公司在那边投资，只有一家来自日本的纸盒厂，规模也不大。在2004年，我们公司和另外一家日本公司开始把先进的机器带进河内，我也再次在河内投资一千多万零吉。

我们在越南的投资，一直取得很不错的进展。2000年开始，金融危机已经过了，经济慢慢复苏，很多国际银行在越南的分行又开始来敲门示好，要给我们提供融资服务。有的国际银行还表示可以用越币来贷款给我们，大多数银行还是用美金。这个时候我们在河内的投资，已经是轻而易举就可发展起来。我们去河内投资的时候，一开始也是用胡志明市的工厂淘汰的机器。那台纸板机实在是劳苦功高，每一次设厂，它都当先锋、打头阵。河内的工厂经过几年已开始赚钱，到了2008至2009年，我们在河内的投资利润突飞猛进，因为那里没有竞争，我们从那时起已开始赚取不错的利润。

在这个时候，已经有很多大型的台湾和日韩纸盒厂在胡志明市投资，大展拳脚。我们在胡志明市逐渐不再有优势。在河内也开始有很多大型工厂来投资，这么一来我们唯有策划进一步提升河内工厂的设备。

首要的措施，就是扩建厂房。到了2010年，正当我们要着手增加产量时，突然有一家泰国公司SIAM KRAFT INDUSTRY CO. LTD（SCG PAPER），对我们在越南的整个投资表示非常有兴趣。这家公司属于泰皇，也是亚细安最大的纸厂之一。令我惊讶的是，这位买家最注重的竟是河内的市场。当我把我们在河内的新厂和整个发展计划交给这家公司之后，他们觉得这是非常值得投资的项目。在谈判过程中，他们也让我继续照着原本的计划发展。由于买家表现得非常有兴趣，也很诚恳，终于在2010年底，我们签署了合约，把在越南的整个投资，以非常理想的价格卖给这位买家，并于2011年结束了我们在越南的营业，也结束我在越南的15年投资。

很多人不解，既然我在越南的投资看起来那么成功，为什么我还要把越南公司卖掉？

一个务实的从商者会不时评估市场现状和未来投资利益。当我卖掉越南的投资时，越南经过十多年的迅速发展之后，其市场已比马来西亚还要大。但是这也促使越来越多外资和本地商人在工业界投资，他们的投资大多也发展得非常快。由此我已意识到我们在越南的纸盒工业已经不再存有优势。另外当初进军越南时所获得的优惠条件，已经渐渐取消了。

由于越南的市场成长得非常快，也形成了不少社会问题，其中最常见的就是工人罢工。我一直记得，越南工人往往会因为要求加薪而发动罢工。尽管越南政府会不时调整最低薪金，但是每一年公司要加薪的时候，还是会面对压力。尤其当最新的最低工资标准一出台，那些原本已领取比最低薪金高的员工，还是会要求更高的工资，各种劳资问题给我很大压力。

另外，在我投资的时间中，越币已经过至少3次严重贬值，最大的原因是不稳定的货币政策。作为外资企业，我们面临着很大困境。因为我们所需的原料必须用美金购买，而且还以进口为主。这种困境并不在我们控制范围之内，我们唯有费尽心思去解决问题。通货膨胀不但造成工人薪金问题，在交通、运输、水电等方面，费用也增加不少，虽然在2006至2009年，我们在越南的工厂有很好的利润纪录，但是这些成本的增加，使得越南公司向来效率高、成本低的好景，几乎在几年内荡然无存。因此，当有人表示有兴趣要合资——SIAM KRAFT本来表示要合资——我内心也感觉到接下来的日子很有可能美景不长。所以当有买家表示兴趣，我很开明地向买家表态，如果要收购整家公司，我们欢迎；如果要合资也可以考虑。经过1个月左右的考虑，他们派了5个代表来槟城，表示要认真地跟我们详细谈，要求我们将越南的工厂和公司全数卖给他们。那时候泰国的这家公司已在越南做了很多投资，他们已在胡志明市拥有一间颇具规模的纸盒厂。但是他们的纸盒厂的规模还不到我们工厂的一半。我认为他们肯定需要买一家较具规模，且可以将产品分布到全国各地的工厂。

经过内部研究和审查之后，我们得知买家也是极其保守的公司，经过一番深思，我们开出一个非常合理的价格。一两次协商之后，我们终于在2010年12月，签下合约，卖掉了越南的公司。

这次的买卖，听起来好像很简单，但其实一点也不容易。首先，它牵涉严谨的国际法律、金融法律、税务法律等。其次，这是一项国际买卖，它不但需要非常详细的协商，也需要双方的各种专业精神，才不会引起无谓的争执。由于这位买主是一家很有规模的跨国公司，所以在制定合约时，我们也需要面对不少专业问题。我们聘请了一位很专业的律师，并用了不少时间来达成协议。此外，我们和买主当时都对越南的法制不太有信心，所以我们都非常小心，买主也非常理解。他们知道一旦汇款进入越南境内，我们要再提款出境到马来西亚非常困难，不但要通过重重难关——比如兑换美金①、应付各种繁文缛节，一些官员和各级工作人员贪污的问题也不少。

① 越南的美金长期供应不足，要兑换到大数目美金更非易事。

再说，买主所要求的文件也非常苛刻。比如，他要求我们确认奥可美过去十多年缴交所得税的信件，这并不容易获得；他也要我们帮他们处理准证转名的手续，这需要许多部门和人员签署文件，非常烦琐。无论如何，通过双方的诚意和耐心，我们最终顺利完成整个收购项目。

我在越南十多年，亲眼见证了这个国家从赤贫发展到今天的发展中国家。越南人民的生活状况，也有了翻天覆地的改变。我第一次到越南时，下机场坐在计程车里，看到整个街道上都是脚车；过了几年，逐渐就成了摩托车多过脚车；到我把越南的投资全面卖出的时候，街上所见的都是汽车，脚车时代仿佛消失了。

我在 20 世纪 90 年代初次到越南时，当地友人带我们过渡轮。犹记得我们的汽车必须经过重重脚车阵，才好不容易挤出一条生路，到码头等待渡轮。从车窗外可以看到很多小孩、女人，拥到我们车边卖东西，比如水果、零食、饮料，我很同情他们，想跟他们买。但是越南裔的司机千交代万交代："你跟一个买，整堆人都会冲过来！千万不要买。"

早期到越南我也发觉一件令人费解的事情。每次一开车出了城外，我就发现在整个旅程里，我们的车夫有 70% 时间都走在反方向的马路。我不知道为什么会有这样的驾车态度，不过当看到有车向着自己开来，他就即刻回到原本的路，反方向的车过去了，他逐渐又驾去反方向马路继续前进。更让人不解的是，每位公路使用者对此都泰然处之。

每看到一个关闸的火车门，就不得不注意到两旁停着等待客人的脚车和摩托车，在几千辆两轮交通工具中，会夹杂着三五辆汽车。脚车不让汽车，所以汽车司机只有硬着头皮前进。交通状况看起来杂乱无章，却又仿佛有一个默契，到底是脚车手的功夫高，还是汽车司机的造诣强，很难下结论。

苍蝇也是我对越南不可磨灭的印象之一。每次一离开胡志明市去考察，若停在路边吃饭，有些餐馆看起来也不算太差，但是进去一坐下，总会看到很多苍蝇飞来飞去。服务员一把菜肴拿出来，肯定会有几十只苍蝇投身其中，飞"蝇"扑"菜"，前赴后继。好在我小时住在乡下，这种盛况我尚见过。虽然感觉不太良好，但还可以挨过去。

我们工厂在1997年刚刚开张的时候，从办公室开车走一小时都看不到一间银行，各银行的支票也非常有限，很少有人用，也很少有人在银行开户。那时越南的金融体系非常落后，一张支票过账至少要一个星期的时间。这也形成一个风气，除了那些跨国企业，大多普通商家都是现金交易。当时越币的兑换率是4千越币大约等于1零吉，1万越币（约等于2零吉50分）的钞票是最常用的，10万越币是那时面额最大的钞票。我们的销售员们惯用摩托车，他们要去向买家收账时，必须用那种零售商才用到的面粉袋来装钞票。我们每天4点下班，总是有几个销售员在那个时间带着几个面粉袋回来。我们公司里一个重要的器材配备是“点钞机”。销售员把一袋袋的钞票带回来之后，就留在公司里点钞票，有时一算就要几个钟头。因为他们收钱时没有办法点查——数额太大。也因为这样，一定会有些误差——有时会超出些、有时会不足。在我印象中，那时越南的经济虽然落后，但是治安非常好。刚开始时我替这些销售员感到害怕，还叫他们想办法用锁来锁这些钞票，因为在越南每个越南人看到面粉袋都知道里面装的是钞票。他们总是很有信心地说：“没问题！治安很好，不用怕。”说真的，我在那边十多年，我们的工厂不曾发生过一次销售员被抢劫的事件。很可惜的是，跟许多国家一样，随着社会的逐渐发达，风气逐渐复杂，这种治安良好的情况大概到了2000年就渐渐消失了。

无论如何，到了2000年左右，我们工厂附近已经有很多银行如雨后春笋般建立起来。比如，在我们工厂外就有家汇丰银行的分行，只要走几步就到。

在越南，我也看到一些与马来西亚社会风俗不同的地方。这里的男女地位不平等，男性的话语权很大——甚至比我们更大，怪的是很多家庭的经济支柱却是女性。据我所见，越南的社会一般都非常依赖女性员工，比如我们工厂的生产部主任、销售部主任、会计主任等大部分高层都是女的。另外，连销售员、品质管理员等也都是女的，只有一些比较粗重的工作，我们才聘用男员工。每一年公司的周年纪念餐会，男女喝酒的程度也不分上下，大多数员工的酒量都非常好。每次餐会的正餐大约晚上 9 点就吃完，过后大家都要大肆喝酒，我通常在这个时候就回酒店休息了，因为我不会喝酒，却也不好抗拒他们，只好一边走开一边在口头上讲："够了，好了，不要喝得太过分。"

在越南闯荡了十多年，我也有一些心得。当我把整个越南的投资生意卖了以后，马来西亚的金锋机构骤然间成为一家现金充足的公司。我当时立下的新目标，回马来西亚全面发展，尤其是在产业方面——我要当拥有土地的发展商，而不是以合资发展方式来发展①，我认为我们应该成为实业公司。

与此同时，我们的纸盒工业在北方做得很不错，至少从一开始到现在不曾亏本。所以我决定落叶归根，回马来西亚全面发展我们的纸业，将金锋机构打造成一家综合性的纸业公司。

为了达到以上两大目标，我在槟岛、威省等地积极购买土地。此外，我们也跟日本公司谈判、合资，要将金锋机构发展成一家颇具规模的纸盒厂；同时大量增加纸盒产量，想把纸盒厂发展成西马一条线的机构。为了达到这个目标，我们也到吉隆坡和柔佛积极进行公司收购计划。

经过一年的努力，我们终于在柔佛找到一家适合的工厂，马上进行收购计划。这家工厂每个月的产量大概是 3 000 吨。但是由于公司过去有行政上的问题，造成他们融资困难。经过跟银行和债主的谈判，我们在 2013 年 7 月 1 日买下这家公司②。这个收购计划让我们的纸盒厂的实力增强不少。几个月后，我们又买下了中马一家来自澳洲的公司③。很快地，金锋机构已达成纸盒生产一条线的目标，可以随时服务马来西亚半岛任何一个地方，甚至包括新加坡。然而在纸厂方面，我们虽然下了很大努力去谈判合资，但是因为投资太庞大，到目前为止还在积极地谈判收购计划。目前，金锋纸品包装公司是马来西亚第三大纸品包装工厂。

---

① JOINT VENTURE。

② INTERSTATE PACKAGING INDUSTRY SDN BHD。

③ AMCO MALAYSIA SDN BHD。

对于工作，我还是充满活力和干劲，希望有一天我们能成为马来西亚一家成功的综合性纸盒机构。

将越南的投资全面卖掉之后，金锋机构的盈利突飞猛进。在吉隆坡股票交易所挂牌的金锋机构有很不错的盈利，有形资产净值①也很高。我们过去在越南投资之后，公司的盈利在很多年都创下历史新高。在股东花红分配方面，从2007年开始，我们每一年的花红都获得成长，维持在6% ~7%，十分稳健，这也意味着我们的本益比②维持在3~6。换句话说，我们这家挂牌公司在过去10年里都被市场低估了。我考虑到这样对我们的投资者并不公平，而且我们的公司又存有现款，经过挣扎之后，为了全体大小股东的利益，我毅然决定全面私营化。这个计划相当吃力，因为我们必须面对社会上一些不了解者的批评和建议。

对于这些批评，我坦然面对。作为领导层就要明白，我们的任何一项商业决策都会面对批评，我们也必须接受任何批评。我也尽我所能，做到做的每一个商业决定都以公司利益为前提。作为一个公共挂牌公司的领导层，肯定也不能偏离以公司利益为主、以全体股东利益为最终目标的决策，让公司股东不论大小都获得适当的利益分配。比如，过去我们维持每年都分相当高的花红给股东，就证明我们是以股东利益为主，而不是以公司利益为主。公司私营化的时候，我也是以这种原则和立场来进行的。

因此，尽管一些人批评说我们公司的私营化是一个大股东不付分文就把公司变成私人公司的手段，但这并非完全正确。我们作为大股东，也得付出代价，比如失去挂牌公司的地位，在短期内就要从公司拿出几千万零吉来买小股东的股票等，而且我们不但没有亏待小股东，还以超过市场十年的平均价格（超过50%）来购买全部股东的股票；我们也让小股东做出自己的选择，结果90%以上的小股东都同意接受我们的提议。我觉得这个做法是双赢策略，所以我对此问心无愧。

---

① NET TANGIBLE ASSET，简称NTA。

② PRICE EARNING RATIO，简称PE RATIO。

# 小 结

在兄弟们的精诚合作下，1974 之后，我们公司的海产加工工业已趋向稳定。当这个发轫期过去之后，我逐渐认识到该如何做生意。今天回想起来，我在年轻的时候，做生意的态度很单纯、很耿直，而且重感情。这种商业态度曾让我错过不少能够赚更多钱的机会。原因很简单，因为我不愿当没有信用的人。在我 40 年的从商经历中，曾有几次我卖掉财产或动用个人存款来解决危机，尽我所能让双方在金钱或精神上的损失降到最低。有的知己说我“傻”，但是我不后悔，因为“信用”对一个生意人来说至关重要。

此外，我认为作为一个商人、一个企业家，必须要懂得以下几点：

第一，居安思危。在经济蓬勃的时候，生意做得一帆风顺，也不能得意自满或掉以轻心。相反地，应该要有危机意识，不要因为一时情况良好就得意忘形，没有危机感。好好地做危机评估是非常重要的，因为突如其来的危机往往让人措手不及。因此，居安思危应该是每一位公司掌舵人不可缺乏的素质。

第二，在形势不好或者经济形势不好时，也不应过于悲观。只要公司的基础稳固，行政组织健全，一般的危机就都可以被克服的。在商业上，我曾经历过几次危机，然而，我可以很骄傲地说，我不曾在危机中采取裁员的措施，也不曾被银行起诉或面对经济上的困难。在安逸的时候，我都习惯为最坏情形做准备。不过，在最坏的时候也绝对不悲观，反而勇敢地面对，积极解决。我时常在危机中或者危机过后，积极地观察危机后可能会带来的商机，因为那种商机通常都是低成本的，所以比较容易获得利润。好几次危机，都使我的生意更加壮大和强大起来。

每家公司无论大小都会面对各种问题，比如每个人随着自然的变化都会变老，这是无奈的事情。有些公司认为年纪太大的员工工作能力会降低，是一种负累。因此，针对这些曾为公司献身的老员工，公司行政管理层必须想办法让老员工们追上潮流，提升自己的能力，才能继续为公司做出贡献，达到双赢。另外，为了让自己的企业茁壮成长，管理层也必须善于发掘公司职员的优缺点，才能让他们充分发挥。管理层必须尽量避免让员工成为公司的负担，尽可能把公司的员工变成可增值的资产。这么一来，他们才会更有效率地为公司做出更多贡献。

除此之外，作为公司的领导层，也必须很重视公司的团队。在目前这个高度商业化的社会里，要组成一个强大的工作团队，并非易事。身为领导层，要坚持几个原则，比如一视同仁地对待下属，不要过于感情化地处理一切事情；要尝试大胆重用人才，每个人都会犯错，但是如果犯错后能够谨慎检讨，就要按照个别情况处理。此外，我们身为老板，只有评估这些员工，才能决定谁适合担任什么职位。比如有些人光说不干，有些人很有心计，有些人则踏踏实实埋头苦干。如果发现公司里有完全没有生产力的员工，那就要小心关注。不然，公司的开销会变得很大，到最后会无法支撑、无法平衡。

这么多年来，我的商业经验告诉我，人有时候就得靠一股冲劲，才能创出一番事业。也许这种苦干、蛮干的精神会逐渐被社会淘汰，但我觉得这种特质有时仍然很可贵。以前我年轻时去英国找潜在客户，只要看到招牌上有“FROZEN”（冷冻）就跑进人家的工厂或商店寻找商机。有一次傻里傻气地闯进一家公司，原来人家是在卖冷藏蔬菜，不是海产。在目前这个现实社会，也许这种个性已经不合时宜，但是有这种性格的人会永远不怕失败。在商场上，需要的就是这种意志力坚强的人。事业有成的商人们在惊涛骇浪的商场上不可能都一帆风顺，每一个商人成功的背后肯定都有过许多挫折和挣扎。

每一个家族企业都有一个隐忧——栽培继承人。这个问题也是现代家族企业延续发展的重要因素。对此，我很早就从许多前人的经验中吸取教训，并为自己的公司做出安排。目前在我尚未全面退出的时候，我已逐渐放下决策的权力，让我们家族的第二代参与所有跟公司运作有关的事项。我很庆幸我的儿女和侄儿们都在很认真地学习，也很勇敢地去尝试。现在看到他们逐步上手，我想，他们应该有能力让公司持续稳健地发展下去。我常常会提醒他们，不要只顾赚钱，应该求利不贪财、栽培新一代、延续社会义务。其实，现代企业家都应有为社会服务的精神，这是一种负责任的表现。永续经营既是一种企业智慧，也是一种考验，更是团队精神的结晶。这种持续需要公司上下每一位员工的合作，因此，若能把它当作一种发展理念，成为长寿公司不是不可能的事。

# 第三章：心系社会大众

## 吉辇中学建校委员会

自从回古楼之后，我便加入家族生意。那时我们已经在做海产加工工业，发展得很不错。经过六七年的不懈努力和奋斗，到了20世纪70年代初期，我们的家族生意已稳定，经济也有一定的基础，我就有了回馈社会的想法。我认为“取之社会，用之社会”才是做人的道理。大概是受到中学时期接触社会主义的影响，我开始想要为社会做一点事情。

当我还年轻的时候，世界是个玫瑰园，任何事情对我来说都是新鲜、美好的，我对社会工作根本没有什么概念。

大概在1967年发生了一件小事，让我至今都一直记得。当时我不过是家里工厂的“帮工”，七哥已开始参加一些社会活动，他正与朋友们一起推动古楼港脚拿督公林天来神庙重建的工作。古楼港脚那时的经济状况比较差，七哥作为该神庙领导层之一，为了建神庙，必须到家家户户去劝捐。一次，七哥没空，便吩咐我代表他去劝捐。其中有一位参与者，是比较心直口快的地方领袖，他一看到我加入劝捐的队伍，马上脱口而出：“为什么你的哥哥没来？你没人没脸①怎么去劝别人捐钱?”这句话虽然不会把我当场击倒，但是在我内心，一股自卑感油然而生。我刚从韩江中学回家里帮忙做生意，已是经过了一番思想挣扎，心情很低落，被他这么一讲，我更不愉快了。不过，我仍然耐着性子，跟大家一起把当天的劝捐工作进行完毕。因为我读过书会写字，主席还要我拿簿子帮忙做登记。现在每当看到年轻人积极从事社会工作，这件事情就会浮现在我脑中，给

---

① 潮州话：人面不好。

我一股鼓励后进的力量。我常警醒自己，绝对不可小看每一个人的贡献，也万万不可奚落年轻人。他们也许偶然会在成长过程中摔上一跤，但年轻就是本钱，每一位年轻人将来的成就能有多大，现在仍是未知数。

无论如何，地方上的人习惯把我们这些到过槟城读书的人看作知识分子，再加上我曾经在中学时期参加过“组织”，一些认识我的人，就逐渐把我当作小领袖。神庙和社区组织一旦举办活动，就会邀请我去参加。就这样，我慢慢地投身到了社会活动中。也许我天生有领导才能，于是就在我没有出席会议的情况下，被选为吉辇区篮球总会的副会长，这是我所获得的第一个社团职位，让我有点受宠若惊。

在1971年左右，由于吉辇中学的初三考试及格人数不足以开设一班中四，考及格的同学们只好转校。这意味着吉辇中学本身存在生源不足的问题。很多当地小学毕业生放弃吉辇中学，选择国民学校。

这种情况继续下去的话，吉辇中学将会面临很大的问题。如果不及时改革，后果将会不堪设想。因此，到了1973年左右，很多校友觉得应该要整顿这区内唯一的华文教育堡垒。直到1974年，也就是我离开吉辇中学10年之后，一批校友约我一同回去看看母校。吉辇中学刚开始办学的地点位于古楼的临时校舍，到了1962年才正式搬入现在的地址。我们这批校友参观后，发觉这家中学虽已接受改制，但校舍仍非常简陋，只有六七间课室——都是锌板屋——这也是一般改制中学都存在的问题。

改制中学本来属于马来西亚教育体系的一环。在鼓励各华校接受政府津贴而改制的同时，政府给予种种口头承诺。但是，那些基于各种原因接受改制的国民型华文中学，至今政府都没有给予它们与国民中学相等的行政与发展拨款。这导致改制国民型华文中学长期面对拨款不足的局面，必须向社会人士筹款。然而华社普遍给予独中更多支持与便利，加上一些华裔对于改制的历史不了解，也不清楚改制国民型华文中学的处境而拒绝协助，这使得许多改制国民型华文中学处于“爹不亲、娘不管”的尴尬局面，改制中学也被喻为大马华教史上的一个血泪篇章。

吉辇中学经过十多年的改制以后，因为没人去凝聚华社力量来发展，所以学校的硬件设备不全，校舍没有获得全面建设，学生来源也成问题。看到母校的近况如此惨淡，我们这批一同回校的校友当场就约定要筹备建校委员会，并推选我担任主席。

我们看到槟城其他学校——比如钟灵中学、槟华女中等办得很出色，也跃跃欲试，想整顿母校。另外，我们也认为这是地方上唯一一所国民型华文中学，为了当地华裔学弟学妹们的前途，在情在理，都应把这所学校办好。我们这批校友大多只有 30 岁左右，我因为以超龄生的身份入学，那时已过 30 岁了。经过研究讨论，我们一群年轻人，可说是不知天高地厚的初生之犊，勇敢地成立建校委员会，并立下目标：要建设 12 间双层楼的教室。建校委员会一成立，就得到董事部和家教协会的支持。

要建设这 12 间教室，那时所需的款项是 10 万零吉左右①，这在当时是很大一笔钱。每一间教室的建筑费约为 8 千零吉，当时一辆普通 4 座位的日本新车才要五六千零吉。我们这一批年轻人不管三七二十一，胆粗粗地就把重任接下。

第一炮，建校委员会决定筹办千人宴筹款，于是成立了千人宴工委会。工委会包含各界人士，老师、商人、记者……也吸引很多校友回来帮忙。在成立初期，工委会所有成员已达成共识：所有工作都是义务的，捐款全部归公——这是第一个宗旨。因此，最后结算时，我们很愉快地发现，工委会根本没花到多余的钱，所有捐款都悉数呈交作建校基金。

替学校筹款的那段时间，我和委员们几乎踏遍了巴里文打的所有地方，我们进出一间间商家、民居、神庙……为了达到目标，不管对象是谁，都向他们要求募捐。所收到的募款，从几零吉到整万零吉都有，比如拿督公庙就捐了 1 万零吉。

作为建校委员会主席，我决定抛砖引玉率先捐出 1 万零吉，这个举措也得到了哥哥们的支持，并决定用公司的钱和名义捐款。这

① 后来只用了 8 万零吉。

对我们公司来说，是一件历史性事件，因为这是我们走出贫穷之后的第一个善举，也算是第一次在社会上比较有代表性的捐款。后来，建校委员会利用这笔钱建了一间教室，并以我爸爸的名字命名。只可惜真正把名字写上去时，我爸爸已经去世了。

为华校做过捐款活动的人士都知道，在这个过程中，会遇到许多让人难忘、意外、感动、气愤的事情，可说是尝遍人情冷暖。

吉辇中学当时形象不佳，不是华人家长的首选，董事长热心华教，但他年老多病，也无法全力办学。因此我们在筹款时，需要面对一定的阻力。虽然如此，人们看到一批年轻小伙子为学校奔走，大部分也不会怀疑我们有不正当的意图；基于华人对华文教育的深厚感情，传承中华文化的意念在华人脑海中根深蒂固，就算面对批评，多数人也会出钱出力。

我有一个远亲，他很好意地警告我，不要参与筹款。他怕我得罪人，也担心我吃力不讨好。我告诉他，我已一脚踩进去，没有退路，一定要把这件事情做好。也有人在外散布谣言，说我们滥用捐款。这些批评或谣言，是有意还是无意，我不想分析，只求能把建校委员会的工作做得无愧于心，不要让支持我们的人失望。

我们也获得了报社支持，记者们逐步报道筹款的每一次进展：5万、6万……所筹得的款项节节上升，让人振奋鼓舞。这么一来，倒是引发了一股捐款热潮。

在小小的巴里文打，千人宴当天的反应非常好，学校礼堂爆满，桌子甚至摆到礼堂外。宾客大多是普通民众以及许多从远地赶来出席的校友。吉辇中学的第一届毕业典礼是1965年，千人宴则是在1974—1975年。年纪最大的校友其实当时也只不过30岁，更多的校友只有20多岁。虽然校友们的经济状况在当时并不那么好，但众志成城，华校校友的力量真的是很大。我们的目标虽然是要筹获8万零吉，最后却筹得12万零吉，这是出乎意料的惊喜，也让我非常感动。此外，尽管面对少许冷言冷语，但也在当地鼓起一股全面推动和发展吉辇中学的风潮。

筹款过后的下一步，就是积极配合董事部，申请建校工作。我亲自处理建筑工程竞标的事宜，因为我会算材料，而且算得很准。

曾有一位长辈称赞过我，说别人用3天来算，我只要3个小时，最后误差也只有2%~3%而已。

因为吉辇中学已经改制，所有建筑图则都要得到教育局的批准。在呈交图纸的时候，我们发现校地没有个别地契，严格来说只不过是一个园丘的一部分，只是当年的园主森那美公司[①]拨出以做教育用途的部分地段而已。这家公司曾寄给学校一封信，说明这地段属于教育用途，但信里没有吉辇中学的名字。这也就意味着董事部没有权力签名建校，我们必须获得教育局批准才能进行。幸亏教育局也没有为难我们，很快地批准了，我们得以暂时避开地契问题。之后，市议会也批准了建筑图纸。我们又跟政府申请拨款，获得了1~2万零吉。就这样，我们完成了建校的任务。

隔了一年，吉辇中学换了一位新校长，名叫黄玉麟。他是一位很不错的校长，跟我们合作无间，把学校建设得很好。黄校长在不久后，便推荐我进董事会，委任我为董事部的一个普通董事[②]。黄校长调职后，新来的陈健杰校长，对办学自有一套，把学校办得有声有色。

我们的努力，加上各方合作，以及天时地利人和，终于逐渐把吉辇中学的名声推向高峰。

---

① SIME DARBY PLANTATION SDN BHD。

② 官方代表。

## 吉辇中学校友会

尽管我只在吉辇中学读过一年书，也没认识很多人，但是为吉辇中学所主办的筹款运动获得很多校友在人力、物力和精神上的支持。于是，我们这一批校友决定申请成立校友会。经过几年的努力，吉辇中学校友会终于在1976年正式成立，我被推选为第一任会长①。

校友会成立之后，除了日常的文化活动，很大部分的内容还是放在支持母校的各种建设上。校友会不断为母校做出贡献，在第2~5期的建校计划中，校友会起了很大的作用。各个庞大的建校计划，在校友会领导层的积极支持之下，取得不凡的效果。至今，共有5期建校计划，除了增建教室以外，也建了大礼堂、其他应用室（音乐室等），总花费700万零吉左右。

**吉辇中学校友会为廷炎堂主持开幕典礼。左起：林绍禄议员、吉辇中学校友会第三届会长江文楷、第四届会长巫俊平。当时我已经退任，在退任的时候我捐了一笔钱，让他们买会所。摄于1983年**

① 会长的任期只有两届，我曾任第一、二届会长。

# 吉辇中学董事长

完成第一期建校工作之后，学校开始初步发展。黄校长掌校期间，学校蒸蒸日上。我们趁热打铁，想要尽快开展第二期建校工作。

没想到，在建校期间，董事会的董事长突然去世了。那是1979年，当时，在众多董事、家教协会、校友等团体和人士的鼓励和支持下，我毅然接起了代董事长的职位。1981年，我成为正式的董事长。

在我当董事长的期间，吉辇中学的校长是陈健杰。他是一位不可多得的校长，办校很认真。在他的努力下，吉辇中学的校务取得了稳健的发展。不久之后，学生人数开始与日俱增。看到学校的进步，董事们也非常乐意捐款建校。

通过第一期建校工作，我们把原有的亚答屋校舍拆除，并将教室增加到16间；第二期建校计划则再加建教室，增加到28间。1991年，我做了11年的董事长之后，因搬离巴里文打，忍痛要离开吉辇中学董事部的时候，恰逢第三期建校计划要实施，所以我也捐了一笔钱。在第三期建校计划中，我们建了一座三层楼的校舍和应用室。

首届吉辇中学董事会合影。摄于1981年

我从1981年到1991年，在吉辇中学当了11年的董事长，这段时间里，马不停蹄地扩建校舍，校务也显著提升，很多吉辇区的华小毕业生争相来这里报读，吉辇中学终于一洗以往的颓气，成为人人称羡的学校。

到了20世纪80年代初期，吉辇中学面临一个很大的问题：由于吉辇区只有一所国民型华文中学，一些住家离吉辇中学太远的学生，若想要到吉辇中学就读，往往得不到教育局的委派。这种策略，其实是教育部为了解决生源平均的问题。不过，由于华文中学的缺乏，这一决策导致很多住在吉辇区，但离吉辇中学比较远的华小毕业生，只好遵从教育局的指令，到教育局委派的国民学校升学。

为了让自己的孩子到吉辇中学读书，许多家长都只好在报名的时候假报地址，把自己的地址填写到巴里文打。还有些家长为了免麻烦，在孩子读小学的时候，就直接去报读吉辇中学附近的小学，好让自己的孩子有把握直升吉辇中学。

教育局的政策，使得校方每年都要面对家长施加的压力。我们在建校的时候，会去跟这些家长募捐，他们往往都踊跃支持。但是当他们的孩子要来读书的时候，却没有机会。我身为董事长，面对的压力更大。

每一年，我们都要去跟教育局求情。学校有校舍、有设施，我们要吸引华小毕业生来读中学，但是教育部的政策导致离吉辇中学远一些的华小毕业生没办法被派来吉辇中学。有时候，教育部偶尔会派马来学生和印度学生来读书，华小毕业生就只好去读国民学校。

一般来说，华人家长对于孩子们的华文教育非常重视，那些被派去国民学校的学生家长，很多都会到学校要求我们帮忙。为了更有效地解决此事，我甚至把这个问题带到霹雳州马华联委会去讨论。我也曾去见副教育部长周宝琼，但每次都是治标不治本。另外，每年的新生家长们都要报假地址，一次就是五十几人一同换地址，一同提呈到教育局。这么一来，我们就只能从成绩较好的学生中进行挑选。

当时吉辇县教育局长也不为难我们，他批准了所有换地址的学生转校。虽然如此，我们仍然每年都要去跟教育局争取。久而久之，我就会想："为什么我们必须承受这种痛苦？受教育本来就是国民的权利。"这种每个国民都应有的权利就因一些不公平的政策被剥夺了。家长来求我，他们辛苦；我被他们苦苦哀求，也很痛苦；每年都重复这样的事情，我觉得很累。

1986—1987 年，这个问题终于爆发了。

在那一年，角头的家长一发不可收拾，发动一两辆巴士的人到学校示威。作为董事长，我选择勇敢地面对他们。家长们还算客气，很礼貌地向我们表态。他们认为学校也是华社——包括他们本身捐钱建的，为什么他们的孩子要读书，却不能获得就读机会？

我也耐心地向他们解释说，这是教育局的政策，而不是董事部的决定。没想到，这一群家长继而就全体移师到教育局。

到了教育局外面，他们开始激动、鼓噪起来。局长又表示不愿见他们，还表示他认为最好的方法是叫我一同去商量。我只好再到教育局，看到同一批人在示威。于是，我跟家长们委派的 3 个代表，一行 4 人在现场准备一份陈辞，呈交给局长。局长跟 3 位家长代表说，开班的班数不是他的决定范围，为了表示清白，他甚至还拿出工作的细则给他们看。家长们没办法，唯有接受他的解释，纷纷回家。

示威当天下午，我接到当时警区主任打来的电话。这位主任是我的好朋友，他让我隔天一早到他的办公室见面。当天晚上，副教育部长周宝琼就打电话来了。她向我表示，教育部将会指示县教育局让我们多开两班。这么一来，事情就得到解决了，多加两班，意味着几乎所有角头的学生都能够有读书的机会了。我总算松了一口气。

隔天我就依约去见警区主任。没想到，政治部的官员也在场。警区主任向政治部官员表示要跟我聊一聊。政治部的人也很通情达理，自动回避。

警区主任跟我讲得很客气。他说："我知道那些来示威的家长，很多都有左派的底。"我心里在想，他们也真是神通广大。他又说："我们是好朋友，所以我必须警告你，这种示威的事情以后不可以做。"他告诉我："你们是华人，其他官员大多是马来人，如果昨天发生打人事件，就会酿成不可收拾的后果。"他是好意提醒我，所以我也很认真地向他解释那些家长的怨怼，跟他表示这不是我带头的示威。

我们聊了 15 ~ 20 分钟，他写了报告之后才告诉我，霹雳州警察总长打电话给他，向他了解来龙去脉。无论如何，他已经跟霹雳州警察总长解释过了，这件事就这样解决了。

1991 年之后，我的生意在槟城一再扩张，也已经在策划挂牌。考量多时，我决定专心从事商业发展，便举家搬来槟岛，这么一来，我就不方便再当吉辇中学的董事长。于是，在 1990 年，我就向董事部请辞。在他们的极力挽留之下，我又做了一年董事长，于 1991 年才挥泪离开。

在吉辇中学的 11 年里，我感受到华裔坚持教育的努力，还有华文教育在马来西亚每一步的艰辛，从这些经历里，可见一斑。

## 峇眼色海东华小学家教协会

东华小学是一间历史悠久的学校，至今已有超过百年的历史。它创立于1910年，原名东华学堂。东华小学刚开始只有8名学生和1名老师，后来因为学生人数增加，数次扩建，成了峇眼色海一所设备比较齐全的小学。

20世纪70年代，在吉辇中学的千人宴成功举办之后不久，大概是1976年开学之后，有一位朋友找我一同出席东华小学家教协会会议。由于我的孩子在东华小学读书，我想了解一下也不错，便陪同他一起去。

我们一进入会议室，跟老师和家长们打个招呼，便一起开会。由于是常年会议，因此当天也进行选举。我正观看大家选举的过程，突然有人提名我做主席。

这是我生平在最没有准备的情况下被提名。我吃了一惊，赶快站起来谦让，向大会表示我从未参与校务，想退出竞选，万一被选中，会成为学校的一个冲击。他们却回答说，就让大家来决定好了。结果，投票的结果，我却获得压倒性胜利。

现在回想，当时我才30岁左右，因为缺乏社会经验，我不懂得马上拒绝，而是任由大家去投票，结果却出乎意料。那时，现任主席还在现场，我真是不好意思！在众人的掌声中，我接下了这个担子。那时的心情，有点无措，也有点兴奋。这个事情鼓舞我，要为社会服务。但是，我之前完全没有参与过，也不知道自己的工作岗位是什么，甚至国民型学校的家教协会的实际意义是什么我也不清楚。

时任校长是王水贵校长，他是家教协会的当然顾问①。开始的时候我的确对家教协会真正的作用和角色不甚了解，王校长给了我不少协助，使我很快上手。在很短时间内，我就驾轻就熟。我很感

---

① 当然顾问，根据马来西亚教育局的规则，校长必须是家教协会的顾问。在马来西亚我们称他们为“当然顾问”。

激他。

在政府贷书计划下，很多低入息的家庭，可以向政府贷书。东华小学虽然是政府津贴学校，但是无奈政府所分配给各华小的课本都不够应付需要贷书的学生，所以大部分家长还是得负担孩子们的课本费。谁被允准贷书，原则上由家教协会来做评估和决定，然而书本紧缺，导致可能只有一半的人有资格贷书。到了20世纪80年代初，因为政府分配给学校的课本也不够贷，我们家教协会还得去买书来让学生们贷书，才能勉强解决这个问题。

我们也很慷慨地给学生发奖助学金，委派优秀生到外地参加各项比赛，协助贫穷学生，给他们买鞋子、衣服等，全面推动福利工作，有时还跟巫统的国会议员申请拨款等。

这个职位虽然比起以后的种种社团和组织，职务相对轻松，但这是我第一次担任社会上一个正式组织的主席。以往的建校委员会、工委会等，都是临时性的，家教协会主席却是永久性的，所以它在我的人生历程中相当重要。因为每一个经验都是宝贵的，我从每家社团和组织内，都学习了不少人生的道理。

## 青团运

到1978年的时候，我已参加了很多社会活动。此时，有一批30岁上下的青年人，想要在峇眼色海成立一个青团运。这是当时相当火红的一个组织，全名为“马来西亚青年团结运动”，简称青团运。该组织成立于1975年，是马来西亚一个非政府组织、青年运动组织。

为青团运义跑筹募活动基金。摄于1978年

峇眼色海青团运成立典礼宴会。时任文化及体育部长拿督麦汉锦（左一）、霹雳州行政议员陈仁安JP①（左二）担任嘉宾

这批人都是峇眼色海人，在见我之前，他们已私下开了很多次会议，商量如何在峇眼色海把青团运做好。他们一致认为，首要是选择一个领导。于是，他们一致同意邀请我加入，并已经内定，由我做他们的团长。也许因为在他们之中，有一些人曾经跟我有一些往来，认识到了我的领导才华和演讲才华吧！我向他们进一步了解之后，发觉青团运是一个很庞大的组织，当时在全国有几十万个会员，加入这个团体，应该可以有一番作为，因此，我决定跟他们一起组织青团运。

① JP，Justice of the Peace的缩写，在马来西亚译为太平局绅，这是一种源于英国的职衔。目前英国的英格兰与威尔士、澳大利亚、加拿大、新西兰、马来西亚、新加坡、中国香港等国家及地区皆有JP制度，JP一般有责任维持社区安宁及有权处理一些简单的法律事务。但各地区对其定义和要求皆有分别。（摘自：https：//en. wikipedia. org/wiki/太平绅士）

我们才成立时就有200多个会员。第一次会议，我就被推选当主席。他们已有很多计划，比如引导峇眼色海的年轻人对时事的关注，每星期举办一次打球、一次报纸新闻分析会、一次自由发言会……活动内容跟我在高中的时候差不多，很容易就上手。

在青团运里有一大批青年一起活动，做起事情来非常容易，任何计划一商量好，说做就做。峇眼色海只是个小镇，那些年轻人的思想比较单纯，有满腔热血，很想为社会服务。地方上有什么红白事或学校有什么活动，只要有需要人力的地方，他们就可免费帮忙。这种单纯的服务精神，让人非常敬佩。

由于我加入的时候已经34岁，根据团规，会员只能接收35岁以下的年轻人，因此我只做了一届（2年）的团长就退出了。不过那些曾经在青团运里一起参与过活动的团友们，我们到现在还时常聚餐、钓鱼，大家都成了好朋友。其中一位团友是我认为人加入适当组织之后会受到好影响的最佳写照：

他是我们的一位理事，名叫沈福坤。当年他是一位非常有正义感、喜欢打抱不平的私会党徒。在他参与青团运之后，给我很大帮助，一直在团里维持正义，充当主力军，把纪律搞得有声有色。地方上有什么事情，他就带团员去维持秩序。他参加青团运之后最大的收获就是交到一个女朋友，她也是青团运的会员，还是一个幼稚园园长。我常常想，感情和命运就是这么无法预测！这位幼稚园园长后来嫁给他，我很为他们高兴，还去做婚宴主持人。最有趣的地方是，沈福坤很豪迈，也很喜欢说粗话。有一次，他在我面前又骂了一句粗话，我忍不住对他说：“你不顾自己的颜面，也要想想你女朋友是谁啊！”他马上跟我道歉：“以后我再也不会了。”我很感动，但后来他还是会不时骂一两句，看来是江山易改，本性难移。另外，他家就在渔港附近，为了照顾喜欢吃鱼的我，他在屋子旁边搭了一个棚，好让我可以跟他一起钓鱼。因为一起在青团运奋斗过，我们变成了知己。让我们一群朋友羡慕的是，他的一对双胞胎女儿现在都在做医生。

# 马华公会

在1978年全国大选时，马华公会取得了不凡的成绩。当时，丹斯里李三春是马华公会深受欢迎的领导，在他重建和改革马华公会的倡议和号召下，许多年轻人、早前思想激进人士等，纷纷加入马华公会的行列。一般认为，通过这种斗争可以平衡马来西亚的种族差异。由于1969年的“五一三”事件过后，华人的政治权利受到很大的限制，为了争取华人政治上的权益，我认为如果有一个可以代表华裔的政党——当时的认知就是如果马华公会壮大的话，是有机会实现这种理想的。在马来西亚当时的政治环境里，唯一能够为华裔服务和实现社会公平合理的政党应该就是马华公会了。此外，有一位熟知我以前的活动和事项的政治部要员劝告我，如果我能加入马华公会，将有助淡化我以前的“历史污点”[①]。在多重考量下，我就在那时候加入马华公会，希望能够为社会贡献小小的力量。

**前副内政部长拿督再那阿比丁辛（DATUK ZAINAL ABIDIN BIN ZIN）与我在马华公会的一个活动上。摄于1985年**

参会的两年内，我就当上了马华公会的区会主席。按马华组织的惯例，区会主席是重要的党职，几乎大部分的马华高级领导层，包括部长以及国、州、县、市议员等，都是由区会主席做起的。

在1981年到1987年，我成为吉辇县的县议员。这段时间内，我也曾担任屋租统治法令下的仲裁庭庭员、团结局委员、医院巡察员[②]。

---

① 从他们的角度来看。

② 到1991年才离职。

担任县议员的初期，我对于这个职位的工作范围不太清楚，用了几个月时间来厘清。不过，由于县长安排我在县里几乎所有重要的委员会里都当过议员，我才醒悟，县议员也是一个重要的职位。

我参加马华公会的初衷，是为民服务。至今，我仍然感激马华公会提供一个平台让我为县内的华人提供一点力所能及的帮助。那时，我一心一意希望能够为县内的华人做出应有的贡献。但是，唯有自己身在其中，才发觉很多事情并不是想象中的那么容易。

我面对过许多大大小小的民生问题，比如卖酒准证、菜市场摊格分配问题、廉价屋分配风波……我也亲身体会到英国殖民政府留下的各种制度，比如档案系统制度[①]、会议程序、编码系统等，都非常健全且具有系统性，让我大开眼界。

曾有一次，峇眼色海和古楼发生两场火灾，在时任县长的协助下，灾黎[②]很快重建家园。我也积极替灾黎申请福利部和地方上的拨款，协助他们把损失降到最低。

7 年县议员的生涯里，让我最难忘的一件事情，就是为几户穷人家非法搭建的屋子获得准证，让他们不必拆除屋子成为无家可归之人。当时，这几户人家在吉辇县某地非法建屋。建好之后，不幸被市议会发现，结果他们都被控告上法庭。通常在这种案件里，当事人会被罚款，之后只要他们重新申请，通常都会从轻发落，批准屋子的建设。

但很不幸，因为一些官员之间的明争暗斗，这几户人家不但被控告，还被命令拆除他们非法所建的屋子。这么一来，他们都不允许重新申请准证，市议会还向法庭申请庭令拆除那些屋子。唯一能够解决这件事情的人是州务大臣。州务大臣也是安全委员会的主席，他有权力下令暂停执行这个庭令。

这些屋主都是受教育程度不高的穷人家，他们走投无路，唯有向我求救。我和几位同僚极力跟时间赛跑，为他们奔波。我联络了好几位“高层人士”，通过一连串的周旋，州务大臣终于下令暂停拆

---

① FILING SYSTEM。

② 灾民。

除非法屋，也要求法庭重审。最后，这些非法屋主只被罚款几百零吉，屋子也不必被拆。我提醒屋主们重新向市议会申请，最后他们终于拿到建屋的准证。

看到这些屋主们那么高兴和宽慰，我觉得能够用自己微小的力量去为人民做事，一切辛苦都值得。

这几户人家也没有忘记恩情，他们到今天都非常尊重我。其中有一位是卖菊花茶的小贩，他每次见到我，都会送我一大罐菊花茶，让我拿回去给孩子们喝。

到了 20 世纪 90 年代之后，我因为生意扩展得很不错，公司在槟城发展得很好，我越来越忙碌于商界，最后，我选择离开峇眼色海，搬到槟岛，也决定淡出政治圈。

在马华公会，我结交了不少朋友，也成为一个思想更加成熟、做事更加谨慎的人。

# 韩江中学

20 世纪 80 年代中期，马来西亚开始发展工业化，脱离以原产品为主的经济体系，经济开始发展得越来越蓬勃。在这种情况下，我把事业逐步移到槟城，因为这里发展得比较稳健，商机比较多，也比峇眼色海更具潜力。另外，在这个时候，我也决定让公司在吉隆坡股票交易所上市。在种种情况下，我在 1990 年决定举家搬来槟岛。搬家以后，由于地域限制，我逐渐放弃了峇眼色海的社会工作。

1990 年，我终于在阔别 24 年之后，搬回槟岛居住。这时，我有点衣锦还乡的感觉，因为这一次搬回槟岛，跟以前读中学时的情况完全不同。

中学毕业离开槟岛后的那段时间，我非常勤劳和积极地进行商业发展，如今我拥有两家有规模的工厂，搬到槟岛之后，又买下峇六拜工业区里的一家工厂，正要展开跟日本合资的生意。我的生意已获得全方位发展，蒸蒸日上。与此同时，公司也正在为挂牌做准备。1991 年，我们公司正式在吉隆坡股票交易所挂牌，成为马来西亚第 292 家挂牌公司。之后，我就集中精力从事生意方面的活动。搬到槟岛之后的几年内，我没有时间，也没有精力去参与社团活动。

1996 年，在很多同学的邀约下，怀着兴奋、激动、怀旧等五味杂陈的心情，我们一同回去毕业以后就没有再踏入过的韩江中学参观。

以校友的身份重回母校，我发现韩江中学跟我 30 年前离开时有了很大的改变。我读书时的全盛期，全校有 3 000 多个学生，现在竟只剩下 200 ~ 300 人；老师穿 T 恤来上班，学生穿拖鞋来上课。遥想当年我们的时代，纪律是多么严格。校舍因为疏于管理，变得很残旧；3 层楼的图书馆——曾是我增广见闻和知识的地方——现在因为没有人使用，结了很多蜘蛛网。在我记忆里那么宏伟的礼堂，现在走进去，竟感觉一股阴气扑面而来。想当年，我可说是踏遍了韩江中学的每一寸土地，校园曾给我留下许多美好回忆，现在却感到无比心酸，所以我决心一定不能看到它荒芜下去。

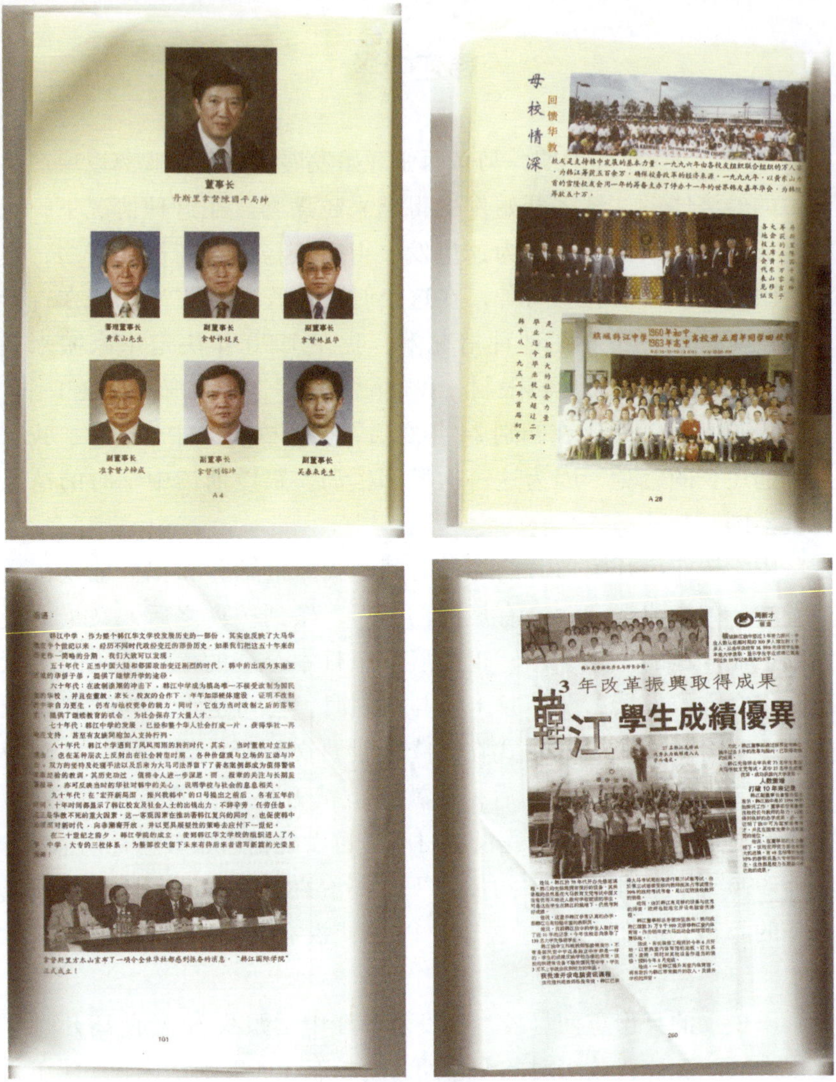


我在韩江中学当副董事长时所参加的一些活动

看到整座校园的状况，我们心中不禁感到十分哀伤！当天我马上决定宴请同学们①，一起商讨如何帮助母校渡过眼前的这一个难关。宴会的那天还是1996年的新春期间，出席者有3～5桌，反应

① 各届60年代毕业生，都是社会上有成就、热爱韩江中学的同学。

可谓相当热烈。当时的董事长丹斯里陈国平也出席。在宴会上，同学们提议要把韩江中学重新推向高峰。这个提议马上获得在场全体成员的踊跃支持，继而也决定要通过万人宴为母校筹募发展基金。当晚我们就预定一个日期以便召开韩江校友会来成立万人宴的工委会。我以个人名义号召大家来参加，加上晚宴和万人宴的决定也相继在报纸上刊登，决议宣布将会邀请全马来西亚韩江中学的校友来参加这个万人宴，为母校筹募发展基金。

在成立工委会的会议上，我们获得了各地校友会的支持和帮助，当天出席的有几百人，我很荣幸地被选为大会主席和工委会主席。我们很快就正式展开为韩江中学筹募发展基金的工作，整个募款过程得到槟城州热爱华文教育人士的鼎力支持。

当我们决定要通过万人宴筹款，一些校友认为只需把目标定在筹获50万零吉即可。但我们经过一番研究之后，认为应该将目标放长远些，于是我们将其提高至100万零吉。

华社对教育的支持，让我和一群为筹款奔走的校友们一次又一次地被感动。许多出乎意料的人和事，发生在筹款过程中，除了为母校筹获发展基金，我们也尝到社会冷暖，这是我始料未及的。

我和当时的董事长陈国平到一位潮籍社会领袖拿督林良耀老先生府上募捐时，他对我们的努力给予很多赞扬："大家一定要全力支持，我们应该把潮州人的韩江中学好好办起来，我会慎重考虑，过几天才能告知你们我的决定。"过了一两天，拿督林良耀先生联络我，约我以及数位工委会的成员一起去吃午餐。他请我们吃了丰盛的一餐，同时慷慨地宣布他将捐给韩江中学10万零吉！这件事给了我们莫大的鼓舞。

不久之后，丹斯里方木山打电话联系我，我很直接地跟他提起我们想要通过万人宴为韩江中学筹款的计划。他也是韩江中学的同学，又是韩江中学的前任董事长，一听说此事，就邀请我们去吃饭。又是丰盛的一餐，而且在餐桌上，他就爽快地答应捐给我们40万零吉，这也是我们在整个捐款的过程中所获得的最高一笔捐款款项。

在整个筹款的过程中，我发觉许多校友都很热忱地付出，他们自动自发地为母校献出人力、物力、财力，许多校友的参与和加入无形中成了宣传效应，报界也给了很多正面报道和鼓励。在这种情况下，我们用了4个月左右的时间就把筹款活动推向一个又一个的高潮。

接下来，我们就更有勇气地面对这个筹款运动，还把目标提高到300万零吉。经过同学们的商讨，我们还定下口号:“团结一致，振兴韩中。”

为了达到新目标，我们联络各届毕业生，从第一届到第二十届的同学们都召开个别会议，大家同声表示会对万人宴鼎力支持。全世界校友的捐款，通过历届毕业校友联谊会，源源而来。每一次结算，都让我们兴奋和感动，因为所获款项比意料中的多。

到了万人宴前一天，我们统计了捐款，只差10万就达到300万零吉的目标。此时，距离工委会成立，只不过才4个月。就在这一天，海内外校友陆续抵达，我在韩江中学礼堂宴开了约20席。当天晚上气氛非常好，校友们都抱着很大的希望，认为韩江中学从此一定可以振兴起来。我在当晚简短的致辞中提到:“看到今天大家踊跃出席，我很高兴，韩江可说已经未振先兴。”大家都很兴奋。

万人宴当天，为了让捐款突破300万零吉，之前本来已经捐了20万零吉的丹斯里刘锦坤，决定再多捐10万零吉，因此我们就得以在现场宣布，捐款已经突破300万零吉了！这事让全场雀跃，气氛再一次达到了高潮。此外，当天晚上又有一位热心潮籍人士捐出10万零吉。全国各地以及从外国回来的校友，许多都在现场掏腰包，有些带着现金，有些带着支票，款项从1 000、2 000、5 000到1万零吉都有。当天现场捐款的款项总数达到30多万零吉。当晚原本准备了500席，但因为来宾远超预算，最后宴开540席，几乎占满了整个操场。因为同学们的精诚合作，宴会进行得非常顺利。同学们爱校以及爱护华文教育的精神，让我非常感动。晚宴过后，很多老同学仍然依依不舍地在校园溜达、留影，不舍得回家。我还记得当天晚上韩江中学四周的路段车都塞得非常厉害，甚至还要出动警方来指挥交通，风头一时无两。

**“韩江中学韩友大团结”万人宴，左起：丹斯里陈国平、前任槟城州首席部长丹斯里许子根、我、丹斯里刘锦坤，前董联会主席郭全强。摄于 1996 年**

万人宴高潮过后，一位旧董事——我尊敬的林明初老先生苦口婆心地劝告我们说，这笔钱得来不易，可说是继大慈善家林连登老先生之后最大的捐款活动，应该要好好珍惜，用来发展韩江中学。他很欣慰地说，现在他看到一线希望，祝愿韩江中学可以好好发展。很遗憾的是，他不久就因癌症去世了。

1996 年的韩江中学在各方面都处于最低潮。这次捐款活动，可以说为韩江中学注入了一支强心针。虽然有了硬体建设，但学生来源还是一个大问题。在各界校友的推动和协助下，我们曾经走遍整个北马，说服家长们把孩子送来韩江中学读书。1997 年的新生人数略微有提升，增加了 100 人。

经历过这一次筹款和四处寻访学生的事件之后，我深深体会到了“十年树木，百年树人”的道理。我由衷地感受到，从事教育工作绝对不能仓促，必须有长远计划以及无私的精神；也不能哗众取宠，应该有一套完整和长远的办学方针。因此，对于过去华文教育先贤的努力，我无比敬佩。

## 潮州会馆/韩江家庙

韩江中学万人宴的热潮，或多或少也冲击到槟城的潮籍人士，使他们盼望着改革之风。

随着这股热忱，在众多槟城的潮籍人士的推举下，丹斯里方木山毅然决定肩负起领导潮州会馆的重任，他盛情邀请我担任他的副手。1997 年 3 月底，经过正式改选，丹斯里方木山以及一批新董事，进入了潮州会馆，我也被推选为署理主席。

据我了解，潮州人早在两个世纪前就在槟城落脚。咸丰五年（1855），潮州先贤许栳合、王武昌、洪声挂、黄遇冬、陈亚苞与李永隆六人，以“潮州公司”的名义，购置了社尾街 381 号的土地与屋业。之后，许栳合、王武昌、洪声挂与黄遇冬继于同治三年（1864）创设韩江家庙，并于不久之后购买了吉宁街的一块地皮，在 1870 年完成实体建筑的营造。光绪十四年（1888），第二代领导人许武安、王孟正等，增修家庙的前中后三进。光绪十六年（1890），遵照《1889 年社团法令》的要求与规定，以韩江家庙（即潮州公司）的名称向华民护卫司注册备案。1904 年，韩江家庙完成了所有产业拥有权的转名法律手续，推行信理员制度，以确保产业宏基永固。在教育方面，为了培育潮人子弟，韩江家庙同仁于 1919 年倡议设立韩江学校。1931 年，始倡韩江互助会，秉持关爱互助、巩固乡情的原则。1933 年末，韩江家庙正式更名为槟榔屿潮州会馆[①]。

抱着一股热忱加入历史悠久的潮州会馆，我们跃跃欲试，希望把韩江中学和潮州会馆紧密联系起来，大家的心愿是办好学、做好事。

1998 年恰好轮到槟城潮州会馆主办全国潮联大会，在丹斯里方木山的带动和领导下，出席的人员非常踊跃，代表们来自世界各地，共有 1 000 多人。当时，我们邀请到了潮州地区几乎所有主要城市的高层前来出席，包括潮州市长、汕头副市长、普宁市长、揭阳市长等，另外还有许多来自中国、新加坡、泰国等的代表前来观礼。在

---

① 摘自：http：//www. penangteochew. org. my/history. php。

这一次的全国潮联大会中，我被推选为工委会主席，这也给了我一个担当大规模活动领导的机会。

我们成立了一个庞大的工作团队来接待所有国内外的乡贤和嘉宾，并得到董事部、青年团和妇女组的鼎力支持。各种细节上的问题我们都要解决，在整个团队的同心协力之下，这些问题都迎刃而解。比如交通问题，整个庆典需要很多巴士来载送贵宾。以接机、送机来说，交通组的责任非常重大，槟城当时3家比较有规模的酒店都被我们订满了。在我们的安排之下，贵宾一下飞机，马上有人接待，当他们被送到酒店之后，一定有工委会的工作人员帮忙办理入住手续。虽然贵宾们抵达和离境的日期各不相同，但交通组的组员非常能干，整个庆典过程中，我们完全没有遇到交通的问题。顺带一提，那几天光接送的巴士费用就花掉4万零吉，可以想见其场面之盛大。

一连三天的庆典，我们共有五项重要节目，总费用估计需要50万零吉。在丹斯里方木山的领导下，加上槟城潮籍人士的支持，我们很快就筹获50万零吉庆典用款。

**时任马潮联会主席丹斯里张泗清颁发纪念品，马潮联会庆祝成立64周年纪念晚会，我是工委会主席。摄于1997年**

三天五项重要的节目如下：全国潮联大会①、庆祝潮联会成立周年纪念②、全国潮州人卡拉OK比赛、全国潮州文化展、青年团主办经济研讨会③。这个庆典对槟城来说是一项盛举，因为那时还很少有这种大规模的国际大会。

---

① 在韩江中学大礼堂举行，出席者1 000多人。

② 席开330桌。

③ 出席嘉宾包括时任卫生部长蔡锐明、时任槟城州首席部长丹斯里许子根、时任马潮联会主席丹斯里张泗清等。

三天活动过后，丹斯里张泗清老乡亲（已故）很满意、很高兴地对我说："这一次的庆典，不但规模做得史无前例，出席人数也非常多，还包括那么多重要人物，更难能可贵的是接待方面做得很周到。"他的赞赏让我感觉非常荣幸，也很欣慰。

在这一场庆典里，另一件让我印象最深刻的事情是，在庆典的最后一天，也就是代表大会闭幕礼那天，当时是在韩江中学礼堂举行，为了节省时间，我们别出心裁地邀请了十多档槟城著名小贩来给大家提供服务。槟城本来就是小食天堂，贵宾们——尤其来自国外和外州的代表——百闻不如一吃，别开生面的方法，让许多代表都津津乐道。

我们准备了50万零吉的经费，最后只花了40万，剩下的10万零吉，我们便捐献给韩江中学，作为发展基金的一部分。

潮州会馆在丹斯里方木山的领导下，进行了不少改革，比如增添奖助学金的数目、吸引和鼓励年轻潮籍同胞参与潮州会馆的活动等。每次有什么祭祀活动，我们便想尽办法去宣传。逐渐地，出席人数突飞猛进，吸引了很多人来关心潮州会馆的动向。

2001年华人农历除夕前两天，大家正在忙碌地准备过年，突然，我接到潮州会馆的坐办打来的电话，工作人员着急地跟我说："拿督，家庙中殿的屋顶塌下来了！"

我听了之后非常吃惊，马上联络几位董事，火速赶到现场。

一走入中殿，我们很心痛地发现，奉祀玄天上帝的中殿中间，有一部分屋顶不知为何塌了下来，导致屋顶上开了一个三四尺阔的洞。

我和几位董事都认为此事不可拖延。照会主席之后，我们立刻寻找师傅来装临时屋顶。虽然当时所有师傅都收工等过年了，但我们也唯有硬着头皮四处寻访，好不容易找到一位，来替韩江家庙修补屋顶。

春节之后，丹斯里方木山马上召开董事会议，在会议上，大家一致决议重新维修韩江家庙。

当时虽然丹斯里方木山的任期就要届满，但他仍热心地呼吁我们筹备修复韩江家庙的工作，以保存这座1870年始建、富有潮州风味的老建筑。

2001年，我被选为潮州会馆主席。经过几个大型活动的锻炼，我处理潮州会馆的基本会务能力已经提升不少，潮州会馆也得到潮州社会的认可。接任主席之后，我开始积极筹备维修和重建韩江家庙的工作。

当时，董事部并不是很懂维修古建筑的知识，可以说都是门外汉，但是基于一股热忱、责任感和使命感，我们咬紧牙关，几十岁了才开始入门学习如何维修古建筑。我们花费不少时间去找维修古庙的承包商，也去参观槟城一些已经维修好的古建筑，虚心向有关人士请教。我们见了很多承包商，听了不少意见，这一切就花了差不多半年的时间。

很多承包商认为，把韩江家庙拆除重建最直截了当。还有一个承包商提议把整个中殿拆掉，重新建造一座一模一样的新建筑。他认为，这样可以节省时间和金钱，只要50～60万零吉就可以解决问题。他还告诉我们，韩江家庙已经是100多年的建筑物，除了石头结构，他认为其他的木结构大多应该都已经损坏了。

虽然这些说法听起来仿佛能够一劳永逸地解决重建和修复问题，但我心底仍然有点忐忑。尤其当我流连在家庙中，看到那些木头上的彩绘以及墙壁上的牌匾，我感到这些祖宗留下来的古迹非常珍贵。心里似乎有一个声音在阻止我把它拆掉重建。我害怕如果这些古迹消失，我会成为历史的罪人。但是事情总不能就这样停滞不前，这一切都让我犹豫不决。也在此时我才发现，这是一件看似简单、实则困难的工作。

过了一段时间，突然有一天，潮州会馆收到一封来自槟城古迹信托会①的信，他们要求前来造访韩江家庙。我知道这一批古迹信托会的爱好者、保护者，一定对古建筑有一定的认识，我感觉他们对我们会有所帮助。我马上就答应了他们的要求，同时决定亲自和几位董事来接待他们。

是日，古迹信托会带了10多个专家和建筑师来访，给予我们很多专业意见，我也开诚布公地将我们的装修图纸取出跟他们讨论。

---

① PENANG HERITAGE TRUST。

他们表示应该进行维修，而不是拆掉重建。他们也向我们解释这座建筑物的珍贵之处——这是槟城唯一一座保存最完整的潮州式古建筑。跟他们见面之后，我们可说重新认识了韩江家庙的历史价值，一致认为如果能够通过维修来保存这座古建筑，将会是乔治市内一座非常特别以及有吸引力的潮人文化象征。而且，我们也认为这座有 100 多年历史的古建筑，有非凡的纪念意义。所以，我们最终采取维修的方式对韩江家庙进行修复，完全放弃之前拆掉重建的想法。

于是，2002 年，我召开董事会议，把这个修复意见带到董事部，很幸运地得到其他董事的支持，他们甚至决定马上请专家来支持维修工作，并成立一个以我为主席的修复委员会。决定要修复之后，我们开始在槟城寻找专门修复古建筑的承包商。这只是第一步，就已面对很多困难，因为我们缺乏评估古迹修复承包商的知识。时间一再延误，又过去半年。这期间，不少古迹修复承包商来投标，大部分要价很高，比我们想象中的费用超出三四倍。到了 6 月，我们已不想再拖下去，便决定在四五个承包商当中选出一个来负责这项工作。

我们成立了一个 7 人小组来全权负责修复工作，也就是说，我们 7 人可以决定全部跟修复有关的事宜。7 人小组的成员包括我、林贵秋、黄赐兴、林桌明、黄龙华、郭俊兴、陈友新，并邀请了林玉裳作为顾问。2002 年，我们终于选出了一位承包商，开始进行修复工作，整个韩江家庙的承建费用为 150 万零吉①。另外，我们做出预算，估计韩江家庙隔壁的韩江学校的维修费大约 50 万零吉，为了获得建筑经费，我们决定通过筹款活动来筹获这笔钱。于是，我们定下了筹款目标：向槟城州潮人社会筹募 200 万零吉。

首先，我们通过报纸不断介绍韩江家庙的历史价值，引起潮人社会的关注。其次，我们通过会庆举办千人宴发动筹款，筹到 50 万零吉。

在千人宴之前，我们基本上还没有全面去进行劝捐工作。2002 年的七八月份，庆委会成立，在两个月里，我们只不过通过电话向一些人募捐而已。消息逐渐传出去之后，开始有人自动前来捐款。募捐活动逐渐一呼百应，在千人宴之前，就已经确认筹到 100 万零吉左

---

① 这也是之后所花费的全部修复费用。

右，这个成绩给大家很大鼓舞。

在筹款过程中，许多同乡向我们表示，如果目前的韩江家庙不维修，这座古老的具有潮人特色的建筑物极有可能会倒塌，到时我们肯定会后悔莫及。

古建筑学家梁思成的得意门生、著名古建筑专家罗哲文（左一）在修复前访问韩江家庙。摄于2002年

潮州人爱乡、团结的精神，让人肃然起敬。我要很骄傲地说一句，当时捐获这100万零吉，可说不费吹灰之力，许多人都自发自觉地来献捐；更难能可贵的是有一些同乡，我们根本不用登门劝捐，跟他们通过电话之后，有些淡淡地说："我会支持。"听起来好像也没有什么兴趣，但没想到过几天就自己把支票送来潮州会馆，而且支票的数目还不算小。也有一些人根本没有考虑什么好处或奖励[①]，就主动拿来支票，放下就走，非常潇洒。当然，除了潮州人，也有其他籍贯的有心人，以他们潮籍的母亲、妻子等名义来捐钱。

会庆的千人宴得到潮州人的支持，捐得100万零吉左右，但离目标200万零吉还有一段距离，于是，董事部就马上开始进行另一轮劝捐工作。在整个过程中，出乎意料得到的反应大多都是鼓励和赞赏之声。

劝捐过程有苦有甜，更有许多难忘的经历，其中有一些，我们至今仍然津津乐道。

在与一些跟当地商家比较熟悉的董事在中街[②]向一些商家劝捐时，我们走进一家中药店。一位董事告诉我，这家中药店的店主是

---

① 比如捐出某款项，便可以将名字刻在墙上。

② BEACH STREET。

庄春湖先生，据我们所知，他也是潮州人。当天，我们一行三五个人，抱着平常心，走入庄老先生的店铺里，希望庄老先生能够给我们一些支持。一般，我们劝捐的潮州人店家，每家都捐了超过千元款项。第一眼见到庄老先生时，他穿得很朴素，背心、短裤、拖鞋，中药店里的陈设也很简单。但是唯一不同的是，他一听说我们的目的，便显露出非常热忱的态度。一番寒暄之后，我便开始“背书”——我已经说了数十或者数百遍相同的稿：家庙塌下来需要修复，不然这座古老且具有潮州人特色的建筑物极有可能会倒塌。说完历史，又向他解释捐款的奖励细则。他默默听完之后，淡淡地重复说：“5 000？哦。”我们以为他要捐献5 000零吉（这已经超出我们原先幻想的数目），大家心中暗喜。只见他慢悠悠地拿出一支笔和一张纸，开始自言自语道：“我有四个儿子，一个女儿。”接着他在纸上写孩子们的名字，我心道：“大概是要每人捐1 000零吉吧?”庄老先生又接着在第一个儿子的名字旁边写上“5 000”，在第二个儿子的名字旁边又写“5 000”……原来，他总共要捐给我们两万五千零吉！这真是一个意外的惊喜！我心想：“惭愧!”庄老先生写完，很干脆地跟我讲：“你们明天来收支票，可以吗?”我们开心到快傻了。走了一整天，又热又累，竟遇到这样一位让我们出乎意料的热心人士，又这么爽快，一句都不质疑我们，也不曾说两句让人泄气的话，比如“经济不好”或是“很多人要我捐款，我只能意思意思”之类。捐了这两万五千零吉之后不久，庄老先生又得知我们要修复办事处（韩江学校），便再度自动来捐了1万零吉。后来，还花了几千零吉在韩江家庙买了几个神主牌位。我们对他的热心和支持，感到非常感动，永难忘怀。可惜，他已经去世了。

另外一笔令人鼓舞的捐款，来自潮州社群中的一个先贤，即曾担任潮州会馆和韩江中学领导的林明初先生的遗孀。林老先生不幸在韩江中学走向复兴道路时离开了人间。据我们了解，他的太太也非常热爱以及支持韩江中学和潮州会馆。

我们一伙人浩浩荡荡跑到他家去。一进门，林太太就热情地叫工人泡工夫茶、拿潮州点心款待我们。在谈话间，也谈到她先生在世时，为潮州会馆付出很多心血。我知道韩江中学出现问题时，林老先生甚至曾经伤心到在报界记者面前哭，此事也报道在报纸上，闻之令人心酸。后来韩江中学的万人宴成功举办，他老人家很欣慰，常常对我说："韩江中学终于出头啦，有你们这班后生仔①，我们潮州人抬头了。"

谈笑过后，我又把捐款的奖励细则背一次给她听。我背完之后，林太太开口："拿督，你觉得我应该要再多捐多少钱?"其实之前她已在电话里答应我说她会认捐 2 万零吉。她这么一问，我们就认为她至少还会再多捐一两万。但是看她这么热情，我就试试说："你再出 3 万，凑足 5 万，好吗?"她很爽快，一刻都没有犹豫："好！你说多少就是多少。我们潮州人一定要支持潮州会馆。屋顶如果真的掉下来，我们的脸放到哪里去?!"很遗憾，林太太也在 2014 年 12 月去世了。

潮州人的支持和精神，让我很感慨，也很感动。

2002 年冬祭时，出席的人数特别多，有一大部分人专程来捐款。有些是已经移居外地的潮籍后裔回槟城老家拜拜，顺道拿支票来给我们，数目不小，一张支票数千零吉的很多。其中有一位带来一张 5 000零吉的支票，匆匆放在办事处就走，我们查询了他的名字，发现原来他是潮州会馆老董事的后裔。据我所知，他们整个家族都没住在槟城了，只不过因为回老家祭祖的时候，听闻潮州会馆需要捐款，就把款项拿来。

眼看这个项目获得了各方潮籍人士的大力支持，我们怀着无限的信心，决定授标给一位经验丰富的中国承包商。整个工程预计将在 18 个月内——也就是 2004 年年底我的任内完成。

接下来，就是一连串的技术性工作。当时我们请的绘测师、工程师、工料测量师、电气工程师等，全都是潮州人，而且都是义务来帮忙的。在整个修复过程中，我们这些平时不谙古迹修复的生意人，因为跟着学习了许多跟古建筑、修复等有关的新学问，也从一开始的晕头转向，变成最后甚至对一些基本的知识还能朗朗上口呢。

跟承包商签署修复合同也是一门大学问。这是一项比较特殊的

---

① 年轻人——虽然那时我已 50 多岁，在他老人家眼中仍然年轻。

工程，牵涉到很多修复知识，不是普通的工程合约，而是非常专业的合同。举例来说，有一些修复工程，比如屋梁，所牵涉的数额很高昂，我们必须在合同内增加一个条件：如果一半以上的屋梁需要修复，承包商就可以跟我们索取额外费用；但若一半以下需要修复，就算在工程内。又如屋顶上的剪黏[①]，有时承包商在修复的过程中不小心敲到剪黏而导致其损坏，我们需要付钱去修葺。还有屋顶的洋灰，在合同内，双方都假设这些洋灰是完好的，如果洋灰在修复过程中断掉，又必须付承包商额外的费用去修理。最重要的条件是，家庙内所有的彩绘和牌匾，都要点算、修复，不准做新的。合同内的预算是130多万零吉，我们的预算是150万零吉。整个工程竣工之后点算，全部花费的确不超过150万零吉。

修复一座已有140年历史的古建筑，的确是一项庞大的工程，牵涉很多技术、程序的问题。顾问林玉裳小姐和7人小组委员会非常细心地拟定修复原则，也已经准备要去申请联合国教科文组织亚太地区文化遗产保护奖——这是顾问林玉裳小姐的构想。这么一来，修复的原则也要按照联合国的程序制定。比如，要做旧建筑普查，考证该建筑物的原貌历史、彩绘历史，尽量用回原材料，测验每一根木头的状态——我们聘请了木材专家来验。如果这些木头经过这么久的时间都没蛀，那可以确认它以后再蛀掉的概率非常低。整个维修的过程中，有一点让人很惊讶。家庙的横梁半径大概有1尺，共有几十条。检测之后我们发现，其中只有两根横梁的中心完全被白蚁蛀食，只剩下旁边不到半寸木，如果当时没有进行修复，可能再过一年半载横梁会掉下来，我们便用马来西亚最好的木[②]来替代。有些横梁虽然也有部分损坏，但是大部分都完完整整，用铁钻都钻不进去！可见当时的木料质量真的非常好，历经百余年，竟然依旧坚固完整，屹立不倒。

---

① 剪黏，一种流行于中国福建南部、广东东南部等地区的传统建筑装饰工艺。工匠们用颜色鲜艳、胎薄质脆的彩瓷器（如碗、盘等）作为原材料，并用工具将其剪、敲、磨成形状大小不一的瓷片，拼贴出立体的人物、动物、花卉和山水等，通常用于装饰寺庙、宗祠等建筑物的屋脊、檐角、照壁、墙、门窗柜、门窗楣等部位或制成工艺挂屏。剪黏兼具色泽感和立体感，可长年经受日晒雨淋、海硷侵袭而不褪色。

② CENGAL BATU。

在检验的过程中，我们又发现防火墙外面那一层彩绘底下竟有一层原装的彩绘。经过详细研究之后，才明白原来早前曾有过修复工作，把原装的一层涂掉，画了新的彩绘上去。里面一层已经过很长时间的磨损，虽然有些图案仍然清楚，有些却已暗淡或看不清了。我们的承包商非常尽责，他们用很精细的功夫，拆掉外层的画，又把旧的一幅幅临摹起来，再重画上去，成了目前所看到的图画，也意味着，修复之后，现在大家所看到的就是1870年时第一次建筑这座家庙的图画。

至于屋梁下的彩绘，经过专家鉴定，的确产生于两个不同的社会背景之下。有一部分绘于1870年，另一部分则是1934年的大修复所绘。所以大家所看到的是两个不同时代风格的作品。因此，我们必须根据不同时代的风格来修复。

韩江家庙有些屋脊也已经损坏，其他屋顶部分仍然坚固，看来好像是除了这一百多年内的一些小修复，至今还是维持百年前的情形。可见当时的用料都是真材实料，很坚固耐用。从这次修复经验，我们才知道，原来潮州式的建筑物，屋梁上面都会先铺一层洋灰，才放屋瓦。这些屋瓦似乎都从中国进口，于是我们把旧屋瓦送到中国研究，让他们根据同样的样式，用同样的原料再制作一批给我们使用。

在这期间，修复的工程几乎影响到整个建筑物，因此董事部也决定搭建一个临时神坛来供奉玄天上帝。玄天上帝是潮州人祭拜的神，发源于武当山，南宋以后，以广东省陆丰市碣石镇的玄武山上的元山古寺最负盛名，终于形成潮州人奉拜玄天上帝的传统。潮州人都相信玄天上帝是很圣灵的神，据称韩江家庙的香火也是早期从中国来的潮州人引来的。

就在修复接近尾声时，由于修复门神牌楼的部分已很靠近马路，所以我们跟市议会申请搭鹰架，言明会用到2~3米的马路。州政府批准之后，承包商把鹰架搭起来。因为家庙就位于交通灯前面，长期有车辆停在面前，交通非常繁忙。一个暴风雨的晚上，整个鹰架倒在马路上，几乎遮盖了超过一半的马路。我一听说这件事，第一反应就是:“有没有人受伤?”万幸的是，刚好交通灯通车，所有等待中的汽车都过了马路，也恰好没有路人走过。马路上没人没车，一个人都没有伤到。我马上赶到现场，承包商正在清除杂物，一些董事和7人小组的成员也来了，我们赶紧去拜玄天上帝，感谢它护佑！

此外，家庙的屋脊，都由很坚固的洋灰组成。承包商鉴定之后，觉得中间的屋脊还很完整，完全没有损坏，只需要补灰和修补一些剪黏即可。但是在修复的过程中，其中一条屋脊不知为何断了并掉了下来！这件事也非常幸运地没有造成任何伤亡。

7人小组的成员每天都轮流去看工程进展。我本人每个星期都会去巡视，几乎每个礼拜都有7人小组会议，到竣工为止，我们总共开了70多次会议。经过18个月的努力，终于准时完成修复。依据传统，董事部便进行谢神、谢土礼的礼仪，并把玄天上帝请回原位。由于第一次的捐款还剩下50万零吉左右，在2005年我卸任之后，新董事部要求我使用这笔钱，继续完成办事处的修复①。

在进行韩江家庙维修的初期，林玉裳小姐作为小组顾问，便已提出和强调，我们有机会可得到联合国教科文组织亚太区文化遗产保护奖。我们一开始进行维修工作，就非常细心地依据联合国维修条例来进行。修复过程中，我们得到很多人的帮助和支持②，7人小组和林玉裳小姐也坚持不懈地努力，花费了许多精力。我们还到中国、泰国、新加坡等潮州人比较多的地方去参观潮州建筑风格，并吸取他们申遗的经验。在各国专家的建议下，我们加强了修复中比较弱的地方，也在报纸上做了很多宣传。

领导修复工作牵涉很多技术性问题，一般的董事成员包括我在内，对维修的工作技术和程序，都有不熟悉的地方。这些都需要自己先去学习和了解，然后才能跟其他的董事磨合、磋商，这样比较容易达成一致的意愿。因此，这次维修工作，对我们来说，与一般的建校、修建会馆等相比，有很大的不同。

维修时发生的一些突发事情，都需要即时决定以便尽快解决。比如上面说的，屋脊突然断裂倒塌，我们要马上召开会议商讨，究竟要粘回

---

① 也就是以前的韩江学校。

② 有的义务，有的付费。

去，还是做新的？原则上来说，我们应该粘回去；但若粘不回去，就得去研究以及寻找材料。不过，如果要做新的屋脊，又牵涉技术问题。比如它上面的龙和其他剪黏等，都需要重做。一切的有关细节，都让我们每天不断学习新的知识，接触到建筑业的另一面。

此外，为了申请联合国教科文组织亚太区文化遗产保护奖，我们不但要把韩江家庙修复好，同时也要大力推广潮州文化，成立潮剧组、推广潮州美食、介绍即将消逝的潮州文化，比如“出花园”——潮州人的孩子到了15岁，就意味着长大成人了，父母会买一双红木屐，杀一只鸡，摆在桌子上，鸡头向着“出花园”的小孩，这小孩要把鸡头夹开，然后大家才可以吃。不仅我本人曾经经历过这个“成人礼”，我家全部兄弟姐妹都经历过。但是对很多现代人来说，这仿佛是“上一代的事”。因此，我们也在韩江家庙里表演“出花园”仪式给大家看。

因为文化遗产保护奖的其中一个要求是强调这种非物质文化遗产的持续性，所以潮州会馆如果可以维持潮州人的基本文化和习俗，也间接地达成了韩江家庙可以获得联合国承认的一个条件①。

文化遗产保护奖的另外一个条件是，一座建筑物维修完整后，必须在一年之后才可呈上申请书。韩江家庙是在2005年初完成修复。我们等到2006年才正式向联合国呈上申请，并在2006年7月初，得到了联合国教科文组织亚太区文化遗产保护奖。在颁奖典礼上，我感慨万千，回想过去18个月来的点点滴滴，多日来的努力终于有了成果，全体同仁可说倍感欣慰，顾问林玉裳小姐和7人小组委员会居功甚伟。

### 修复韩江家庙的感想

这是我就任潮州会馆四年里最重要的任务，也让我有机会更深入地融入槟城潮州人社会里。因为要捐钱，要找专人帮忙，我在财力、物力、人力各方面，都倾尽所能。尽管我们的捐款目标只是放眼槟城潮州人社会，但由于所修复的是华人文化遗产，偶尔也会得

---

① 韩江家庙属于潮州会馆的资产。

到一些潮州人外籍配偶的支持。这也证明当时的筹款运动得到了许多人的关注。

我们所获捐的数额不算小，共220万零吉。但与以前的经验相比，这次是我人生里经历过最容易的捐款活动，也是得到支持最热烈的活动。我们几乎没有面对过任何冷言冷语，所走过的地方，大家都给予支持，许多商家、个人捐出的款项都在1 000零吉以上。这使我感觉到，在槟城，这种籍贯性的思维方式，虽然不算非常强烈，但还是保存一种特殊的关系，尤其是一些上了年纪的人，比如他们会说："潮州人一定要支持潮州会馆。"这种思想的好处是，有些平时人家向他募捐都不出钱的人，在我们提起修复"韩江家庙"的时候，他们都会毫不犹豫地掏腰包。另外，我们也获得一些年轻企业家的支持和认捐。这使我认识到，马来西亚的华裔同胞，对于继续维护自己民族的根源和文化这方面，都存有强烈的意识，让人肃然起敬。

**荣获联合国教科文组织亚太区文化遗产保护奖奖状**

我们从修复家庙，推广潮州文化、美食、习俗……到提交申请文化遗产保护奖，都是作为一个民间组织独立完成的，我们可说尽了最大的力量去维护这座家庙。当我跟外国游客或学者提起这件事时，他们听说政府完全没有赞助修复，仅凭着我们一股对家乡的热爱完成了这份成就，莫不肃然起敬。甚至有些中国学者告诉我们，他们没有听过这种事情，对我们的坚持感到惊讶，并加以赞赏。从这件事中，我深深感觉到作为马来西亚华人在保护自己的根的文化时那种沧桑和悲哀，但也为我们坚韧不拔的民族情感到骄傲。

就我个人而言，我本是一个对古典建筑文化毫无认识的人。经过此次修复工作，我有机会学习了相关的知识。我和其他董事这批门外汉，对古迹保护逐渐产生了兴趣，也在欣赏古迹方面，有了新的体会和认识，提升了自己的文化艺术修养。特别是在我们为了申请文化遗产保护奖时，更养成了小心翼翼去观察和了解每一个词汇、每一个细节的习惯。我作为一个普通商人，借此也获得提升文化修养的机会。这种经历，让我感受到了金钱买不到的精神满足。

韩江家庙修复好之后，又得到联合国的奖项，我在许多场合都获得各阶层知识分子的赞赏，让我的孩子们都惊讶他们的爸爸原来不是商人那么简单，还可勉强算是一个“儒商”。对整个槟城的潮州人来讲，这是一项值得骄傲的成就。在我的人生中，也觉得担任了潮州会馆的主席和维修韩江家庙，是一件难以忘怀的事情。一些朋友调侃我说，这段时期被称为“许廷炎时代”。其实，我愧不敢当，这一切的功劳全靠每一位付出财力、物力、人力的热心人士。

联合国教科文组织亚太区文化遗产保护奖颁奖礼。左起：林玉裳女士、时任联合国教科文组织亚太区文化顾问 Dr. Richard A. Engelhardt、时任槟城州首席部长丹斯里许子根博士、我、时任潮州会馆主席拿督丹斯里黄赐兴。摄于 2006 年

## 广汀会馆

丹斯里方木山在1997年进入潮州会馆领导层之后，委派我做署理主席。潮州会馆是广汀会馆的属会，照例每一届都要派一批董事[①]代表潮州会馆到广汀会馆担任董事。广汀会馆的董事们来自各地，籍贯各异，可谓分帮分派。当时我有幸被丹斯里方木山主席委派为代表之一，在1998年进入广汀会馆董事部，丹斯里方木山被推选为主席，我被选为署理主席。

进入广汀会馆，我们对这个组织进行了一番了解后才恍然大悟，原来它是槟城州内少数超过200年的组织。有趣的是，乡团会员的地域是以明朝定下的标准划分的。广汀会馆是个非常大的组织，共有19个乡团会员，而且都是槟城内非常重要的地缘性乡团组织。由于先人高瞻远瞩，广汀会馆为槟城的广东省后裔留下了庞大的资产。在义山方面，广汀会馆拥有几百依格的土地；在市区和槟城的各个地区，也拥有很多房地产；户头里更留有一笔为数不小的现金。

刚开始，我也曾经很天真、单纯地想为这个会馆做贡献。但事实上由于章程的约束，以及要凝聚各籍贯人士达成共识很不容易，我发觉在广汀会馆里，并不能随愿去为社会做贡献。经过细心了解，我觉得自己很难在这个组织里发挥作用，唯有根据他们传统的方式。跟丹斯里方木山一同领导几年之后，由于太多人事问题和纠纷，我觉得身心俱疲，便果断退出。

① 不同的属会按照广汀会馆的章程派出不同的人数，每个会馆各有1至6个代表。

## 光华学校建校委员会

2000 年，有一位热心华文教育的朋友——陈金发先生——打电话给我说，双溪里蒙[①]的光华小学在建校的时候，家教协会和董事部双方有人事纠纷。他说，由于大家各不相让，光华小学的校长以及一些董事想来拜访我，讨论关于建校的问题，也想要找一位德高望重的人来领导建校的工作——他们希望我能出任建校委员会主席。

当时，光华小学的校舍非常有限。这也是马来西亚许多华小共同存在的问题。据我所知，在我加入光华小学这个大家庭之前，家教协会已经向槟城州发展机构[②]申请了 2 依格土地，槟城州发展机构也已经答应低价卖给光华小学。

当时我的公司总部办公室就在光华小学附近，陈金发先生带着家教协会代表、校长以及一些董事来找我。一番讨论之后，我犹豫不决，怕自己没有能力和时间胜任，因为那时我是潮州会馆的署理主席，也差不多是时候要接任主席一职。

光华学校校舍落成，时任教育部长拿督慕沙开幕

---

① SUNGAI NIBONG。

② PDC，PENANG DEVELOPMENT CORPORATION。

我在做出决定之前，先去了解了一下他们之间的纠纷，才发觉纯粹是人事上的争论，没有什么尖锐的大问题。我也发觉，双方都有共同目标：建校。

经过一年左右，我在和家教协会、副董事长林兆荣等人多方接触后，看出双方有共同意愿，他们双方也一致表示要让我来领导。董事部和家教协会为了表示诚意，都明确提出，一切建校的事务会让建校委员会全权处理。再加上当时槟城州发展机构又同意再减价将土地卖给光华小学，建校一事势在必行。最后我决定成立建校委员会，并担任主席。建校委员会得到董事们积极的支持，比如林兆荣、谭国生、陈炳成、陈冰心校长等，他们都是建校委员会的主要负责人。隔年我们就着手进行第一次筹款。

家教协会为了表示诚意和积极性，在还没进行筹款之前，就先举办义跑活动来筹款，并先拔头筹，筹获50多万零吉。这件事情给了我们很大信心。于是，我们非常积极地去跟市议会申请准证，并与他们多方协调，以便能够让各种准证尽快获得批准。

我们得知图纸即将被批准后，便召开了一场由《光明日报》主办的演唱会。演唱会之后，我们筹获60多万零吉，非常高兴。筹款目标为160万零吉，因此这两次所筹得的110多万零吉，就已经大大地接近我们的目标了。

当天晚上，节目一完毕，在众人忙着收拾和道别的时候，突然有一位家长拿督骆，拿了一张支票给我们，足足有20万零吉！这真是一个大惊喜。

我们在演唱会之前曾经找过这位拿督骆，他前后讲的话不超过50句，并且一直重复说："我是受英文教育的，我不会讲话……你们出钱出力，我帮不上什么大忙，不好意思。"但就是不说一句要捐多少钱，我们也就不再强人所难。没想到，他却等到演唱会当天才来低调捐出巨款！他不要求上台也不要出名，而是等到全部节目都结束之后，才拿一张支票来。这种低调行善的个性，让我们非常欣赏。就这样我们的捐款目标基本上已算顺利完成。

整个建校过程进行得非常顺利。最主要的是陈校长、数位董事及家教协会的主席和理事们的精诚合作。在寻求图纸的更改、批准、招标等过程中，他们都用透明和认真的态度来对待，着实难能可贵。

时任教育部长来开幕时，发现新校舍看起来非常美观；我们向他解释，那是因为新教室高度有 12 尺，比一般的 10 尺要高。他好奇地问起我们的总开销，听闻我们只用了不到 160 万零吉，非常惊讶，觉得很合理。其实，这要归功于建校委员会的总务陈炳成先生。陈先生非常勤劳、有心，每个星期至少都来巡视 3 天。另外，家教协会主席谭国生先生，本身是工程师，对建筑这方面有一定的专业知识，差不多每天都来巡视工人工作。有了他们的监督，这项工程怎会不成功！让我们更加骄傲的是，整个建校计划，都在预期和预算中完成。筹获的款项到最后还剩下 8 万多零吉，我们全数交回董事部，以备他们推行不久后的下一期扩建工作。之后，我婉拒了他们提出的所有董事部职位，卸下建校委员会主席的重任。不过，他们为了表示感谢，将我委任为名誉董事。

很多朋友得知此事后，都好奇地问我："为什么不接受董事的职位呢?"其实，在我心目中，我觉得要为华社做事的话，在马来西亚有太多机会。既然我已经圆满地完成建校委员会主席的任务，而且在光华小学一带，有那么多愿意为这所小学出钱出力的人，我觉得应该让他们有机会表现，使更多人参与华文教育事业的发展，百花齐放。

通过此事，我不禁联想到，热爱华文教育、愿意为华文教育牺牲的人，在社会上真的有很多、很多。他们默默无闻地工作，贡献出财力、物力、人力，他们的精神真的比一般所谓的领袖更伟大。我时常都会为此而感动。

## 槟州华人大会堂

槟州华人大会堂大团拜，左起：我、名誉主席拿督蓝武昌、现任首相纳吉、前首相敦阿都拉巴达威、槟州华人大会堂会务顾问丹斯里林玉唐。摄于 2013 年

槟州华人大会堂[①]成立于 19 世纪，原称平章会馆。郑景贵是最大的个人捐赠者[②]，也是首任会长。槟州华人大会堂是在英殖民统治者的策动下成立的，主要目的在于协调华侨的私会党争与民间纠纷，换句话说，在当时它是一个能够为殖民地政府维持社会秩序及巩固其统治权力的民间组织。由于平章会馆的早期章程非常殖民化，大权集中于一小部分官绅，缺乏民主精神，失去了民间社团作用，所以不为华裔所重视，形同虚设。一直到 20 世纪 70 年代初期，槟城华裔社会逐渐开诚布公地对此表示反感，第一位公开批评者乃是已故慈善老人谢联棠先生，当时年逾 80 的他在报纸上公开吁请平章会馆负责人从酣睡中觉醒。

槟城州首席部长林苍祐医生在 1974 年呼吁全槟华人和社团立下决心，复兴平章会馆以团结华人的力量。此后，经过槟城华社当时公认的领导们一系列的会议之后，他们终于决定将平章会馆之英文原名[③]改译成“槟州华人大会堂”，重建会所，同时向财政部申请重建会所献捐的款项豁免所得税事。平章会馆改名为“槟州华人大会堂”之后，正式申请注册，其章程也随后逐步获得修改。1975 年，槟州华人大会堂筹建十层大厦，各阶层华商热烈响应、竞相献捐。

---

① PENANG CHINESE TOWN HALL。

② 共捐 600 零吉。

③ CHINESE TOWN HALL。

1983 年，大厦宣告落成①。自此以后，槟州华人大会堂便以新面貌成为槟城州华社的最高组织，在各方面积极担任华社领导角色，直至今日。

槟州华人大会堂庆祝 139 周年庆典晚宴，槟州华人大会堂领导层与贵宾济济一堂。左起：郑荣兴（槟州华人大会堂副主席）、拿督杨集东（槟州华人大会堂副主席）、拿督林嘉水（潮州会馆主席）、拿督黄天隆（槟州华人大会堂副主席）、拿督陈有光（槟州华人大会堂副主席）、拿督斯里许廷忠（汇华机构总裁）、拿督周昌江（Chip Yoo Latex 有限公司主席）、丹斯里方天兴（马来西亚华总总会长）、曹观友（槟城州行政议员）、丹斯里陈坤海硕士（槟州华人大会堂署理主席）、我（槟州华人大会堂主席）、丹斯里拿督巴杜卡黄荣盛博士局绅、丹斯里林玉唐（槟州华人大会堂会务顾问）、拿督王国山（槟州华人大会堂副主席）。摄于 2014 年

从 2004 年到 2013 年，这 10 年间，我担任过槟州华人大会堂的副主席和署理主席，到了 2014 年，我有幸被选为槟州华人大会堂的主席。

2004 年，丹斯里林玉唐盛情邀请我加入槟州华人大会堂。同年，

---

① 摘自：http：//www. pcth. org. my/history. asp。

他推举我担任副主席，让我直接进入槟州华人大会堂的领导层，为我提供良好的学习机会，也让我能够更加了解槟州华人大会堂的运作。

对我来说，接受副主席的职位，最主要的原因是当时我领军的韩江家庙修复工程和光华学校的建筑工作已近乎完成。2005 年，我也已放下这两项社会工作。因此，我开始在槟州华人大会堂学习和了解这个机构运作的方式。经过一两年的深入了解，我发觉槟州华人大会堂的确是一个能够为槟城华人社会做出很多贡献的机构。

槟州华人大会堂的庞大和重要性，显见于其属下目前 500 多个团体会员以及 5 万多个个人会员。这个数字相当于全槟城几乎每个华人家庭都有槟州华人大会堂的会员。在槟城华人社会和其他族群的观念里，槟州华人大会堂普遍都能得到尊重。在改组后 40 年来的历届领导的管理之下，槟州华人大会堂建立了非常有组织性的行政系统——华堂的组织基本上由槟城各华团的领导层组成。加入槟州华人大会堂之后，我有机会跟槟城各华团的领导层接触、学习，进一步融入他们的圈子，我也因此结交到了更多的朋友，进一步学习到了更多做人的道理。此外，槟州华人大会堂也有一定的经济来源，可说行政管理和经济状况都非常健全，这全都归功于过去的领导所付出的努力。我认为若要继续在槟城为华社做出更多的贡献，槟州华人大会堂是最好的平台。

要保持槟州华人大会堂强大的领导力以使其能继续为社会作贡献，槟州华人大会堂的领导层肩负重任、任重道远。槟州华人大会堂领导层的表现将直接或间接地影响槟城华社的形象，因为它最具代表性。在我任职的 10 年内，虽然我当时只是领导者之一，但我们一起经历过大大小小的风雨，每一次都能让我们学到更多做人的道理，也能让自己的思想更成熟。比如槟城更换州政府的事件，对我们来说是一次很好的经历，因为可体会到两个不同政府的作风。这事对我个人来说，既是一个挑战，也是个学习机会。但是只要我们谨记，任何由人民选出来的政府，都应该被尊重，遵守这个原则，便可符合槟州华人大会堂超越政党，创造民主、合理、公平社会的理念，所有问题将迎刃而解。

2011 年，我被推选为槟州华人大会堂署理主席。这个职位除了让我有机会协助当时的主席，同时也让我对槟州华人大会堂的运作有进一步的了解。也许是我的性格使然吧，我能够耐心和虚心地在槟州华人大会堂学习。这些经历使我在接任主席职位后，驾轻就熟。

2014 年，被选为槟州华人大会堂主席之后，我就提醒自己一定要谨言慎行、胸怀宽广。我也时时自我警惕，槟州华人大会堂的许多会员都是社会上各社团的领袖，可谓卧虎藏龙。当然，槟州华人大会堂的人事问题也不少。槟州华人大会堂是容纳各政党、各阶层、各团体的一个组织，会员之间难免会有不同看法，甚至会产生意见分歧。唯一能够克服这些问题的方法就是站稳立场、超越政党。然而作为槟城最高的华人机构，我们对华人社会的政经文教课题无法回避。

菲尔、我和朵拉。摄于 2014 年

槟州华人大会堂新任执委宣誓就任。摄于 2014 年

在执行任务的时候，我作为槟州华人大会堂的主席，必须坚持以华人利益为主，适应多元种族社会的国情，才能解决不同政党人士在槟州华人大会堂内所产生的问题。经验告诉我，必须要理智、冷静。槟州华人大会堂新的领导层除了坚持过去立下的政策，还要继续发挥槟城华社的领导作用；因此，在跟前任和现任领导层多方讨论之后，我们就宣布了槟州华人大会堂发展的新方向。我们首先提出一个新口号：“凝聚力量，领航大方向；打造人文，开创新辉煌。”其次，我们制定出华堂接下来的几个重要决策：

第一，团结州内的所有会员，以便步伐一致为华社争取利益。因此，槟州华人大会堂将会在槟州各地区，与当地华团对话，收集各方的资料，听取他们的意见，以便凝聚大家的力量，完成共同的目标，同时商讨华社革新的方针。比如，在宴会流程、形式、出席时间、杜绝浪费食物等方面，希望能够达成一个共识，制定出一个改革的指南。

第二，华社的三大组织是华团、华文报章以及华教，这三个团体是维护中华民族精神的重要体制，应该得到全面的推广。此外，槟州华人大会堂也将积极与华团和华文报章配合，共同发展和推广马来西亚境内的华文教育。

第三，槟州华人大会堂决定创办文学组，鼓励民众进行文学创作，提高民众的华文水平，不断推广中华文化。因此，文学组已经在积极筹备各种活动，包括新书推介系列、文学创作比赛、微型小说创作比赛、学术讲座等。

第四，槟州华人大会堂将通过经贸组举办各种经济讲座，积极与各级政府机构沟通，以便协助各界的商家了解政府颁布的各项经商优惠政策，有利于他们展开商业活动。

第五，槟州华人大会堂将保持及扩大每年的民俗传统文化庆典，维持华族文化的特征。青年团、妇女组、文教组、联络组、图书馆管理委员会等，在推动各种传统节日庆典活动方面，都不遗余力，积极举办各项活动。

我认为槟州华人大会堂有促进民族和谐和团结的责任。如果要在这个多元种族的国家继续生存，我们每个种族一定要教育下一代做出有限度的容忍，不能一意孤行，也不可纯粹站在某一个种族的角度来治理这个国家，因为这样会给国家的发展带来不良影响。

任何有意愿成为槟州华人大会堂领导层的人，都应该有健全的精神和态度，并抱着一种服务、学习、愿意牺牲的精神来参与。年轻人尤其应该把丰富人生经历、扩展社交圈子等当成加入槟州华人大会堂的主要目标。毕竟这是一个为槟城华社服务，并且要为华社做出贡献，而不是谋求私利的组织。

最后，我很恳切地希望，槟州华人大会堂的新领导层，在 2014

年经过跟属下团体的几次大型对话之后，能够拟定一个槟城州华社行动方面的指南，以一致的行动，积极地领导槟城华社和社会朝着建设民主、平等、合理的社会的目标，做出更多的贡献。

## 小 结

在马来西亚的华人社会，社团里的每一位社会工作者都扮演着举足轻重的角色。由于一些政策上的偏差，华人在马来西亚政经文教方面都面对着不少不公平的待遇。如果没有愿意为华人社会服务的这群人，大家就更加成了一盘散沙，无法将力量凝聚起来。这么一来，华人应得的权利恐怕会被进一步侵蚀。幸亏马来西亚的华人社会在过去和现在都有不少无名英雄在默默地耕耘，只求付出，不求回报。我在几十年的社会工作生涯里，遇到过非常多这样的人，他们是马来西亚华社的中流砥柱，我认为他们才是真正促进华人社会和谐以及将一股暖流带给华社的力量根源。

首先，要做社会工作、想为社会做出贡献，本身要有一定的素质。有时，人们会对一些华社高层领导的内讧斗争、互揭疮疤的恶习感觉失望。我认为社团领袖应该有所克制，以理服人，以德服人。所以一个能够成功为社会大众服务的人，本身必须要有很好的修养，才能服众。在一个团体里，不可能要求每个人的思想一致。当了社团的领导层之后，要有肚量去接受不同的声音。

其次，为社会工作，最好有只求付出的心理准备，而不应该重视社会的回馈，只有这样才永远不会感到失望，也唯有这样，才能够很有意志力地去进行社会工作。在我个人的经历中，我都一直带着这样的态度，才逐渐从小事做到大事。

在社团里担任比较高职位时，我们还要以宠辱不惊、置之度外的态度来接受一些有意无意地评论，为了要贡献社会，这种情况并不陌生。忍气吞声，是走向成功的必经之途。在一个组织里当领导人，如果不能忍辱负重，很难继续做下去。人生中经历过许多大小风浪之后，刘伯温的自勉句最能形容我的心情：“岂能尽如人意，但求无愧我心。”

每一个社团掌舵人都要有“长江后浪推前浪”的认知。大家都应该在适当的时候，让新一批愿意为社会服务的年轻人获得机会去面对社会，接受挑战。懂得“让位”的智慧，其实是每一个领导在上任的时候就应该修炼的功夫。

# 第四章：心底那根弦

## 我最遗憾的事

高中毕业之后，我曾对进入大学有过强烈的欲望。

我希望能够继续增加知识，因为我已意识到，高一开始我并没有非常认真地去做学问，反而分心从事学生运动。高中毕业之后，我有点后悔自己没有好好把握在学校的求学机会，没想到上学的时光这么快就溜走了。一方面我感觉到自己并没有好好掌握中华文化精粹，开始想要提升自己在文学方面的成就；另一方面，读高中时，我并没有很认真地学习理科，虽然我在这方面有不错的成绩，甚至可说是名列前茅。因此我想到如果我真的能够进大学修读理科，我有充分的信心把书读好。所以我非常想要继续去跟数理有关的科系进修——尤其是数学系——我对数学很有兴趣，也很有把握。

可惜，事与愿违。由于当时的个人思想倾向（我坚决不去台湾）、波涛暗涌的社会情况（新加坡的南大几乎都充斥着左派运动，我也不想再涉及）等，我只能寄希望于到西方国家留学。但是由于家庭经济状况不好，没有能力负担，我无法实现我的美梦。所以我不得不暂时在槟城继续读大学先修班。读了一段时间，我发觉自己的英文成绩很难赶上，在这种情况之下，我考虑再三，最终决定放弃大学梦，消极地回家乡从事商业。那时，我还天真地抱有一丝希望：如果有机会，我一定会继续去大学深造。没想到，人生中的许多转折和道路，都被下一个看似“没关系”的决定所牵制。

没有读过大学，是我人生中最遗憾的事。

如果再给我一次机会，我肯定会珍惜任何进入大学的机会——去台湾读大学也是一个成长的机会。我在中学生涯里有那么丰富、让人终生难忘的经历，我很期待也相信我的大学生活也将会是充满各种难忘经历和回忆的一段时光。同时，读大学不仅能使我在学术上打下更坚实的基础，还能让我结交更多朋友，更有可能改变我这一生。

## 我最快乐的事

1969年，经过“五一三”事件浩劫之后，人民都活在惊慌和恐惧之中，国家经济也受到严重的打击，社会领袖们都很认真地号召人民勤奋团结建设国家。我身为当时的青年，也积极地认为民族团结非常重要，因为这将决定国家今后的发展。

我个人并没有因为“五一三”事件而消极，反而开始积极投入生产、出口熟虾肉的生意，还逐步扩大我的海产加工工业。我很勤奋，早出晚归地工作，生活非常忙碌。这个时候，一件让我终生快乐的事情发生了——第一个女儿出世。

大女儿出生的时候，想到在我的人生中，第一次有人要叫我爸爸了，我心中的喜悦非笔墨所能形容。现在回想，当我第一个侄女出生时，只有六七岁的我竟然流下眼泪，因为我不能接受哥哥、嫂嫂竟然生了一个女儿，而不是儿子。那时年纪虽然小，思想却封建得要命。不过，没想到当我自己有了一个女儿的时候，却乐得飞起，两者对照，差别实在非常强大。

要为女儿取名时，我考虑了很久。第一个孩子，当然要绞尽脑汁为她取一个好名字。

我要离校时，曾读过德国大文豪歌德《少年维特之烦恼》一书上的卷首题诗：“青年男子哪个不善钟情，妙龄女郎哪个不善怀春。”这两句诗给我留下了深刻的印象。

经过考虑之后，我决定给女儿取名为“妙龄”，本来要用“龄”，后来因为七哥最大的女儿刚好名叫梦玲，所以我就决定用谐音“玲”字，跟哥哥的女儿同一个字。

我还记得妙玲出生的时候，个子小小的，非常可爱。

妙玲几个月大时，晚上常常不能入眠，一直哭。我是一个革命青年，向来不信鬼神之说。不过为了孩子，我竟然去问神。经过一番简单的仪式，神终于给了我指示：妙玲还小，她的根还扎不稳，我必须拿三支香，在家门口拜天公，同时口中还要念一些经文，好让她扎根在我的家庭。我是一个很不迷信的人，但是为了女儿，我毫不犹豫就跪在地上求神。

结果好像真的见效，经过此次，她终于睡得很甜了。

妙玲也没有让我失望。她从小乖巧，中小学成绩非常优秀。中学过后顺利考进墨尔本大学，并顺利从该大学的会计系毕业。她现在是金锋机构的董事经理。

其他孩子的出生，每一次也都给我很大的快乐。但第一次做爸爸，肯定感觉特别高兴，特别不同。妙玲的乖巧影响到了其他弟妹，他们都很乖、很听话、很努力，他们先后完成了我人生中最大的意愿，那就是所有孩子都在澳洲读大学直至毕业。

我的孩子之中，有会计师、律师、工程师、商人等，这也是令我非常快乐的成就。

走到今天，我的感受就是，在人的一生中，有许多快乐都是不能用金钱衡量的。一个人能够越快想通这个道理，他肯定就能越快看见别人未曾看见的风景。

## 我最伤心的事

我从小没有母亲。妈妈死后，我也不曾梦过她。每次想到这一点，我就很伤心。一个只有 3 岁的孩子，没有母亲照顾，在生活中，总有很多波折。比如，有时候家里会有一两个月，没有人洗衣服。在那个没有自来水的时代，我自己用河水洗衣服，洗到白衣服都变黄了。不过幸亏有姐姐和嫂嫂们的照顾，也不至于让我的生活面对太多问题。但是当她们结婚后，必须照顾自己的家庭和孩子，我就被忽略了，这就是没有母亲的孩子和别人最大的区别。

爸爸的去世，也让我很痛苦、很伤心。虽然没有梦过妈妈，我却多次梦到过爸爸。爸爸 47 岁就失去自己心爱的妻子，又为了一群儿女，自愿放弃续弦。后来，他六十几岁就被病魔缠身，没有很快乐地享受晚年生活。虽然有一群子女，不过因为家里穷，大家都为了生活而奔波，我们也没有很尽心地去照顾爸爸。他在世的时候，我正好处在人生冲刺期，一直忙着事业，现在回想起来，我一直后悔自己那时没有抽出更多时间去照顾爸爸，“子欲养而亲不在”这句话说得真的对极了，如果经历过丧失亲人的痛，一定会对此话有更进一步的了解。幸亏当时有六哥、六嫂替我们尽孝道，我们很幸运，有六哥这个兄弟。爸爸晚年时住在六哥家里，六哥特地在屋里装修一个房间和一个厕所，是特别设计给老年病人（也就是爸爸）住的。至今，我仍然非常感激六哥、六嫂的孝心。爸爸去世时，我感觉世界都要崩塌了！时隔多年，现在想起这件事，我仍然忍不住流眼泪。

## 我的爱好

人一定要培养爱好，爱好可以丰富自己的生活，尤其到了年纪大的时候，过去所培养的爱好一定会使自己的人生更加丰富多彩。我最大的爱好，是阅读跟历史、政治和经济有关的书籍。通过阅读，我能了解世事，并在此基础上进行分析，甚至幻想未来世界的发展。比如，看到中美两国在经济上的竞争，我就拿出纸笔来算，看看哪一国的国内生产总值（GDP）能够先超越对方。通过阅读历史故事，我也从中吸取到了很多经验和教训，并且尝试将古人的智慧应用在现在的生活里。我用许多历史故事来对比现在的社会，能很清楚地看到，马来西亚乃至世界上很多国家的领导，只有个人理想，没有政治理想，只有个人利益，没有国家利益。这种领导在历史上的结局，会是怎样的？历史故事都是前车之鉴，让我们警醒自己千万不要重犯这些错误。

有空的时候我也玩电子游戏，玩游戏可让我脑筋转得快一点。我觉得电子器材的发明真不错。

## 人生最重要的是什么

快乐和健康最重要。此外，有几个知己，对人生来说也极其重要，不然生活会过得很沉闷。在爱情方面，要冷静和适当地去选择伴侣，不要为了结婚而结婚，反而应该勇敢地去追求自己的幸福。

## 我人生中的金玉良言

第一次看到“岂能尽如人意，但求无愧我心”这句话，是我国华教斗士拿督沈慕羽老先生写的。这句话语出刘伯温，据说在历史上很多人以此为座右铭，比如林则徐、邹韬奋等。人生在世，岂能事事如意？首次看到这句话的时候，由于对拿督沈慕羽的华教奋斗史略有所知，我感觉他在写这句话的时候带着很无奈的心情。但是凡事都要经过时间才能理解，现在我年龄越大，越觉得这句话很有哲理。人生在世，难免有不如意，只要我们已经尽力而为，就可以坦然面对，这样会让自己更加容易释然。

## 给年轻人的劝告

人来到这个世界上，就是来人间做一次短暂的旅行。我读过一篇文章，作者说，当一个富翁病倒在床上，才感到就算他有千万财产，也已经毫无用途。所以我常跟年轻人说，人生只要有足够的财富来维持基本的生活开销就够了，其他的时间和精力，应该用在更有意义的事情上。如果人只是为了追求金钱而生活，可能到了临终的时候，心中会有很多遗憾。尤其是那些不择手段、做出伤天害理的事情来追求财富的人，我觉得他们的人生太没有意义了。我想劝告所有的人，尤其是年轻人，当你们开始进入这个社会的时候，必须努力去赚钱，以维持年老时必要的开销；同样，来到这个世界上，只要我们精力许可，就应该继续勤奋学习和工作。如果来到这个世界上，只是空空地走了一圈，那就太浪费上天给我们的机会了。人只有一次生命，所以应该尽量活得精彩一些，看重亲情、友情、爱情，培养爱好、结交好友、游历世界、扩大视野，在能力范围内学会如何享受生活情趣，过比较精致、有品质的生活，这对于人生来说是非常非常重要的。另外，我也奉劝大家，应该学习把一切看开，这样才能得到快乐。最重要的就是必须接受一个事实：每个人都会有离开这个世界的那一天。所以，人应放下执着，学习活在当下的精神。

想要创业的年轻人应该时时提醒自己，不要为了成功，不择手段地赚钱。尤其是那些有可能伤害到别人的事，绝对不可以做。我也时常劝告女性朋友，自己要有谋生的能力。对男性朋友，我的劝告是，自己要有创业和立业的精神和志向。此外，无论男女都应该要有一门专长。在现今的社会里，各种专才都是我们社会所需的。

我在一个电视节目上看到，一位生意人说："我门槛高一点，我慢一点，坚持住了，我今后的路就宽，我坚信这一点。"做生意和做人一样，创业和立业都不要好高骛远，要脚踏实地，一步一脚印地走向成功。

## 我的愿望

在我的人生过程中，到目前为止，我已经逐步实现了很多年轻时的愿望。但是，我仍有几个不能实现的愿望，比如，中学时我曾经想要成为一个有用的革命青年，也想要成为学业优秀的大学生，有专业的知识。但是这两个愿望都没有如愿以偿。

初步踏入社会要进军商业时，我一开始只希望能让我的家族脱离贫穷，然后让我们的后代有机会上大学。我这个希望在1986年实现了——我的一个侄儿大学毕业，我们家族终于有了第一个大学生，我感到非常欣慰，也很高兴。随着教育越来越普及，到后来，我和兄姐们的第二代，几乎都是大学毕业生。

此外，我们整个家族在20世纪70年代，基本上已经脱离贫穷。到了20世纪70年代中期，我们整个家族都有能力以车代步了，就好像本书所说的“告别蕹菜时代”。在那时，我产生了新的愿望：终有一天我要成为企业家。当时我已搬离古楼，也决定要到槟岛居住。我的想法是，如果能有这么一天，我要衣锦回乡，为养育过我的家乡做出贡献。

进入20世纪80年代，我的愿望是用心经营我们的公司，使其成为马来西亚的一家上市公司。在当时，整个吉莪区尚没有一家上市公司。这个愿望在1991年得以实现。那时，我也已经住在槟岛了，可是当我实现这个愿望的时候，我没有再去想过衣锦还乡这件事。那时我的思想更成熟了，我觉得根本没有这个必要。“衣锦还乡”只是炫耀，对人生没有好处。荣耀应该由外人来称赞自己，而不是自吹自擂。

我还有一个愿望，希望全部的孩子都可以在澳洲的大学毕业。这个愿望也随着最小的孩子大学毕业之后，完全如愿以偿。

由于我开始做生意的时候，英文讲得不好，我觉得不懂英文是一种障碍，它使我在商业上与人沟通有一定的困难。但是，作为马来西亚的华人，我跟其他的华裔同胞有一样的烦恼，我们往往在孩子的教育方面，进退两难。一方面我不能忘掉自己身为华裔的根，因此我所有的孩子从小学到中学都被送到华校接受华文教育；另一方面我又不希望孩子重走我们年轻时走过的冤枉路。如果要在马来西亚的商界有成就，英文是非常重要的语言，其实就算到了今天也一样。我不想下一代跟我一样面对同样的问题，我也要他们借出国留学的机会学习独立，不要事事都靠父母，开阔视野，看看别的国家的好处和坏处，多结交不同国籍的朋友，拓展社交网络。所以，到了孩子们要上大学的时候，我让他们都去澳洲读书。

到了今天，我希望孩子们能够继承我的事业，将它发扬光大，永续经营。我更希望自己能有健康的身体，可以好好地享受退休生活，周游世界。

# 第五章：心中那番话

人生在世，就算可以活到一百岁，在历史的长河中，也非常短暂。

人短短的一生中，始终被感情所牵绊。正如在《老残游记》的自叙中，刘鹗如此表明自己写作的目的："吾人生今之时，有身世之感情，有家国之感情，有社会之感情，有种教之感情。其感情愈深者，其哭泣愈痛：此鸿都百炼生所以有《老残游记》之作也。"我很喜欢看《老残游记》，觉得很有体会。在人生中的各个阶段看这本书，都有不同的感受。中学时读这本书，我只是懵懵懂懂；后来再读，我已经体验了人生的甜酸苦辣，对于这本书的内容，更有不同的领悟。

也许因为我感情丰富，对很多美好的往事，都念念不忘。童年是人生中永远的回忆，也是原始人性最基本的表露。所以我一直觉得，新一代的年轻家长应该了解这种情形，在抚育下一代的时候，要有正确的辅导。千万不要觉得"为了孩子好"，硬要他们做律师、法官、工程师……给他们无形的压力，令他们失去儿童应有的真善美。这根本没有必要，也不适当。父母应该让小孩子们在童年里，照旧过着儿童的生活。社会越进步，小孩子们反而越少拥有纯真的童年生活。所以，年轻的家长们应要有警惕。我年轻的时候，也喜欢看到孩子们有成就，但是我绝对不打骂孩子。假如他们成绩不好，我会鼓励他们，下次要做得更好。我不想他们那么快就失去童真，我希望孩子们也能有难忘和快乐的童年。

我的童年虽是在极其贫穷的环境中度过的，尤其是我一岁至七八岁。但在我的人生记忆中，没有一个印象是痛苦的（除了妈妈很早过世以外，这是不幸中之大幸）。我没有童年阴影，不曾受过一点委屈和欺负，这极其可贵。我知道有些人会因为童年发生过一些可能当时看是小事，但是最后造成阴影的事，从而终身耿耿于怀。我很幸运没有这种经历。家人的爱、谅解以及陪伴，对小孩子来说非常重要。虽然我们有挨饿的时候，可是，在家境最困难时，爸爸都会留5分钱让我去买糕吃，每次想起这些情景，我就要掉泪。掉泪是因为现在我才了解到爸爸当时的困难。在小时候，我其实并不特别能感受到贫穷的滋味。

现在的家长要留意孩子，要多陪伴小孩。千万不要因为忙工作，丢一个智能手机或者平板电脑给小孩子，让他们跟女佣一起成长……这些都是很畸形的现象。

快乐的童年对一个人的健全成长非常重要，如果能够创造快乐的童年给我们的下一代，将能够使整个世界更美好。

人生的黄金期，是学生时代，所有人都有享受这段时光的权利。人在这个阶段思想单纯，又没有生活责任和压力。在学校接受各种新知识的那段时间，是个人思想的成长期，对整个人生起着关键性的作用。如果在今天回到以前那种没有学校的时代，只有富人有机会在学堂上学，那么，大多数的人类都会在闭塞的情况下自生自灭，整个世界，肯定会变成一个弱肉强食的畸形社会。

所以我认为家长们都应该重视小孩子的学生时代的宝贵时光，也希望今天的教育制度能有所改变，更希望马来西亚的从政者，能深入理解人类最基本的权益，或者最基本的灵魂要求——归根。让各民族接受母语教育，是更加健全的教育制度。身为从政者，要有世界观，而不应保存狭隘的种族思想，反而应开明地让各民族得到更多的机会，并鼓励他们接受自己的母语教育。这么一来，人们才有全面的身心发展，尤其到了老年，他们要归根的时候，一定会更加感觉到母语教育的珍贵。有许多电影和文学作品都喜欢将“寻根”作为主题，在探讨这个问题时，编剧或作家都会带出一个信息，那就是到了老年的时候，最终还是觉得落叶归根是最基本的要求。每次看到这些作品，我都会有深切的体会。因为人到了某种“千帆过尽”的阶段，肯定会想要寻找和回归最原始的自己。

对我来说，我的求学时代，是复杂的。因为我在不同阶段有不同思维，这也是我思想成长和转变的时代。我是一个比较实际的人，只要有道理、有依据，我就能接受。所以在这段时间，我吸收了很多知识。

此外，我的求学生涯里有很多甜蜜的回忆。这大概导致了我在离校的时候，带着消极的思想投入商界。一开始回去家乡从商时，我在家里帮忙，一直在做劳力的工作。虽然家里没有人看不起我，但是我当时自以为是知识分子，要去做那种杀鱼、扛箱子的工作，感觉很掉价，所以情绪很低落。但是，我创业之后，才发现懂得生意上的每一个流程对一个老板来说非常重要。因此我常主张我的第二代不能一进公司就马上当高层，一定要从头做起。

人类毕竟是群体动物，我们是无法脱离社会单独生存的。因此，结交朋友、参与社会活动、结社，都是一般人非常重要的活动。跟志同道合的人在一起办活动、消磨时间，也跟商业活动息息相关，因为这将会加强商业关系。所以当一个人在社会上建立了某种基础之后，都应该做出一些个人的牺牲，积极参与社会活动。

我如此提倡参与社会活动，是因为只有尽一份个人微小的力量，为社会提供一些服务，为社会上需要帮忙的人做一点贡献，才能显出自己的价值。每一个人都不应该空洞地过日子，无所事事地浪费时间。其实，只要所做的事情对社会有贡献，留不留下痕迹，对于人生来讲，并不重要。因为毕竟到最后，社会会给每一个人一个应有的定位。

在今日这种金钱至上、物欲横流的商业社会里，很多社会公德都不复存在了。比如，有些人为了达到某些目的，宁愿不择手段，甚至通过欺诈达到个人经济上的利益，这种事情，即使在今天也屡见不鲜。所以从事商业活动又同时积极参与社会活动的人，应不时自我提醒，并避免为了个人名义，违反做人的基本原则。举例来说，有的人今天存有的亿万财产，却是从社会上掠夺回来的不义之财，这就违背了基本的道德，他到了人生的最后阶段，与一个没有财产却快乐地为社会服务的人一样，都是空手来，空手去。所以，只有能够心安理得地离开，而不是带着恐惧的心态离开这个世界，才不枉这一生。

另外，社会上许多领袖，都应该抱着平常心面对起起落落。人在社团里不论怎样厉害、聪明，甚至领导一个社团走向辉煌，但是总有需要接班人的一天。所以当我们在一个社团里服务，不论有多热爱它，都要做好准备，总有一天，自己会离开它。如果获得机会领导一个社团，一定要有服务精神，在任期内做出贡献，把事情做好、做圆满，并准备有人接棒。如果带有这种思想准备，将会大大减少领导期内无谓的压力。

在商业上，如果已经达到某种程度，也应该在适当的时候懂得“满足”的意义。“人比人气死人”，无论是谁，即使今天有几百亿财产，也不是全世界最有钱的人。所以只有适度地在自己的能力范围之内做好自己的工作，才会有轻松愉快的人生。

我始终认为，人来到这个世界上，应该为世界做出贡献。个人的能力有限，但不要忘记，地球有七十多亿人口，若每个人都做一件小小的好事，这个世界将会非常美好。比如，在环保方面，如果每个人，都尽一点环保的责任，这个世界肯定有所不同。假如每个国家的领袖，都带着“世界大同”的心态去治理国家（虽然我们明知不可能实现），如果每个人都愿意不计较个人的得失把地球当作一体，那么这个世界将会更美丽。又如世界上的饥饿问题，如果每人捐出 1 美金，就可以收到七十多亿美金，这一大笔钱，肯定可以解决饥饿问题，那么世界将会变得多么美好，而 1 美元对个人而言是多么小！可是，很多人都各有私心，所以我对此还是感到有点遗憾。

最后，我恳切地希望我这一颗已经尽力发光的小星，可以永远闪烁在古楼河上，不会坠落。

# 附录一：他们眼中的我

## 许廷德先生[①]

我和六哥许廷德及六嫂。摄于 2014 年

一个天气很好的早上，我们到许廷德先生的家里拜访。

“你还记得交学费的事情吗?”拿督许廷炎问。

许廷德先生笑嘻嘻地说：“什么？我不记得了。现在我只记得我跟爸爸去森林里抓 BALITONG[②]、种稻。”

许廷德先生和拿督两人的交谈都用潮州话，说是要访问，结果却聊起了家常。许廷德先生用华语跟我说：“我读到 4 年级，自己也不想读书了，没有钱交学费，被老师追钱的事情，是有啦。”

“在全部兄弟姐妹里面，我跟他感情最好，”许廷德先生说，“我们不曾吵架过。”

提到拿督许廷炎，许廷德先生一直笑眯眯地：“他是全家人最疼爱的弟弟，从小很乖，不曾有家人打骂过他。”

我问许廷德先生：“你们两人之间有过什么难忘的事情吗?”

许廷德先生想了想说：“有一次，我在怡保做虾膏，不知为何突然晕倒，我这个弟弟马上开车去医院探望我。”他的话虽然很平淡，

---

① 拿督许廷炎的六哥，比拿督大 3 岁。

② 东南亚一带的一种海螺，繁殖区在沿海沼泽地。一般的食用方式为配炒辣椒，吃的时候要用力把螺肉吸出。

但是，从他的表情和语气上，看得出他很感动。

“我以前喜欢吸雪茄，有时候我弟弟出远门做生意，就会买最好的仰光雪茄给我。”他絮絮而谈，“那些外国的雪茄，跟我们这里的不同，他们的雪茄味道甜甜的。仰光雪茄就很香，味道不一样。以前还可以买到，现在都买不到了。目前流行的是印尼 CURUT[①]。”

我问他：“那你现在还抽雪茄吗？”

许廷德先生说：“不抽了。”“怎么戒掉的？”“不抽就戒了啊。说没办法戒烟，那些都是骗人的啦。”

说到抽烟草[②]，许廷德先生告诉我：“我们几个比较小的弟弟，五六岁就偷拿二哥的 ROKOK 草，自己偷偷包来抽。”

拿督常常提起，他爸爸生病的时候，一直由六哥、六嫂照顾，我问许廷德先生：“照顾爸爸，会不会辛苦？”他笑笑：“照顾生病的爸爸都是辛苦的啦，为了让他减少痛楚，我们只好让他吃一点鸦片。”

拿督接过话头：“我每次都去鸦片间买鸦片给爸爸吃。他抽了就身体不会痛，不痛就不会骂人。”

许廷德先生还说：“我小时候大概是全部兄弟里最固执、最坏的一个，爸爸有时受不了就会打我。”他接着告诉我：“老三很会爬椰树，老五最聪明、最勇敢，每次下海捕鱼，人家在前面拉渔网，他就拉后面的，但他力气大，拉完后面还可以绕到前面帮忙拉。每次出海捕鱼，他都比别人捕得多。”

我有一个一直很好奇的问题，就问道：“您对您大哥有印象吗？”许廷德先生想了想，说：“他不是很高，我大概五六岁时，大哥有一次回来家里，他带我去角头吃粥。妈妈死时他来拜祭。那时，他身上带着一把短枪，袋子里面还有一颗手榴弹。我记得他拜祭之后就走了，之后就再也没回来过。我知道大哥在吉打州的华玲[③]做过校长。我和大哥差 15 岁左右，他肖兔。”许廷德先生的话补充了一些大家对神秘大哥的印象。

---

① 印尼雪茄。

② 在方言里叫“ROKOK（烟）草”。

③ BALING。

我又问起他对妈妈的印象。“她有很长很长的头发，每次都绑辫子，长得很美。可惜，我们没有妈妈的照片。”

拿督常常说，很感激家人让他到韩江中学读书。“我 13 岁就出海捕鱼了。他去读书的时候，我都是一个渔夫了。他要读，全家人都赞成。我二哥性格是最固执的，他都觉得应该去读。大概因为我们这个小弟自小乖巧，所以全部人都疼他。而且全家人都觉得家里有个人认识字也很好。大家的受教育程度不高，如果有一个弟弟可以受高等教育，也很不错。”许廷德先生徐徐道来。

全程的访问，充满了温馨，他们还把家里的老照片都翻出来给我看。许廷德先生口中则不停地重复一句话：“这是我们最疼的弟弟，我跟他感情最好。”无须多说，可以知道拿督口中常常提起的快乐童年，的确不是没有理由。

# 丹斯里方木山①

我与前任潮州会馆主席丹斯里方木山在韩江家庙“廷苑”。摄于2005年

丹斯里方木山是拿督许廷炎的好朋友。“我们认识很久很久了，”丹斯里方木山顿了一下，沉思了一会儿说道，“我实在想不起我们到底是几时认识的。”他的脸上带着一丝歉意。

“如果用一句话来形容廷炎，我可以告诉你，他是一个好人，做人做事都很认真。”

丹斯里方木山在受访前，曾表示若在拿督许廷炎面前接受访问，会有点尴尬，毕竟在“主角”面前谈自己对他的感想，总是会有些不自然，所以他提出在拿督许廷炎不在的情况下，来谈谈他们的友情。

在20世纪90年代，拿督许廷炎的七哥曾经因为一些误会跟拿督许廷炎不和，这件事情也被媒体绘声绘色地报道过不少次。针对此事，丹斯里方木山说：“我开诚布公地跟他谈过几次，毕竟两人是亲兄弟，作为老朋友，我当然劝和不劝离。”

所幸拿督许廷炎接受了丹斯里方木山的劝告，也表示希望跟哥哥和好，只不过一时之间没有和解的机会。

“直到当年槟城中华总商会选举，他哥哥竞选总会长。有些人企图推翻他哥哥连任会长，双方拼得很激烈。为了哥哥，廷炎出面帮忙。也许此事感动了他哥哥，他们最终和好，两人握手言和的照片还刊登在报纸上，我也很欣慰。”

---

① 马来西亚著名企业家，拿督许廷炎的好朋友。

丹斯里方木山说："毕竟再利的刀，割水也割不断。"①

对于此事，丹斯里方木山认为拿督许廷炎处理事情的方式很实在。"虽然两人有误会，廷炎还是坚持要跟哥哥和好。我觉得他很有心去协助兄弟。他的七哥经营的 GURNEY PARAGON（百丽宫购物商场）开幕，他也出席以表支持。七嫂去世，他也多次出现在灵堂协助打点。这些言行，都证明他是一位有情有义的人。"

此外，丹斯里方木山认为拿督许廷炎做事很稳重，从来不害人。"虽然我比他大 5 岁，不过有什么难题我也会请教他。不管年岁大小，他有很多优点，都值得我跟他学。"

丹斯里方木山和拿督许廷炎曾经在潮州会馆（丹斯里当主席，拿督当署理）、广汀会馆（丹斯里当主席，拿督当署理）、韩江中学共事，丹斯里方木山认为，在社团里如果没有好朋友帮忙，许多工作都很难顺利进行。"人不是万能的，有什么不了解，问问人家，自己也不吃亏。"所以，在很多方面，丹斯里方木山会请教拿督许廷炎："我很欣赏他，他不骄傲，有任何问题，他都会指点我。"

在韩江中学最辛苦的时候，没人要当董事长。一位华教支持者，也是韩江中学的忠实支持者林明初老先生非常有诚意地请丹斯里方木山帮忙。盛情难却，丹斯里方木山接管韩江中学时，韩江董事部正跟教师公会打官司，这一场官司源自董事部开除 7 位老师的事，而且因为这场官司，董事部把韩江中学的存款都用完了，几乎要把学校关掉。"我那时经济状况还不错，在林老先生的要求下，我硬着头皮来当董事长。"

据丹斯里方木山说，在他担任董事长之后，韩江中学董事部面对经济困境，甚至把韩江的操场租给马戏团来赚钱，而且那时的学生人数已经大不如前，比起全盛时期，变得非常少。

一当上董事长，丹斯里方木山就决定修改章程，董事长只能当两届，4 年后就必须退位，好让新人领导。

"当时，廷炎一直协助我把学校的状况稳定下来。"他们采取了各种措施来办校，比如增加员工薪水和补贴金等。"我和廷炎也一起

① 潮州谚语：利刃割水不断。

去筹款，他全心为学校筹了三百多万零吉，这种成绩让人感动。”

在其他的团体内，丹斯里方木山也跟拿督许廷炎保持着非常良好的合作关系。比如，韩江家庙的修复，“是我向廷炎提议的”。当时，丹斯里方木山是潮州会馆的会长，他卸任之后，由拿督许廷炎带头去处理修复事宜。

丹斯里方木山表示，他和拿督许廷炎时常一起吃饭，“可惜我很喜欢高尔夫球，他却不爱打球”。他们两人可谓无话不谈，“我可以跟他谈心事，我信任他”。

作为好朋友，如果要给他一句劝告的话，丹斯里方木山会想跟拿督许廷炎说什么呢？“我不好意思给他劝告呢！他各方面都很稳重，我没什么更好的劝告能够提供给他，他是一位很理想的人，反而有时我需要他的劝告呀。”丹斯里方木山笑着说。

“我不只当他是好朋友，我当他是兄弟。”丹斯里方木山的语气非常诚恳，他的总结让人动容。

## 黄喜光[1]先生

黄喜光是一个很健谈的人，他一提到拿督许廷炎就侃侃而谈。“我们认识很久了。拿督是我在吉華中学读书时的董事长，我的毕业文凭还是从他手上拿的呢。”

后来黄喜光当了记者，拿督又是地方闻人，他们一直都认识对方，随着时间的推移，彼此的友情更坚固。

黄喜光是一个文艺青年。一直以来他对音乐创作、文学创作、文化活动等，都有浓厚的兴趣。

金锋奖歌曲创作比赛颁奖典礼。摄于 20 世纪 90 年代

“拿督许廷炎杯”华教常识比赛。摄于 2011 年

我和黄喜光。摄于 2014 年

1992 年，黄喜光领头举办“吉華文化节”和“绿禾全国散文创作比赛”。

“我们所举办的是马来西亚有史以来，首次县区级别的文化节。办这些活动都需要庞大的经费支持，我思前想后，最后决定邀请拿督许廷炎全面赞助‘绿禾

① 《光明日报》高级经理。

全国散文创作比赛'，同时他也大力赞助文化节，还来为我们开幕。"

"我们总共用了3万零吉，在那时这是一间屋子的价钱。"提起文化节，黄喜光满脸都是兴奋之情，他说，当时他们那个空前的举动，动用了吉辇中学校友会、绿禾之友、在籍中学生、大专生，还有许多志愿人士。"开幕典礼上，我们邀请了当年刚被推广不久的24节令鼓，由于很多人那时都没看过，所以这吸引了很多人带着好奇心来看。同时，这也是大多数吉辇人第一次参与文化活动，这3天文化节的参观人次，可说数以万计。"

另外，黄喜光也请拿督赞助金锋奖，到2014年刚好庆祝20周年。"1995年开始，我跟拿督提起本地殷商应该支持本地创作，他毅然开口答应以金锋机构的名义赞助金锋奖，这一赞助就是20年。"这个奖项是马来西亚最长青的常年性华语歌曲创作比赛，由于历史悠久，它深深地影响了很多本地创作歌手和歌曲创作坊，比如北工站、游子吟等。

其实每一次跟文化有关的节目，黄喜光都会第一个想到请拿督来赞助。"我知道拿督从年轻时开始，就喜欢搞些文化活动。如果我找他来赞助，他会有认同感。"黄喜光说，因为拿督和他同是吉辇中学的学生，而且拿督出钱很爽快，出钱之后又有参与感，还会关心活动的进展，所以找拿督不必像找其他人一样，需要多加解释，可能还要看脸色。"因为我知道这些都是他喜欢参与的活动。至少他不会像其他人一样，出了钱就不闻不问，根本不知道自己出的是什么钱，做的是什么活动。"

黄喜光说，他认识拿督几十年，从不曾见过他发脾气，他在社会上也一直都是公认的德高望重之人。"我只说一个例子就能很好地证明这一点。2000年时，光华小学建校，家教协会和董事会之间有纠纷。拿督跟光华小学向无来往，但是一有纠纷，人家就找他当建校委员会的主席。他一把工作做完就将剩余的8万零吉交还给董事部，功成身退。他们挽留他，要他做董事长，他也不接受。从这件事情就可以看出他在社会上的声望，人家主动要求他来协调，肯定是因为要找一位德高望重的人才能胜任此事。这件事情，拿督做得干脆磊落。任务完成，就全身而退。我很佩服他。"黄喜光一口气把这件事情说完，脸色无比敬重。

# 林良发[1]先生

我和林良发。摄于 2014 年

林先生说："基本上，慈色是个不错的人。"拿督的父亲为每个孩子都取了一个名、一个字，许慈色是拿督许廷炎念中学时所用的名字。所以，那些叫出"许慈色"这个名字的朋友们，肯定都识于微时。

"我们是同一届的同学，一起活跃于组织，接触机会很多，感情很好。我还记得毕业之后要分别时，我们心中多么痛苦啊。"林先生说。

他们两人曾经都是韩江中学戏剧研究会的会员。当年的韩江中学戏剧研究会虽有几百个会员，但是他们那一届真正的"内部组织成员"只有 10 多个人，其他戏剧研究会的会员严格来说，都不能算是"组织"的人。所谓的"内部组织"，就是左派组织，俗称"学运"。林先生作为组织所挑选出来的韩江中学学生领导，在组织里搭内线，算是比较有"身份"的成员，而拿督在那时则是林先生的属下——虽然表面上，拿督是戏剧研究会的主席。

"我们推荐慈色当主席，因为他是一个领导能力很强的人；他能公开演讲，可以主持几百个人的会议，很适合被培养成为一个将来为组织效力的人才。"

林先生表示，他们两人加上其他内部组织的同学成立了学习小组，时常一起讨论一些国内外时事、哲学、社会发展史等严肃的课题。"我们看的书也跟其他同学不一样，自认是进步青年。"

---

① 拿督许廷炎的中学同学，也曾经一起活跃于地下组织。

他举例，“比如，我们讨论的不是风花雪月，而是‘什么是人生观’这种话题”。他说，拿督许廷炎是一个进步比较快、吸收能力比较强的人。可是，在 1964 年的一个晚上，拿督许廷炎却去找林先生表示他决定淡出这个组织，也表示他的看法已经和组织有所分歧，“当时我非常难受。我知道他也很难开口，虽然从他之前的表现我看得出他已有此意。不过因为我们准备栽培他做接下来的领导人，所以我们还是很珍惜他，不打算放弃这个人才。我看到他很难开口，我也很难受。他要退出，我说服不了他。所以我告知上头，要求他们写一封信劝服他”。

但是这封信也未能动摇拿督许廷炎的决定，出于爱才，加上担心这种消极的思想会影响其他同学，林先生便建议拿督许廷炎如果要逐渐疏远，可以去参加一些革命性不太强的组织，比如毕业刊编委会。

林先生说：“现在在我眼中，他是一个成功商人。当然，我们有过一段革命感情，大家曾经一起搞革命，彼此之间不会因为社会地位而有隔膜，这是没有经历过那个火红年代的人永远不会理解的情谊。”

## 拿督杨才成[①]

拿督杨才成跟拿督许廷炎是瓜拉古楼同乡。虽年龄相差一截，但“我在中学时就听过他的大名”。拿督杨才成说：“他是我家乡的知名地方领袖，白手起家，是非常成功的商人。无论华社、教育、政治、社团等，他都十分积极地投入。”

拿督许廷炎在1976年发动成立吉辇中学校友会，那时拿督杨才成还是中学生。但他对此事的印象很深刻，因为吉辇中学几十年来都没有校友会，拿督许廷炎领头筹款、召集校友、购买会所等，“这种事情不容易做，出钱、出力、出精神、出时间，我很佩服他”。

左起：马来西亚华人著名作家朵拉、拿督杨才成、马来西亚中华大会堂（华总）总会长丹斯里方天兴、马来西亚商界闻人丹斯里方木山、我、本书作者菲尔。摄于2015年。

① 青年闻商，现任吉辇中学董事长。

“他在吉莘中学当了11年的董事长（1981—1991），办华教向来不易，尤其在20世纪80年代，筹款不简单，当时普遍上人民生活条件还没有现在这么好。华文教育问题也不少，但是在这些困难面前，拿督许廷炎还能发动建校，我觉得他很有毅力。”现在拿督杨才成也是吉莘中学的董事长，想来他一定对华文教育的困境和面对的荆棘路有相同感受。

拿督杨才成说：“我不是吉莘中学的学生。但在我青少年的时候，就对这位杰出青年领袖留下深刻印象。他可说是我们家乡青少年的偶像，名字如雷贯耳。”

在拿督杨才成的印象中，拿督许廷炎凡事亲力亲为，很有亲和力，待人诚恳。“我们作为小辈跟他谈话，不会有压力，他往往还会给我们中肯的意见，是一个很值得尊敬的长辈。”

后来拿督杨才成大学毕业后，在很多社团都能看到拿督许廷炎的身影。“1984年，我大学毕业，就在槟城工作。当时，拿督许廷炎已是成功商人。我还记得吉莘中学的学生家长示威事件，这件事情也是由他去解决的。”

拿督杨才成初加入吉莘中学董事部成为董事的时候，他发现，每一年校友会庆典拿督许廷炎都会出席。“他对吉莘中学付出良多，今年学校的新礼堂刚刚盖好，我们将它命名为“廷炎堂”，是为了感谢和肯定拿督许廷炎的贡献。”拿督杨才成说：“我还记得当我们筹款建礼堂的时候，我本人去拜访拿督许廷炎，他二话不说，就给了一笔捐款。”

既然拿督杨才成说自己是小辈，那从拿督许廷炎身上，他学到了什么？“很多。比如，他创业的精神。白手兴家，从无到有，我也一样出生在穷家庭，我很明白这种困难不是笔墨所能形容的。另外，他待人处事非常谦虚、有亲和力、很客气。槟城的华社是一个大染缸，拿督许廷炎能当上槟城华社的最高领袖，便可看出他是一个很有领导能力的人。在社团和教育界，我当他是顾问，因为他常给我忠告，从旁协助和引导我们。”

“我很仰慕他。他是我们那时候年轻人的偶像。我把他当作很好的榜样。”我问拿督杨才成，当时可曾想过如果以后有能力，也要学拿督许廷炎办教育、做社会工作？他眯眯地笑。看拿督杨才成今日也踏上拿督许廷炎当年的路，接棒为吉辇中学劳心劳力，我想这个微笑背后，答案已经肯定了。

# 陈冰心校长[①]与陈炳成硕士

陈炳成先生、我、光华小学陈冰心校长。摄于 2014 年

2014 年 11 月 26 日，那是一个刚下过雨的午后，在光华小学的新会议室里，我见到了早已约好的陈冰心校长，惊喜的是当年建校委员会总务陈炳成先生也应陈冰心校长之邀一起来聊天。

好奇心驱使我向陈校长探问当年建校的点滴。原来在 1999 年，学校在买地之后决定扩建校舍，奈何董事部和家教协会起了纠纷，没办法决定建校委员会主席由谁担当。“当时我们开会讨论，大家提出好几个当时社会上的社团领导做候选人。陈炳成先生拟出一份名单。由于我曾在韩江小学服务过，名单上，我只认识拿督许廷炎。”于是，大家征询几位社会贤达的意见，比如已故教育家和企业家陈火炎，他也建议找拿督许廷炎来担任建校委员会主席。

陈校长说：“拿督许廷炎人脉很广，大家对他的评价都很好。”

陈炳成先生回忆：“我们三顾茅庐，见了拿督许廷炎好几次，终于说服了他。”当时，拿督许廷炎本身在光华小学并没有担任任何职位。他最终答应担起建校委员会主席的重担之后，大家都松了一口气。

跟拿督许廷炎共事，是愉快的经历。“我从拿督许廷炎的身上学到领导素质。比如，每次主持会议，他定不会拖泥带水，往往对症下药。对于招标的程序，他很有经验，我曾趁这个机会跟他学习。”

---

① 现任槟城双溪里蒙光华学校校长。

我在光华小学许廷炎厅。摄于 2014 年

陈校长说："经过这次建校，董事部和家教协会之间的纠纷也由拿督许廷炎帮忙和解。"陈炳成先生补充道："有的董事原本坚持一些原则，但是当他们看到大家都认真地工作，便也都愿意退让一步。"

陈校长认为，拿督许廷炎的领导力最显著的特征就在于他的远见卓识。当时董事部和家教协会两大机构都陷入混乱的局面，他却可以得到两方的认同，这显示出他在社会上的地位，以及他圆融自如的处事风格。"在我们还看不出有什么问题的时候，他就已经看透，并思考如何解决。"

陈炳成先生说："买了校地之后，有人问我，要建校，你们有多少钱？我回答，从零开始。"说到这里，大家深深叹息，华校在马来西亚不都是这么坎坷地走过的吗？"那时候，我们非常积极，办爬山比赛、演唱会、徒步行走等活动来筹款。"

"建校的时候，都是拿督许廷炎在帮忙计算建筑费用，我们只知道要筹款，但是对于这些建筑的知识一窍不通。"

拿督许廷炎却说："整个建校的过程中，非常感谢每一位热心人士的帮忙。炳成和校长的建树很大，他们都是非常中肯、愿意为华教献身的人。"

新校舍建好以后，时任教育部长来开幕。听闻所花费的建筑费用，他很吃惊，因为比他想象的低好几成。"教育部长对新校舍留下非常深刻的印象，他深受感动，现场就身体力行，捐了一大笔钱给我们。"陈校长和陈炳成先生异口同声地说。

陈校长跟拿督许廷炎共事以来，有一件最难忘的事情。"新校舍建好之后，还没有开幕之前，我突然被调职到另一间小学，所以很失落。为了帮我继续留任，拿督许廷炎带着董事部、家教协会、校友会等机构的代表去见教育总监，又通过一些人事关系，我总算得偿所愿留在光华小学，直到今天。”陈校长说：“我一直觉得拿督许廷炎是我的恩人。”

“我们真的很感谢拿督许廷炎，他无私地帮忙，也不要求任何回报。他从一开始就声明自己不要进董事部，不要当董事，我们不曾给他什么。最后，唯一能够做的，就是让他当光华小学的名誉董事。”

光华小学当时只用了1年筹款，1年建校，可谓突破槟城华校的建设速度。“我们建筑费低，建得又快，别的学校要扩建，都来问我怎样筹款，怎样建校？哈哈。”陈校长笑。

跟华教人士聊天，总在愉快中感受到无奈，但无奈中仍带着乐观和激励。也就是这些有心人的坚持，才能将马来西亚的华文教育一代又一代地传承下去。拿督许廷炎、陈校长、陈炳成先生等人作为华教推手如是，每一位为华教出钱出力的社会人士——不管钱多少、力大小——又何尝不是呢？

# 附录二：结束，是另一个开始

## 以心处世　以心写心

——评《古楼河上的星光——拿督许廷炎回忆录》

曹惠民

马来西亚华人是个独特的族群，自先辈从华夏大地南渡以来，涌现过的英才俊彦，不知凡几！现任槟城华人大会堂主席的拿督许廷炎，是其中的一位，在全马特别是北马地区广为人知。但是关于他几十年奋斗拼搏的事情，并不是认识他、知道他的人都清楚了解的。在这样的情形下，一部有关他的传记就显得十分必要了。马来西亚华人青年作家菲尔有见及此，遂有《古楼河上的星光——拿督许廷炎回忆录》一书之撰写、问世。

打开《古楼河上的星光——拿督许廷炎回忆录》，首先扑入读者眼帘的，是五章的标题——“心念少年时”“心头志气高”“心系公益路”“心底那根弦”“心中那番话”，都以“心”字开头，一下子就打动了读者的心弦。读者会从中受到暗示，要以“心”来阅读此书，才不会辜负主人公的一颗仁心，才对得起作者的一番苦心。书中的主人公拿督许廷炎将心待人，以心办事，以心处世，心系社稷，自然能以心动人，主人公和作者以心换心，读者自然将心比心，阅读的惬意油然而生，写作的正能量也由此产生。心是最不能作假的。人生在世，最重要的，是有一颗善良仁爱的心，它比智慧、能力更重要、更难得。拿督许廷炎从幼年开始，经历过无数的磨难和困难，也有过不少温馨的时光，他也在丰富的人生历程中一步步成长、成熟，其间有无数生动、感人的故事，每一个故事都能给人正面启示。作者菲尔抓住这个最关键处——“心”——落笔，确实是抓住了主人公70年奋斗历程的动力与灵魂之所在。

正因为重视和抓住了这个关键点，许多生活中的细节就凸显了人物的内心，也因为如此，这部回忆录从基点上就显示出了它的高品位和大格局、大气势。

回忆录是对过去的一种个人记忆，也可以看作当事人对历史说话，同时又离不开时代、社会乃至亲朋好友，最好的记忆应当能还原历史，帮助人重回现场，而不是无视史实，巧言令色，更不可掩盖真相，颠倒是非。不仅如此，好的回忆录在展示人生历程的同时，还能从对世事的叙述中提炼出人生的经验和教训、人生的底蕴，到底如何，就要看作者的见识、胸襟、气度了。菲尔为了写好这部回忆录，曾与拿督许廷炎面谈不下几十次，还采访了他周围与他相熟的人以及他的兄长，实地踏访过霹雳州古楼、角头这两个小渔村以及巴里文打和峇眼色海这两个小城市，拍照、取材、感受，缅怀过去。“看到那漫无边际的河流衔接大海、渔村里悠闲的午后、青绿色的热带植物和典型的马来西亚甘榜景色、小城市里朴实的人们、小乡村里占地不大的小学、大半经费仍然靠着华社来建设的中学，这平实无奇的一切”，再经过缜密思考和必要的过滤筛选，择取拿督许廷炎70年人生途中的有意义的点点滴滴，呈现了一个成功人士、社会领袖那立体、多面的丰满生动的形象，是取得了很大成功的，是与拿督许廷炎的人生成就相匹配的——虽然，他们之间，分属两代人，但从菲尔读解拿督的字里行间，读者自会感觉到她对拿督许廷炎“全人”的准确把握和由衷钦敬。从书中可以看到，在人生的不同阶段，不管是顺境还是逆境，拿督许廷炎都有这样或那样的故事值得记录、值得回味，童年时的一双鞋，上学时爸爸拿出的100零吉，奎笼（KELONG）、“筐脚”之类古老的捕鱼方法，“出花园”这样的“成人礼”等，读来或令人深思，或令人动容，或令人捧腹乃至不忍释卷。

回忆录还有一个可圈可点之处，在于以一种顺理成章的叙述策略，突出展示了拿督许廷炎建立在丰富人生历练之上的人生箴言，传递了正能量。其中有的话近乎警句、格言，有的人生信条、处事规劝近乎成功秘诀，那不是一种空洞的说教，而是在具体人事的处理经历中自然引发的。有的话十分形象易记——“以小刀锯大树的精神”，有的话貌似玩笑甚至搞笑，其实却显示了他的睿智 ——“百闻不如一吃”。

经商是他的本行，谈起经营之道，在他这里很有讲究，他相信生意经里有人情、人性，这与洛克菲勒说过的“建立在生意上的感情远胜过建立在感情上的生意”有异曲同工之妙。老板天天和金钱打交道，怎么赚钱、怎么用钱，都有学问有讲究，有人会赚，有人会用，有人会赚不会用，有人既会赚又会用。“对很多公司的领导层而言，这也是一个智慧的考验，从他们使用金钱的态度，就能看出这些领导是否高瞻远瞩，如果随意拿钱乱投资，那肯定过不了这一关。”

“我常常会提醒他们，不要只顾赚钱，应该求利不贪财、栽培新一代、延续社会义务，其实，现代企业家都应有社会服务的精神，这是一种负责任的表现。永续经营既是一种企业智慧，也是一种考验，更是团队精神的结晶。这种持久需要公司上下每一位员工的合作，因此，若能把它当作一种发展理念，成为长寿公司不是不可能的事。”

书中的人生信条、教训、经验、哲理、名言、警句可谓比比皆是，然而有些表述得较为平淡或繁杂的话，没有那么精炼易记，但同样有很深的意思值得读者细细体味。“德国人做事情有条理、很认真，做生意很坚持己见，难让步。要跟他们交易，我们也得深切理解这个民族的特性才行。无论面对什么问题，我都会采取软方式去解决。”“软方式”一词就很有创意，或许它来自“软实力”一词的启示，恐怕更多地来自他自身人生体验启示。

“人家是真正的富豪，坐几次都没问题。我们这种正在创业的人，却是为了要去寻找人生体验。但人生是为了什么？不就是在人生的路上，寻求各种经历才不算白过吗？基于年轻时的好奇心，我甘愿多花 1 000 多零吉，去体验一次难得又特别的经历。”

“在人的一生中，有许多快乐都不能用金钱衡量。一个人能够越快想通这个道理，他肯定就能越快看见别人未曾看见的风景。”

作为一个生活的有心人，拿督许廷炎非常注意，也善于观察社会世态。比如，他对越南社会风气变化的观察就很准确：“因为在越南每个越南人看到面粉袋都知道里面装的是钞票。他们总是很有信心地说：‘没问题！治安很好，不用怕。’说真的，我在那边十多年，我们的工厂里不曾发生过一次销售员被抢劫的事件。很可惜的是，跟许多国家一样，随着社会的逐渐发达，风气逐渐复杂，这种治安良好的情况到了大概2000年就渐渐消失了。”其实这种观察能力对于他的事业来说，实在至关重要。

拿督许廷炎的职业身份，从主要的方面而言是个企业家，他的活动范围主要在商界，但他绝不以此自限，而是尽到了一个社会人的责任，这正是许多人所无法企及之处，他对教育和文化遗产保护的关注、投入就是其社会关怀中最大的亮点。

拿督许廷炎从小喜欢读书，他的爸爸对子女的教育并不因家贫而有丝毫忽视，这大约是拿督许廷炎一直对教育情有独钟、对教育事业真心付出的原因所在。在事业有成以后，他把相当大的精力放在教育上。他曾先后出任吉辇中学建校委员会，吉辇中学校友会，吉辇中学、东华小学家教协会，韩江中学等校的重要职位，以及槟州华人大会堂的主席等职，尽了自己最大的力量，对马来西亚的华文教育事业贡献良多。他看到，马来西亚的华文教育道路一直崎岖不平，但道路虽然曲折，“却无阻华文教育在马来西亚华人的坚持下，仍然办出辉煌的成绩。马来西亚的华人自动自发地把华文教育当作己任，出钱出力，成绩斐然，捐助华文教育更被戏称为大马华人的第二个所得税”。

在投身教育公益事业的过程中，他坦言：“我深深体会到‘十年树木，百年树人’的道理。我由衷地感受到，从事教育工作绝对不能仓促，必须有长远计划以及无私的精神；也不能哗众取宠，应该有一套完整和长远的办学方针。因此，对于过去华教先贤的努力，我无比敬佩。”要重情重义、亲力亲为、谦虚谨慎，要有仁爱之心、奉献之心、感恩之心，作为一个企业界人士，能有如此见识，正是他不同于常人而能超凡脱俗的内在原因。

尤其难得的是，当他得知一些有识之士倡议对韩江家庙进行保护时，他又表现出令人敬佩的能力，同时脚踏实地地采取了多种举措包括向社会各界广为筹款，终于使韩江家庙的遗产保护得到了国际组织和社会各界的高度认可及积极评价。由于保护工程严格按照联合国教科文组织有关文化遗产保护的规格进行，因而在2006年7月，韩江家庙荣获了联合国教科文组织亚太区文化遗产保护奖。在颁奖典礼上，他感慨万千，“回想过去18个月来的点点滴滴，多日来的努力终于有了成果，全体同仁倍感欣慰”。

其实，当时拿督许廷炎对于维修古建筑的知识很有限，可说是门外汉，几十岁了才入门开始学习如何维修古建筑，却终究成就了他任职潮州会馆4年里一个最重要的标志性工程——槟城唯一保存最完整的潮州式建筑物，这都是基于一股热忱、责任感和使命感。在工程修复的过程中，门外汉也在欣赏古迹方面有了认识，提升了自己的文化艺术修养，“更养成了小心翼翼去观察和了解每一个词汇、每一个细节的习惯。我作为一个普通商人，借此也获得提升文化修养的机会。这种知识，让我感受到了金钱买不到的精神满足”。他在许多场合都获得各阶层知识分子的赞赏，连他的孩子们都“惊讶他们的爸爸原来不是商人那么简单，还可勉强算是一个‘儒商’”。即使取得了如此值得骄傲的成功，他还是保持着难得的清醒：对于别人所称的“许廷炎时代”，他谦虚地回应：“其实，我愧不敢当，这一切的功劳全靠每一位付出财力、物力、人力的热心人士。”

他既对马来西亚的华裔同胞在继续维护自己民族的根源和文化方面的强烈意识肃然起敬，也义正词严地表达了一个华裔公民对执政者的希望：“我更希望马来西亚的从政者，要深入理解人类最基本的权益，或者最基本的灵魂要求——归根。”作为一个过来人、亲历者，他的所言所行就是要让青年人懂得历史，知道传承。因为他深深地知道：“因为人到了某种‘千帆过尽’的阶段，肯定会想要寻找和回归最原始的自己。”

正因为不把自己看成是救世主，不是为了出出风头搏点儿名声，而是更多地看到了大众的力量，看到了很多和自己一样有爱心的人，拿督许廷炎才更赢得了社会的尊重，他的人格才更显出光彩。在社会服务的多个平台上，拿督许廷炎用尽自己的力量去为人民做事，为下层贫苦民众解难抒困，他觉得一切辛苦都值得。作为一个公众人物、社会领袖，他更深知，要为民服务，自身的素质品行如何，是十分重要的，在这个五花八门的社会里有各种各样的人，“要做社会工作、想为社会做出贡献，本身要有一定的素质。有时，人们会对一些华社高层领导的内讧斗争、互揭疮疤的恶习感觉失望。我认为社团领袖应该有所克制，以理服人，以德服人。所以一个能够成功为社会大众服务的人，本身必须要有很好的修养，才能服众”。实在是金玉良言。

回忆录通篇叙事流畅，笔下饱含感情，也时时显露出理性的清明，而有些段落简直就是一篇优美的散文，非常引人入胜：

“童年岁月里，迷人的稻田景色给我留下深刻印象。稻米萌芽时，绿油油一片；有待收成时，成了金黄色波浪；收割的旧仓，便成了棕褐色的海洋。大自然的颜色变化，在我们小时的生活里是那么自然的事。站在堤岸上，可看到高高的椰树在稻田中央，随风摇曳，婀娜多姿。麻雀、八哥停在枝头，风吹来时，椰叶随风摇摆，有时可看到候鸟集体以“人”字形飞过蔚蓝的天空；放风筝的季节，可以看到小孩们在田里快乐地抓着风筝线奔跑……”

这些看似闲笔的描述有效地提升了回忆录的可读性。

回顾70年来的人生经历，拿督许廷炎用一句话概括了他为人处事的深度认知：“凝聚力量，领航大方向；打造人文，开创新辉煌。”他也因此成为一个“大写的人”。人文关怀，正是其所有社会活动的核心与灵魂所在，这也是对社会各界都适用的最大、最深、最有价值的启示。

2014年12月草成

2015年1月1—3日改就

## [作者简介]

曹惠民（1946— ），江苏南通人，毕业于北京师范大学中文系（1964—1969）和华东师范大学研究生院（1979—1982），现为苏州大学教授、博士生导师，曾三度赴韩国、台湾地区任专任客座教授。

兼任中国世界华文文学学会名誉副会长、江苏省台港澳暨海外华文文学研究会名誉会长等，应聘任美国文心社顾问、日本华文文学笔会特邀顾问等，曾多次访问马来西亚。著有《边缘的寻觅——曹惠民选集》《出走的夏娃——一位大陆学人的台湾文学观》《他者的声音——曹惠民华文文学论集》《多元共生的现代中华文学》等著作，主编《台港澳文学教程新编》《1898—1999 百年中华文学史论》《阅读陶然》《台港澳文学教程》，另合著、参编 10 多种中国现代文学史、比较文学史和国家级高校教材。1980 年至今在《文学评论》《中国现代文学研究丛刊》等海峡两岸和香港及新、马、泰、菲、印尼、韩、英、美、加等国几十种报刊发表论文 180 多篇。

# “我从来不放弃”：从一个人看一种精神和一段历史

## ——读菲尔的《古楼河上的星光——拿督许廷炎回忆录》

刘　俊

2011年和2012年，我曾两次赴马来西亚槟城，第一次是去上课（南京大学和韩江学院合办的硕士班），第二次则是去当评委（“拿督林庆金文学出版奖”终审评委）。两次槟城之行，我都去参观了潮州会馆，潮州会馆中的韩江家庙，给我留下了难忘的印象，那三进厅的传统结构，那斗拱飞彩画栋雕梁的绚丽身姿，以及那巍峨肃穆的“九邑流芳”“帝德同沾”匾额，令我如今想起来，还历历在目。这个家庙在2005年修复完成后，于2006年获得了联合国教科文组织亚太区文化遗产保护奖。

第二次陪同我一起参观韩江家庙的是槟城历史文化古迹专家林玉裳女士，她是一家外资企业在马来西亚的主管，虽然是工程硕士，却对槟城的文化保护事业倾尽心力，是“槟城古迹信托会”（Penang Heritage Trust）的核心成员，她陪我们参观，为我们讲解，是因为她是菲尔（陈焕仪）的好朋友，而菲尔大律师虽然专业是法学，却对文学情有独钟——不但笔耕不辍，而且在获得南京大学的文学硕士学位之后，又去攻读福建师大的文学博士学位。

因为菲尔，我们能够听到林女士对槟城历史文化的详细讲解，也因为菲尔（书写的许廷炎先生回忆录），我能够“深入了解”许廷炎先生，并从许廷炎先生的身上，了解到一种马来西亚华人的精神和一段马来西亚华人的历史。

许廷炎先生祖籍广东普宁，3岁丧母，幼年生活艰辛，在父亲和兄嫂的关爱下，得以成长。许廷炎的父亲在20世纪30年代从中国来到马来西亚，从他父母的身上，我们可以看到华人早期移民马来西亚的艰辛和坎坷，到了许廷炎这一代，抗日、独立、“五一三”事件成为马来西亚华人经历的重大历史事件，在时代浪潮的裹挟下，许廷炎先生的大哥投身抗日军并成为革命党，隐身丛林并就此消失。

许廷炎行生自己在艰难的求学过程中，思想上也曾受到左派影响，不但拒绝去台湾升学，而且还担任过韩江中学的戏剧研究会（马共外围组织）主席。这一切，大概都是那个时代来自社会底层的马来西亚华人青年都曾经历过的心路历程吧。

许廷炎先生后来没有在“左”的道路上继续前行，高中毕业后他开始走向社会，从最基本的“帮家”开始，从事的商业实践几度转型（从冷冻熟虾肉出口，到纸品包装工业，乃至后来放弃的可可工业），由于他用心钻研、眼光高远、见识超拔、敢于决断，所以他的商业实践不但从贸易走向实业，而且也从本土走向世界。从“顺成”到“金锋”的发展历史，某种意义上讲也是马来西亚华人商业成功的历史。

商业上获得的成功，使许廷炎先生行有余力，热心社会公益事业。作为华人，许廷炎先生对凝聚华人共识、展开华人自助的华社十分重视，凡是华社的公益事务，他都热心投入、不遗余力，在吉辇中学建校委员会、东华小学家教协会、青团运、马华公会、韩江中学、潮州会馆/韩江家庙、光华小学建校委员会、槟州华人大会堂等华人组织中，都可以看到许廷炎先生忙碌的身影和无私的奉献。

无论是商业上的成功，还是服务社会的热情；无论是思想上曾经的“左倾”，还是为家族事业打拼，在许廷炎先生的身上，都可以强烈地感受到他的“真诚”——而真诚，正是许廷炎先生安身立命的根本。真诚，再加上“从不放弃”的坚强意志，成就了许廷炎先生的今天！

其实，以真诚安身立命，以永不放弃为人生追求，又何尝不是马来西亚华人共同的精神写照？马来西亚华人虽然见证、参与了马来西亚的历史，但他们所处的历史、社会环境颇为复杂，在一个对华人要求更高的社会环境中，没有坚持不懈、力争上游的坚韧意志，没有百折不挠、志存高远的乐观精神，没有敢想敢闯、大胆实验的进取意识，没有如履薄冰、居安思危的危机观念，华人要想在历经坎坷之后，还能浴火重生，取得成功，谈何容易？

然而许廷炎先生做到了，许多马来西亚华人也做到了。从早期人生的困顿，到实现人生的飞跃，再到最终走向成功，许廷炎先生的“回忆录”在某种意义上讲，也是马来西亚华人精神和历史的共同“回忆”。因此，我从许廷炎先生的“个人”身上，看到了马来西亚华人的“群像”身影！

读了由菲尔执笔的许廷炎先生回忆录，我才知道当年给我留下深刻印象的韩江家庙，正是在许廷炎先生的主导下修复的，而修复成功和后来能够获奖，许廷炎先生和当时每位尽心尽力的潮裔人士都功不可没。一座韩江家庙，将许廷炎先生和这些有心人连接了起来——他们在韩江家庙上或投注了心血，或给予了关怀，或书写了韩江家庙中的一段历史。而我这个外来的“参观者”，也因韩江家庙的绚丽，而在心灵中刻下了难以磨灭的印记。如今，阅读许廷炎先生的回忆录，特别是读到他为了修复韩江家庙，亲力亲为、任劳任怨的时候，我仿佛又回到了几年前参观韩江家庙的“现场”——只不过，这一回在“现场”不但有当时同行的友人，还多了一位许廷炎先生，因为，他们都为韩江家庙的修复、得奖和载入历史，做出了自己的贡献，参与了韩江家庙的形塑！而在我这个外来（外国）“游人”的眼里，在韩江家庙这个“现场”，也见证了他们都是自尊、自强的马来西亚华人——他们以真诚立身、以永不放弃为追求、以服务族群为快乐、以热爱自己的文化为自豪！

通过许廷炎先生的回忆录，我不但了解了许廷炎先生波澜壮阔的一生，也看到了马来西亚华人共同的精神形态和历史轨迹。

## [作者简介]

刘俊，文学博士，南京大学文学院教授，博士生导师。南京大学台港暨海外华文文学研究中心主任，暨南大学海外华文文学与汉语传媒研究中心兼职研究员，中国现代文学馆柏杨研究中心特约研究员，南京大学人文社会科学高级研究院兼职研究员，厦门大学台湾研究中心学术委员会委员。2007 年入选教育部“新世纪优秀人才支持计划”。学术兼职有：中国世界华文文学学会副会长，江苏省台港暨海外华文文学研究会副会长，江苏省中华诗学研究会副会长。

著有《悲悯情怀——白先勇评传》《从台港到海外——跨区域华文文学的多元审视》《跨界整合——世界华文文学综论》《情与美——白先勇传》《世界华文文学整体观》《越界与交融：跨区域跨文化的世界华文文学》《复合互渗的世界华文文学》等，译有《台湾文学生态——从戒严律到市场经》（合译），主编“跨区域华文女作家精品文库”（共十本）《海外华文文学读本：中篇小说卷》，参编《中国现当代文学研究导引》《中国现当代文学》《海外华文文学教程》等。

# 一个人的史诗

## ——读《古楼河上的星光——拿督许廷炎回忆录》

张卫东

在冗务堆积的年末，我带着猎奇心理，一字一句快速读完《古楼河上的星光——拿督许廷炎回忆录》，新鲜、充实、愉悦的感觉油然而生，让我暂时忘却了案牍劳形之苦。但我还得凝神静气，略加分析评点，方不辜负作者允许我先睹为快的一番美意。

人物传记自有一种特殊魅力，它将重量级人物的人生经历浓缩为一段曲折动听的故事，可读性往往胜过虚构的故事。而阅读和讲述，都是颇为微妙的事情。借助词语的路标进入一个人的内心生活，究竟意味着什么？反过来，一个人将自身经历耐心地叙述出来，又意味着什么？见仁见智，难以说清。我想，述撰者的最初意图，大概是希望留下文字记录，对历史有一个交代——无论是马来西亚的政经文教史、华人创业史、许氏家族史，还是拿督许廷炎的个人成长史，都需要一连串绵密的文字来塑造、印证、保存。德里达曾说“文本之外无一物”，这句话乍一听有点夸张，若放在一个大的时空之下，考虑到个体记忆和群体记忆的脆弱，却发人深省。那些未被讲述、记录过的事件，很容易在历史的长河当中烟消云散，似乎根本没有发生过，这对于关注历史真相的后人来说，将是一个巨大的遗憾。

这本书没有多少扑朔迷离的传奇色彩，行文朴素，语调淡定，情绪内敛，正是一部标准的传记作品。虽然传主只是一个独立的个体，但由于其身份特殊，牵扯出了波澜壮阔的历史情境，因而这部回忆录称得上是“一个人的史诗”，不仅可以满足读者的好奇心，刷新读者的生命体验，其史料价值更是不可替代。

简言之，对普通读者来说，它描述了一个平民子弟的发家史，揭示了商业巨子成功的轨迹和秘密；对华人世界来说，它折射出一个典型的华人移民家庭的家族史，在马来西亚、东南亚乃至全球华人当中都具有代表性；对学者而言，它为经济学、历史学、社会学、国际政治学、人类学等方面的研究提供了极具启发性的个案；对教师而言，它提供了一个青少年不断追求梦想、臻于自我完善的典范，具有引领心灵、辅助教化的意义；对作家而言，拿督许廷炎及其家族的经历，可以作为长篇小说或电视剧的素材，值得继续挖掘；如此等。

对我来说，最有趣的地方在于，这部亿万富翁的发家史，槟城华人领袖的自叙传，居然也是一个“文艺青年 + 革命青年”的成长史（或蜕变史）。拿督许廷炎少年时代的理想主义、意气用事，与思想转向之后的稳重务实、温柔敦厚，形成了鲜明对比，但他又像一枚硬币的两面，构成了一个和谐的统一体。人性的丰富、深刻和力量，由此可见一斑，令人动容，启人深思。拿督许廷炎的一些常用词汇，比如“政经文教”“革命”“游击队”“社会主义”等，都是中国读者耳熟能详的，语言和文化带来的亲近感，犹如自然生成。而书中从侧面描绘的大哥的革命者形象，既令人感动，也令人唏嘘，放在中国革命和世界革命的背景下，则形影相吊，更多了一抹悲剧色彩。有关马共的记忆，已经成为马来西亚华文文学的重要主题，或许仍将对马来西亚华人历史和马来西亚华文文学产生深远影响。

拿督许廷炎用了大量篇幅，讲述他投身华社、华教事业的经历，所带的感情接近于早年回忆，可见公益事业在他心中所占的分量。书中所述的一些细节，有助于读者深入理解华人的文化传统和社会运作方式。我来到潮人聚居之地已有十多年，却在此书中才第一次近距离地理解了潮人社会。在很大程度上，可以说中华文化在异域保存得更为完整，其精髓之一就是乡绅自治。在一个陌生的国度，借着华人精英的推动，中华文化与西方制度嫁接，结出甜美的果实，似乎预示了中华文化的某些新的可能性。而拿督许廷炎的“儒商”称号，可谓实至名归，因为他在充满友爱的大家庭和华人社区中长大，耳濡目染，早已接受了儒家“修齐治平”的价值观，并身体力行，堪为榜样。拿督许廷炎还是一位勤于思考、善于思考的人，尤其是他对于人文领域的思考，视野、深度和境界远远超出了常人印象中的商人。回忆录讲述的不只是一个成功人士的成功之路，更是一个真正的人的心灵史。

值得一提的是，菲尔的文字颇具匠心，从全书的结构和章节的标题即可看出。而单靠业余写作，将一位经历和内心均极为丰富的华人领袖的回忆录，处理得像是传主本人在书斋中娓娓道来，其文外、文内的功夫难以想象，令人钦佩。唯一的缺憾，是传主的感情经历牵涉到人物形象的完整性，该书似有遗漏。另外，如果略微采用小说笔法，在一些关键的情节上细加刻画，设置悬念，起伏跌宕，更能勾起读者的好奇心。当然，无论是作为纪实作品、通俗读物，还是作为青少年心灵成长的教材，这本书都已经足够漂亮了。

菲尔以华文写作，其行文之简洁流畅，叙事之娴熟沉稳，显露了马来西亚华人教育之成功、马来西亚华文文学之繁荣的冰山一角。即使偶有过于口语化的句子，比如“其中”一词的频繁出现，也无伤大雅，反而增强了现场感。在后记中，菲尔的文风暴露出了活泼乃至调皮的一面，可惜限于体例，没有完全发挥出来，我仅凭管中窥豹，想象隐藏在书后的那个人，亦不禁莞尔。

感谢菲尔带来的阅读体验，让我得以了解一个可以寄托梦想的国家，了解极其传统又极具活力的马来西亚华人社会，并看到了马来西亚华文文学创作的实力和希望。我期待着她的下一部作品，无论是非虚构写作，还是虚构的文学作品。

2015 年 1 月 5 日晨，写于汕头

## [作者简介]

张卫东，男，1970 年生于中国湖北，毕业于华中师范大学、南京大学，文学博士。著有《论汉语的诗性》等，译有《文化理论关键词》《让文化见鬼去吧》。现任汕头大学文学院副教授、《华文文学》杂志主编。

# 后记（一）

## 弹指七十年

许廷炎

掩上这本书的最后一页，我的心中无限感慨。

能够完成这本回忆录，是现阶段我人生中的头等大事，也是多年梦想。在这之前，我曾多次接触过好几位学者、作家都不能如愿以偿。机缘巧合之下，我遇到著名作家朵拉女士，她送我一本由她撰写的一位本地名人自传，我读了之后，重燃要写自传的想法。我便向朵拉表示我也有意出一本口述自传。

于是，朵拉向我推荐年轻作家菲尔。经过多次接触，我终于决定由菲尔为我写这本回忆录。我们进行了几次访谈之后，我发觉菲尔是一位善解人意、思想灵敏、见识深广、笔锋敏锐、幽默风趣、深入浅出的作家。

我原本想要写一本回忆录，将我童年时的贫困家境、家庭温暖的经历、中小学的生活写下来，作为我人生中的一个记录。对于事业上的成就与社会工作，我并不十分在意，然而在作者的引导之下，我最终决定应该留下一些文字。

人生在每一阶段都会有不同的感受与看法。我年幼丧母，少时生活贫困，求学时由无知到获得知识，初踏入现实社会由挣扎到今时今日有能力为社会做出小小的贡献……这些经历造就了现在的我，也让我获得人生的智慧与能量。到了今天，我深深感到“谋事在人，成事在天”。我曾有一股热情，想要为我最爱的母校韩江中学做出贡献，却时不我与，反而我从不曾想过会成为槟州华人大会堂的主席，却时予我机！真是有心栽花花不开，无心插柳柳成荫。

另外，我也要感谢朋友们的支持，以及中国学者们的美言和评论。尤其是在相隔50年后，见到郭英文的弟弟和妹妹们，我感慨万千。他们对哥哥的一切行动不了解，对我的热情也让我难以忘怀。昔日与他们一家人欢乐地住在一起，随着时光的推移，这些美好的情景虽然历历在目，但也只剩下一片惆怅的回忆。

作为小乡村出生的穷苦人家的孩子，我经过奋斗和努力，有过失败，也体会过成功；有过后悔、遗憾，也有过满足和快乐。苦乐参半，悲喜交集，这就是人生。

我在本书中和大家分享的所有故事都是我真实的经历，依据我的记忆来写，除了作为我个人的记录，也希望能够成为大家回忆20世纪40年代至今时代变迁的材料。如果还有读者因此而得到小小的启发，将会是我的荣幸。

当作者向我建议将本书命名为“古楼河上的星光”时，我觉得很恰当，也很满意，因为当我住在古楼河边时，夜晚时很喜欢听着海浪的声音，在河边观赏月亮和星星。尤其在接近年尾时，吹着北风，很凉爽，又没有蚊子，可以静静地坐在河岸。这种感觉已经很久没有了，这个书名激起了我那份感觉和回忆。

再加上，作者认为我小小的成就，就好像星星照亮古楼河。这点我是不敢当的。努力发光，是我为人的坚持。

如是而已。

# 后记（二）

## 掩卷之前

菲　尔

### 花絮

看电影最喜欢看花絮，那是荧幕上正经和认真工作的演员们（很认真地搞笑也算正经地工作）真情流露的瞬间。花絮上那些一闪而过的表情或动作，总能让人捕捉到专业以外的不专业，让人感觉轻松又很人性化。

我和本书的口述者拿督许廷炎每次面谈时都发现，他记忆力强，各种经历很多，每一项内容都需要经过筛选、详谈。在这个过程中，有不少次让我捕捉到他在正经之外的幽默、童心、感性的一面。

我不知道大家对花絮的看法。

但至少从这些点滴小事，能让人得以窥视一下本书主角的真情流露。

**通常拿督讲述得很正经，但也有搞笑的时候。**

拿督说："小时候，许多人人生中第一次穿鞋子往往是结婚首日，所以很多新郎新娘在新婚夜都脚破皮。"我马上联想那种画面，浪漫的洞房夜就毁在破皮的脚底，不禁遥想那是多么单纯的时代，单纯得滑稽。

拿督提到小学英文老师教他们不能说皮球没有"air"（请参阅本书《我的小学》一文），这件事让他印象非常深刻，他一提起就笑不停。

**也有流眼泪的时候。**

提到亲人的离去、革命烈士的命运。

说起爸爸的病、葬礼，拿督很伤心，流下眼泪。过了几秒钟，他跟我道歉："这是人之常情，请你原谅我一时激动。"

提到大哥永远地离开家庭，失去联络，参加抗日军、地下组织，拿督眼眶泛红。

说到自己小时生病的事情，拿督一时感触流泪。沉默了几秒，他说："……可怜我是没有妈妈的孩子……"令人闻之心酸。

讲起一些革命书籍里记载的真人真事，那些年轻军人如何从中国大陆退居台湾，结果永世不得与父母见面；一位老兵如何在此后几十年带着妈妈给他织的草鞋回中国大陆拜祭母亲。说到这些，拿督又流眼泪。

**也有轻松的时候。**

"我爸爸闲时喜欢唱潮剧。"说着，他就唱了起来。我身为潮州人，却听不懂这些文绉绉的字。只好问他："你可以用普通话翻译吗?"他一字字解释，又把词句写给我看。接着唱了几句，他突然说："大庭广众唱潮剧，我不好意思!"当时是坐在一家咖啡馆访谈，旁边坐着的是洋人，他们想什么？我不知道。是不是因为这样，所以拿督后来时有赞助潮剧团？可能他也带有一些思念爸爸的情怀吧。

提到第一个女儿出生之后为女儿命名，拿督一直笑眯眯的。再谈到每个儿女的成就，他更是点头说："我很满意，我很高兴。"看得出他是一个很疼孩子的爸爸。

**也有严肃的时候。**

拿督因为很希望到韩江中学读书，所以不停跟爸爸撒娇、要求。我问："其实就是全家人供你一个人读书？当时学费 100 零吉，几乎是你们家庭收入的 1/3。"他说："是。所以有经济能力之后，我觉得我有责任负担起全家人的生活。"

提到七哥和他之间曾有过的矛盾，拿督语气遗憾。他常说，七哥只大他两岁，从小感情很好。“中学毕业后，他鼓励我去台湾，要供我读大学。我受到共产党思想的影响，偏执地拒绝，蒋介石的地方在我的想象中是腐败的，怎么可以去那边读书！偏见让我放弃了读大学的机会。”拿督还说：“曾有人说话侮辱我，七哥听到，差点要动粗打人。被旁人劝阻，才消气。”他常说，如果再给他一次机会，他一定会更好地处理过去七哥和他之间的误会。

**还有幽自己一默和自嘲的时候。**

“爸爸本来要把我送回中国念书，幸亏没有，幸亏没有，幸亏没有。”（他的确说了 3 次）

“为什么?”

“我这种性格没可能过得了‘文革’。”

我问：“为什么在你口中，每个人都那么疼你?”

“我姐姐说每次人家还没有骂我，我就先哭了……我排行最小嘛。”

拿督告诉我，他是汇丰银行在槟城史上的前 50 名万事达信用卡客户，当时是 20 世纪 70 年代。“可是我带客户去吃一餐饭两三百块钱，付款时餐厅让信用卡公司确认，竟要半个小时以上。那时以为用信用卡很威风，没想到那么麻烦。到最后忍无可忍，我只好给现款啦。”

**有值得让人学习的性格。**

拿督是一个儒商，态度温文尔雅。他看很多书，尤其是跟中国历史，中国大陆、香港、台湾矛盾，革命以及经济有关的作品。他说，他来不及等陈平的书（《我方的历史》）翻译成中文就先把英文版看完了。

拿督非常准时。每次约时间访问，如果拿督预测会迟到，就打电话交代“我会迟 7 分钟”，或者“我从某地来，会在 3 至 5 分钟内到”。每次都很准时，对于分配时间他有一流的准确性和主动性，让我汗颜。拿督做事非常有条理，记忆力超强，尤其是数字。

“我自问是有诚信的人。如果我跟朋友们开口借钱，一定没有问题。他们知道我一定会还债。”

能够成为成功商人，这些都是很重要的因素。

“过去，我马来司机的孩子还在读书，每一年我都包红包给他们。他们上大学，我也替这些孩子高兴，另外包红包奖励他们。”拿督说自己年轻的时候，也曾受过别人恩惠：“我一个做裁缝的亲戚，他替我做校服，每一套少算我1零吉。后来还送我一套校服。”他因此觉得能够帮助身边的人是很有意义的，捐款不一定要捐到十万八千里外，身边也有很多需要帮助的社群。取之社会，用之社会是最好的回馈方式，所以他喜欢做社团活动。

**当然有时候也谈八卦。**

“我在韩江中学毕业，古楼的人当我是知识分子。那些当渔夫的男人平时讲话粗粗鲁鲁，但一旦要追女孩子，他们都来找我替他们写情书。”原来拿督还做过“情书作家”。

**有时候我们讨论一些“风花雪月”。**

提到《红楼梦》，拿督说他对林黛玉的印象最深。“她就是没有自立能力，只好寄居在外婆家，被人看不起。所以你们女孩子要懂得独立。”他说，“那个封建社会啊，真的害了这些女孩子。”

有一次我因为出席画展开幕典礼所以延迟访谈时间，谈到图画，拿督说：“我不懂得欣赏画，但看到描绘渔村的图画，就很喜欢，因为跟小时候的生活环境一样。”这是对童年的一种眷念。

**最后，跟大家分享几句“廷炎金句”。**

关于烟酒：“我们是可以建立自己的风格的。在我的时代，90%的生意人都烟酒一起来，不过我从来不这样，我有我的意志力。”

关于人生的价值观：“在生的时候，好好享受一下人生，做些好事。不要老是想死后会怎样、人家记不记得你、报纸上的报道照片是否大张……这些根本不重要。”

关于成功：“如果我没有经历过那些苦日子，我不会成功。时间会证明一切。我从来不放弃。我觉得积极、乐观，是成功最大的因素。”

花絮看多也会腻。

点到为止，大家还是把焦点放在本书的内容上吧。

### （二）后记

2014年4月上旬，我写了一篇访问，发表在《南洋商报》，题目为“蕹菜及名表”。文章发表后，拿督打电话来跟我说他“非常满意”——我当下认为这是客套话。过了几天，他问我有没有兴趣为他写一本回忆录。他说自己早就有意愿写一本由他口述、作家撰写的回忆录，一直找不到适合的人选。

我考虑几秒钟，胆粗粗地说：“好啊。”

那时候很兴奋——之前写了十多年的访问稿，虽然数量不多，都是几千字以内，但现在就让自己接受一个要写六七万字的挑战任务也很有意思（真没想到最后写了25万多字）。

很多挑战和机会都是在无意间得来的。

“不怕没机会，只怕没准备。”20多年前从一个台湾综艺节目看到这句话，觉得有趣；现在，我发现这是金句。如果没有过去的访问以及写作经验，这个机会可能不会来敲门。

当天晚上我就设定一个大纲，让拿督批准。接着，开始约时间访谈，就这样踏出创作本书的第一步。

拿督许廷炎，这个名字在槟城和他的家乡霹雳州吉辇区，并不陌生。现任金锋公共股份有限公司总裁、槟州华人大会堂主席，在报纸上，你一定曾经见过他的照片。那是从一个距离看到的拿督许廷炎，一个普通的读者不会在意也感觉非常遥远。本书却能让人贴近拿督，看看他亲口所述的从童年到今天的生命历程。

回忆录往往是人生到某阶段、达到某种成就时，想把自己的青壮年往事记录在案的一种做法。许多人到拿督的岁数，如果要讲述自己的过去，都需要从记忆里挖掘往事，不过拿督本身就是一个有很多故事和人生历练、记忆力又特别好的人。这本回忆录主要反映了拿督人生的几个部分，童年、青少年、社会工作、商业活动，叙述了在长达70年的岁月中，他如何从一个贫穷的渔村小孩，渐渐成长为一个成功企业家和社会领袖；也能让读者从他的故事里体会到他如何从这些成就中保持清醒，始终充满干劲和保持谦虚。

首先，他乐观面对生活的挑战。在一个赤贫的家庭出生，今天他的回忆里，却感受不到贫穷的苦滋味：“我的童年很快乐，爸爸、兄姐都爱护我，把最好的给我。印象中，自己是在非常幸福的环境中长大，我没有穷得很苦的感觉。”在清贫的生活中，他仍获得升学的机会，甚至读到高三毕业，这在当时是难得的事。也许就是这些苦日子，塑造了拿督的性格：“不要看轻在路边工作的人。只要肯努力、刻苦耐劳，每一个人都会有成功的一天。”

从访谈中，我发现拿督身上的几种性格，也许就是他成功的因素。比如眼光独到、思想细腻、性格温和，做生意非常果断，但对人对事又往往留有一线宽容。有些人喜欢把名人凭空想象成各种好或坏的形象，但过去十多年来写专访的经验告诉我，当我们接近那些所谓的名人，就会发现他们也拥有普通人的特征；唯一不同的是，他们往往有更强的毅力、更大的耐心去克服种种困难，以取得成就。

为了写这本回忆录，我数次驱车前往霹雳州古楼、角头这两个小渔村以及巴里文打和峇眼色海这两个小城市拍照、取材，更多的是缅怀过去。看到那漫无边际的河流衔接大海、渔村里悠闲的午后、青绿色的热带植物和典型的马来西亚甘榜景色、小城市里朴实的人们、小乡村里占地不大的小学、大半经费仍然靠着华社来支撑的中学，这平实无奇的一切，孕育了本书的传主。

我们也拜访了拿督的好朋友们以及他的兄长，包括拿督的六哥许廷德先生、丹斯里方木山、黄喜光先生、林良发先生、拿督杨才成、陈冰心校长和陈炳成先生。他们除了非常积极地提供资料以外，也都对这本书给予鼓励和友善的建议。每一次拿督都会说：“从他人口中听到对自己的印象，非常有趣。”这种感觉是可以理解的，有时他人口中会对自己的人生有所补充，有时则会有出乎意料的惊喜——毕竟有些事情我们早已让它随风而去，在他人的脑海中却留下了烙印，那不是很有意思吗？

在此也要特别感谢拿督中学好友郭英文的家人。我跟拿督研讨本书内容大纲时，觉得郭英文的事迹值得记载。两位中学好友，毕业以后分道扬镳——一位跟随共产党革命，走上理想主义的道路，另一位则因认为这个过于理想化的理念在马来西亚不可能实现便淡出继而从商。如果两人身份对调又会有什么样的事发生？为了写郭英文的故事，拿督花了不少时间到处打听和寻访郭英文的家人，却几次扑空。皇天不负有心人，在偶然情况下遇到故友，终于联络上郭英文的妹妹。我怀着激动的心情跟着拿督到她家拜访，本以为是普通访问，没想到却让我非常感动。由于路上塞车，我们略微迟到。郭英文的妹妹却已把住在附近的兄弟姐妹都叫来，一早就在家里等待，还准备了一桌丰盛的食物，殷勤款待他们已经50年不见的老朋友——许慈色。拿督住在姓郭桥时，郭英文的妹妹还是个小女孩，现在已年过花甲。他们很热情、淳朴，虽不善辞令，却能感受到浓浓的人情味。通过郭家人口中的只言片语，我对郭英文有更多认识。他因健康问题，英年早逝，人生中肯定留下许多遗憾。对于这位热血青年在那个时代的遭遇，如今只有无限唏嘘。

人生的成就，重在“有为”，而不是“有钱”。早在18世纪，英国思想家边沁就提出过：“金钱不等于快乐的真正元素。”人生中的要素包括金钱、幸福、快乐、健康、成功……孰轻孰重则看个人修为。在多次的访谈中，拿督常常语重心长地重复一句话：“金钱不能买来人生真正的快乐和幸福。每个人都想有经济基础，这是人之常情。不过，要永远记得，快乐由个人内心的思维形成，所以在追求财富的时候，千万谨记贫富不能决定一个人的快乐和幸福。”这句话中蕴含着太多的道理。

能够顺利完成这本书，最先要感谢拿督给我这个机会。他问我：“你说有人要看这本书吗?”我告诉他：“当然！大家都想了解你怎样成为富豪!”那是调侃。事实上，本书最重要的价值有二。

第一，一个人从穷人成为富豪所凭借的勤奋和不屈不挠的精神，还有各种生命中的机遇，都值得一看和参考。

第二，更重要的价值在于拿督本身的故事，无论对个人或时代来说，都是非常珍贵的资料。其珍贵处，在于记录了一个时代背景——从20世纪40年代到2014年这段时间里，马来西亚以至整个世界的社会大环境，这都或多或少对他个人成长和商业成就造成影响。比如，共产党及其理念的兴起、马来亚和马来西亚独立前后政经文教的转变，乃至由马共的影响而导致的学运之潮流、马来西亚和整个世界波澜四起的政局、世界经济风暴和经济起飞等。这本回忆录，也让人了解到拿督那一代人的思维和人生历程。另外，拿督的故事直接地记载了他那个时代马来西亚华裔的奋斗过程——包括在政经文教等方面。马来西亚的华裔何其有幸，除了至今仍让人痛心的“五一三”事件以及过去几十年来各种政策上的偏差外，比起其他许多东南亚国家的华裔，我们还是相对幸运、幸福。但是，马来西亚的华裔又何其不幸，许多第二代、第三代（或以上）本地出生的华裔都深爱这个国家，却必须在各种不公平的政策之中力争上游，忍受一些政治人物不顾种族和谐、情绪化的喊话（还很频密），甚至曾经与马来西亚政府乃至世界局势交锋，这些事不能仅仅看作是报纸上的报道，它们其实跟所有大人物、小人物都有直接或间接的关系。马来西亚华裔那种复杂的心情，从拿督那一代就已有之。那个年代值得记载，因为它就是马来西亚历史的一部分，我个人更是在写作这本回忆录的过程中得以回顾马来西亚的政经文教历史，读历史的精神，就是要让人不忘过去、不畏将来。

另外，我要感谢《香港文学》总编辑陶然先生、苏州大学文学院曹惠民教授、福建师范大学协和学院袁勇麟院长、南京大学文学院刘俊教授和汕头大学文学院张卫东副教授，他们都在百忙中抽空看完这本回忆录，并以中国人的眼光来看马来西亚华裔的故事，做出序文和评论。

我也要感谢所有曾经给我宝贵意见的亲朋好友。写作的人都有孤僻的一面，难得他们都不离不弃地支持我，让我在孤僻的时候却不孤单。

写完本书的最后一个字，我感慨万千。当读者翻到本书最后一页，并不意味着一个人的大半生就在这几十万字里叙述完毕。本书记载的是拿督过去的人生中最有代表性的事件，以及他最想留下文字的生命篇章。至于其他的事情，他说：“让我们来出第二本。”真心希望这是未来能够付诸行动的事。

70 年，对人来说是大半辈子，在历史长河中却仅是一刹那。在人生中无论有过怎样的风起云涌，最后回头来看，都是云淡风轻。拿督常说，时至今日，他已经找到人生最美的真谛。究竟是什么呢？看完这本回忆录，相信你我都会有所体会。